ACCOUNTING

바이블 회계학

재무회계 Sub-Note편

박종하 회계사

Business & Management Books
비앤엠북스

머리말

강의를 시작하면서 시중에 나와 있는 책들로는 급격하게 어려워지고 있는 감정평가사, 관세사, 보험계리사 등의 시험에 대비를 하기가 매우 어려울 것이라고 판단하여 이 책을 집필하게 되었습니다.

본 교재는 회계학이 1차 과목에 있는 고시시험의 기본서 Sub-Note입니다. 이 중 감정평가사, 관세사, 보험계리사 등의 시험을 목적으로 학습하시는 분들에게 적합한 교재입니다.

이 책의 특징

1. 자주 출제되는 모든 유형이 이 책에 있다!

시험에 출제되는 유형은 정해져 있습니다. 거의 모든 수험생들이 회계학을 공부한다고 할 때 회계처리를 중심으로 학습을 하는데 이는 올바른 공부방법이 아닙니다. 각 파트별로 출제되는 유형을 알고 이에 대비를 하여야 짧은 시간을 투입을 해서 좋은 점수를 획득할 수가 있습니다.

이 책은 자주 출제되는 모든 유형을 수록하여 시험에 최적화된 학습이 가능하도록 하였습니다.

2. 회계처리보다는 그림을 통한 이해!

회계학은 회계처리가 중요한 것처럼 보입니다. 하지만, 회계처리는 회계를 표현하는 수단일 뿐, 목적이 아닙니다. 즉, 회계처리를 아는 사람이 회계를 잘 이해하고 안다고 할 수는 없습니다.

실제 시험도 회계처리 자체를 묻는 경우는 없다고 보셔도 무방합니다. 즉, 회계에 대한 원리를 깨우치는 것이 중요한데, 저자는 방대하고 어려운 회계를 이해시켜드리기 위해 회계처리보다는 그림을 통해 회계를 이해할 수 있도록 이 책을 집필하였습니다.

3. 친절한 해설과 요약표!

회계학은 난해한 용어, 복잡한 회계처리, 이해가능성이 떨어지는 기준서 등으로 인해 매우 어려운 과목으로 인식되고 있습니다. 시중의 대부분의 회계학 책들 또한 특별한 설명 없이 기준서를 그대로 복사하듯이 집필한 경우가 많아 방대하고 어려운 회계학을 이해하기가 매우 벅찹니다.

저자는 이 점을 최대한 보완하기 위해 회계학의 용어, 회계처리, 기준서 하나하나를 최대한 알기 쉽게 풀어서 설명하였습니다.

또한, 강의 때 요약해드리는 요약표를 Sub-Note 교재에 모두 담아 회계학의 핵심사항을 한눈에 볼 수 있도록 집필하였습니다.

4. 강의와의 연계성!

교재의 목차순서 및 구성방식은 전적으로 강의를 중심으로 집필하였으며, 실제 강의를 듣는 수강생들이 강의를 이해하고 복습하기에 최적이 되도록 집필하였습니다.

끝으로 이 책이 출간될 수 있도록 도와주신 비엔엠북스 정경식 이사님, 합격의법학원 김성범 원장님을 비롯한 합격의법학원 식구들에게 진심으로 감사드립니다. 또한 언제나 옆에서 물심양면으로 도와주는 저의 아내와 아들 민준이, 서준이에게 고맙다는 말을 전하고 싶습니다.

무엇보다 언제나 성원을 보내주시는 수험생 여러분들께 가장 큰 감사를 드리며, 본 교재가 회계학 과목을 준비하는 수험생 여러분의 합격을 앞당기는 길잡이가 되기를 희망합니다.

2022년 9월

공인회계사 박 종 하

제7장 건설계약

제8장 재고자산

제9장 유형자산

제10장 무형자산

제11장 충당부채

제12장 종업원급여

제13장 금융부채와 사채

제14장 금융자산과 유가증권

제18장 주식기준보상

제19장 법인세회계

제20장 리 스

제21장 투자부동산

제22장 회계변경과 오류수정

제23장 현금흐름표

제24장 재무회계의 기타사항

제1장

회계이론

핵심 요약 회계의 의의

1. 회계의 정의

☞ 정의 : 정보이용자들이 합리적인 의사결정을 할 수 있도록 기업실체에 관한 재무적 정보를 식별 · 측정하여 그들에게 전달하는 과정

2. 회계의 분류

☞ 기업외부의 정보이용자를 위한 회계 : 재무회계

☞ 기업내부의 정보이용자를 위한 회계 : 관리회계

구 분	재 무 회 계	관 리 회 계
의 의	• 기업의 재무상태, 경영성과, 자본변동, 현금흐름을 표시 • 외부보고	• 의사결정을 위한 정보의 제공 • 경영계획 · 통제를 위한 회계 • 내부보고
목 적	외부정보이용자의 경제적 의사결정에 유용한 정보 제공(투자결정, 신용결정 등)	내부정보이용자의 관리적 의사결정에 유용한 정보 제공
정보이용자	외부정보이용자(주주, 채권자 등)	내부정보이용자(경영자, 관리자 등)
준거근거	일반적으로 인정된 회계원칙	일반적인 준거기준 없음
보고양식	재무제표	일정한 양식이 없음
보고시점	최소 연 1회	일별, 월별, 분기별, 반기별 등 수시
법적 강제력	있음	없음

핵심 요약 한국채택국제회계기준

K⊠IFRS와 일반기업회계기준의 주요 특징 비교

K - IFRS	일반기업회계기준
원칙 중심 회계	규칙 중심 회계
연결재무제표 중심	개별재무제표 중심
공정가치 회계 확대 적용	제한적인 공정가치 회계 적용
공시 항목의 확대	상대적으로 적은 공시 항목

K⊠IFRS의 적용대상

회계기준	한국채택국제회계기준	일반기업회계기준
적용대상	• 상장법인 • 자발적 채택 비상장법인	• 비상장법인

제 2 장

재무보고를 위한 개념체계

핵심 요약 개념체계의 위상과 목적

(1) 개념체계의 목적

① 한국회계기준위원회가 일관된 개념에 기반하여 **한국채택국제회계기준을 제 · 개정**하는 데 도움을 준다.
② 특정 거래나 다른 사건에 적용할 회계기준이 없거나 회계기준에서 회계정책을 선택하는 것을 허용하는 경우에 **재무제표 작성자가 일관된 회계정책을 개발**하는 데 도움을 준다.
③ **모든 이해관계자**가 회계기준을 **이해하고 해석**하는 데 도움을 준다.

(2) 개념체계와 한국채택국제회계기준의 관계

☞ **개념체계는 회계기준이 아니다.** 따라서 **개념체계의 어떠한 내용도 회계기준이나 그 요구사항에 우선하지 아니한다.**

☞ 일반목적 재무보고의 목적을 달성하기 위해 **회계기준위원회는 개념체계의 관점에서 벗어난 요구사항을 정하는 경우가 있을 수 있다.** 만약, 회계기준위원회가 그러한 사항을 정한다면, 해당 **기준서의 결론도출근거에 그러한 일탈에 대해 설명**할 것이다.

(3) 개념체계의 개정

☞ **개념체계는** 회계기준위원회가 관련 업무를 통해 축적한 경험을 토대로 **수시로 개정될 수 있다. 개념체계가 개정되었다고 자동으로 회계기준이 개정되는 것은 아니다.**

(4) 회계기준위원회의 공식 임무와 개념체계의 역할

☞ **개념체계는 회계기준위원회의 공식 임무에 기여**한다. 이 임무는 전 세계 금융시장에 **투명성, 책임성, 효율성을 제공하는 회계기준을 개발**하는 것이다.

핵심요약 일반목적재무보고

(1) 일반목적재무보고의 목적

▪ **일반목적재무보고의 목적**

현재 및 잠재적 투자자, 대여자 및 기타 채권자가 기업에 자원을 제공하는 것에 대한 의사결정을 할 때 유용한 보고기업 재무정보를 제공하는 것

(2) 주요 정보이용자

일반목적재무보고의 주요 정보이용자

구 분	주요 정보이용자 여부
현재 및 잠재적 투자자, 대여자 및 기타 채권자	주요 정보이용자 O
보고기업의 경영진, 감독당국, 일반대중	주요 정보이용자 ×

(3) 일반목적재무보고서의 한계

일반목적재무보고서의 한계

구 분	내 용
한계	1. 모든 정보를 제공하지는 않으며, 제공할 수도 없음 2. 보고기업의 가치를 보여줄 수 없고, 보고기업의 가치를 추정하는 데 도움이 되는 정보를 제공할 뿐임 3. 재무보고기준을 제정할 때 주요 정보이용자들의 공통된 수요를 충족하는 정보제공에 초점을 맞춤 단, 공통된 정보 수요에 초점을 맞춘다고 해서 보고기업으로 하여금 주요 이용자의 특정한 일부에게 가장 유용한 추가적인 정보를 포함하지 못하게 하는 것은 아님 4. 재무보고서는 정확한 서술보다는 상당 부분 추정, 판단 및 모형에 근거함

(4) 일반목적재무보고서가 제공하는 정보

▪ 일반목적재무보고서가 제공하는 정보

1. 경제적자원과 청구권(재무상태표)

: 경제적자원(자산)과 청구권(부채, 자본)의 성격 및 금액에 대한 정보는 정보이용자가 보고기업의 재무적 강점과 약점을 식별하는 데 도움

2. 경제적자원 및 청구권의 변동(포괄손익계산서, 현금흐름표, 자본변동표)

: 보고기업의 경제적자원 및 청구권의 변동은 그 기업의 재무성과, 그리고 채무상품이나 지분상품의 발행과 같은 그 밖의 사건이나 거래에서 발생함

3. 발생주의 회계가 반영된 재무성과(포괄손익계산서)

: 발생주의 정보가 그 기간 동안의 현금 수취와 지급만의 현금주의 정보보다 기업의 과거 및 미래 성과를 평가하는 데 더 나은 근거를 제공

4. 과거의 현금흐름이 반영된 재무성과(현금흐름표)

: 기업의 미래 순현금유입 창출 능력을 평가하고 기업의 경제적자원에 대한 경영진의 수탁책임을 평가하는 데에도 도움

5. 경제적자원 사용에 관한 정보(재무상태표의 자산)

: 경영진이 기업의 경제적자원을 얼마나 효율적이고 효과적으로 사용하는 책임을 이행하고 있는지에 대한 정보는 경영진이 기업의 경제적자원을 사용할 것인지를 예측하는 데에도 유용

핵심 요약 유용한 재무정보의 질적특성

☞ 질적특성 : **재무**제표를 통해 제공되는 **정보가** 이용자에게 유용하기 위해 **갖추어야 할 속성**

재무정보의 질적특성

근본적 질적특성	목적적합성 (예측가치, 확인가치, 중요성)		충실한 표현 (완전성, 중립성, 오류 없음)	
보강적 질적특성	비교가능성	검증가능성	적시성	이해가능성
포괄적 제약요인	효익 > 원가			

01. 근본적 질적특성

(1) 목적적합성

☞ 목적적합성 : 해당 정보를 이용한 경우와 이용하지 않은 경우 **정보이용자의 의사결정에 차이가 나도록 할 수 있는 속성**

☞ **재무정보에 예측가치, 확인가치 또는 이 둘 모두가 있다면** 의사결정에 차이가 나도록 할 수 있으므로 그 재무정보는 **목적적합한 재무정보임**

목적적합성의 구성요소

구 분	내 용
예측가치	• 미래결과를 예측하는 데 도움을 주는 가치
확인가치	• 과거 평가에 대한 피드백을 제공 즉, 확인하거나 변경하는 데 도움을 주는 가치
중요성	• 정보이용자의 의사결정에 영향을 미친다면 중요한 정보임

① 예측가치

☞ 재무정보가 예측가치를 가지기 위해 **그 자체가 예측치 또는 예상치일 필요는 없음**

② 확인가치

☞ 재무정보가 **과거 평가에 대한 피드백을 제공, 즉 확인하거나 변경**시킨다면 확인가치를 갖음

☞ 재무정보의 **예측가치와 확인가치는 상호 연관**되어 있으며, **예측가치를 갖는 정보는 확인가치도 갖는 경우가 많음**

③ 중요성

☞ 중요성은 개별 기업 재무보고서 관점에서 해당 정보와 관련된 항목의 **성격이나 규모 또는 이 둘 모두에 근거하여 해당 기업에 특유한 측면의 목적적합성**을 의미함

☞ **회계기준위원회**는 중요성에 대한 **획일적인 계량 임계치를 정하거나 특정한 상황에서 무엇이 중요한지 미리 결정할 수 없음**

(2) 충실한 표현

☞ **완벽한 표현충실성**을 위해서는 **서술이 완전하고, 중립적이며, 오류가 없어야 함**

충실한 표현의 구성요소	
구 분	내 용
완전한 서술	• 정보이용자가 이해하는 데 필요한 모든 정보를 포함하여 서술
중립적 서술	• 재무정보의 선택이나 표시에 편의가 없는 서술 • 중립적 정보가 목적이 없거나 행동에 대한 영향력이 없는 정보를 의미하는 것은 아님 • 중립성은 신중을 기함으로써 뒷받침됨 • 신중을 기하는 것이 비대칭의 필요성을 내포하는 것은 아님 단, 특정 기준서에서 비대칭적인 요구사항을 포함할 수도 있음
오류 없는 서술	• 현상의 기술에 오류나 누락이 없고, 절차상의 오류가 없는 서술 • 절차의 선택과 적용시 절차상 오류가 없음을 의미하며, 모든 면에서 완벽하게 정확하다는 것을 의미하지는 않음

(3) 근본적 질적특성의 적용

☞ 개념체계에서는 근본적 질적특성을 적용하기 위한 가장 효율적이고 효과적인 절차를 제시하고 있음

☞ 경제적현상에 대한 유용한 정보를 제공한다는 재무보고의 목적을 달성하기 위해 **근본적 질적특성 간 절충이 필요할 수도 있음**

02 보강적 질적특성

☞ 보강적 질적특성 : 근본적 질적특성이 갖는 정보의 유용성을 보강시키는 질적특성

보강적 질적특성의 구성요소	
구 분	내 용
비교가능성	• 회계정보 상호 간의 유사점과 차이점을 식별하는 특성(기업 간 비교가능성, 기간 간 비교가능성)
검증가능성	• 독립적인 서로 다른 관찰자가 완전히 일치하지 못하더라도, 의견이 일치할 수 있는 것
적시성	• 정보를 제때 이용가능하게 하는 특성
이해가능성	• 합리적 지식이 있고, 정보를 검토하고 분석하는 이용자를 위해 작성

(1) 비교가능성

☞ 비교가능성 : 항목 간의 **유사점과 차이점을 식별**하고 이해할 수 있게 하는 질적특성

☞ 일관성 : 보고기업 내에서 **기간 간 또는** 같은 기간 동안에 **기업 간 동일한 항목에 대해 동일한 방법을 적용하는 것**

☞ **비교가능성**은 **목표**이고 **일관성**은 그 **목표를 달성하는 데 도움**을 줌

☞ 비교가능성은 **통일성이 아님**

→ 정보가 비교가능하기 위해서는 비슷한 것은 비슷하게 보여야 하고 다른 것은 다르게 보여야 함

☞ 동일한 경제적현상에 대해 대체적인 회계처리방법 허용시 : 비교가능성 감소

(2) 검증가능성

☞ 계량화된 정보가 검증가능하기 위해서 **단일 점추정치여야 할 필요는 없음**

→ 가능한 금액의 범위 및 관련된 확률도 검증가능함

(3) 적시성

☞ 일반적으로 정보는 오래될수록 유용성이 낮아짐. But **일부 정보는 보고기간 말 후에도 오랫동안 적시성이 있을 수 있음**

☞ 이러한 적시성을 확보하기 위해 기업은 분기별, 반기별 중간재무보고를 통해 정보를 제공함

(4) 이해가능성

☞ **재무보고서**는 사업활동과 경제활동에 대한 **합리적인 지식**을 갖고 있으며 관련 정보를 부지런히 검토하고 분석하는 **정보이용자를 위해 작성됨**

→ 모든 수준의 정보이용자들이 자력으로 이해할 수 있도록 재무보고서가 작성되어야 하는 것은 아님

☞ 정보를 명확하고 간결하게 분류하고, 특징을 묘사하며, 표시하면 이해가능함

☞ **정보의 이해가능성이 떨어진다는 이유로** 해당 정보를 **생략할 수는 없음**

(5) 보강적 질적특성의 적용

☞ **보강적 질적특성**은 정보가 **목적적합하지 않거나 충실하게 표현되지 않으면,** 개별적으로든 집단적으로든 **그 정보를 유용하게 할 수 없음**

☞ 보강적 질적특성을 적용하는 것은 **어떤 규정된 순서를 따르지 않는 반복적인 과정**으로, 때로는 하나의 보강적 질적특성이 다른 질적특성의 극대화를 위해 감소되어야 할 수도 있음

03 유용한 재무정보에 대한 원가제약

☞ 재무정보의 보고에는 원가가 소요되고, 해당 **정보 보고의 효익이 그 원가를 정당화**한다는 것이 중요함

핵심요약 재무제표와 보고기업

(1) 보고기업

☞ 보고기업 : 재무제표를 작성해야 하거나 작성하기로 선택한 기업

☞ **보고기업이 반드시 법적 실체일 필요는 없음**

(2) 연결재무제표와 비연결재무제표

보고기업에 따른 재무제표

구 분	내 용
연결재무제표	지배기업과 종속기업으로 구성된 재무제표
비연결재무제표	지배기업 단독의 재무제표
결합재무제표	지배 · 종속 관계가 없는 둘 이상의 실체로 구성된 재무제표

(3) 재무제표 목적과 범위

☞ 재무제표의 목적 : 보고기업에 유입될 **미래순현금흐름에 대한 전망**과 보고기업의 경제적자원에 대한 **경영진의 수탁책임을 평가하는 데 유용한** 보고기업의 자산, 부채, 자본, 수익 및 비용에 대한 **재무정보를 재무제표이용자들에게 제공**하는 것

(4) 보고기간

☞ **재무제표는 최소한 직전 연도에 대한 비교정보를 제공**함

☞ **다음 모두에 해당하는 경우**에는 미래에 발생할 수 있는 거래 및 사건에 대한 정보 즉, **미래 전망 정보를 재무제표에 포함**함

① 그 정보가 보고기간 말 현재 또는 보고기간 중 존재했던 실체의 자산, 부채(미인식 자산이나 부채 포함)나 자본 또는 보고기간의 수익이나 비용과 관련된 경우
② 재무제표이용자들에게 유용한 경우

(5) 계속기업 가정

☞ 재무제표는 일반적으로 보고기업이 **계속기업이며 예측가능한 미래에 영업을 계속할 것이라는 가정하에 작성**된다.

☞ 기업이 청산을 하거나 거래를 중단하려는 의도가 없으며, 그럴 필요도 없다고 가정한다. 만약 그러한 의도나 필요가 있다면, 재무제표는 **계속기업과는 다른 기준에 따라 작성**되어야 한다. 그러한 경우라면, 사용된 기준을 재무제표에 기술한다.

핵심 요약 재무제표의 요소

재무제표 요소의 정의	
구 분	정 의
자산	**과거사건**의 결과로 기업이 **통제**하는 현재의 **경제적자원**이며, 경제적자원은 **경제적효익**을 창출할 **잠재력을 지닌 권리**이다.
부채	**과거사건**의 결과로 기업의 **경제적자원을 이전**해야 하는 **현재의무**이다.
자본	기업의 **자산에서 모든 부채를 차감**한 후의 잔여지분이다.
수익	자본의 증가를 가져오는 **자산의 증가나 부채의 감소**로서, 자본청구권 보유자의 출자와 관련된 것은 제외한다.
비용	자본의 감소를 가져오는 **자산의 감소나 부채의 증가**로서, 자본청구권 보유자에 대한 분배와 관련된 것은 제외한다.

01. 자산

☞ 자산은 **과거사건**의 결과로 기업이 **통제**하는 현재의 **경제적자원**이다. 경제적자원은 **경제적효익**을 창출할 **잠재력을 지닌 권리**이다.

(1) 권리

☞ **기업의 모든 권리가 그 기업의 자산이 되는 것은 아니다.**

☞ 권리가 기업의 자산이 되기 위해서는, 해당 권리가 그 기업을 위해서 **다른 모든 당사자들이 이용가능한 경제적효익을 초과하는 경제적효익을 창출할 잠재력이 있고 그 기업에 의해 통제되어야** 한다.

(2) 경제적효익을 창출할 잠재력

☞ **경제적자원은 경제적효익을 창출할 잠재력을 지닌 권리**이다. 잠재력이 있기 위해 권리가 **경제적효익을 창출할 것이라고 확신할 필요는 없다.**

☞ **경제적효익을 창출할 가능성이 낮더라도** 권리가 경제적자원의 정의를 충족할 수 있으며 **자산이 될 수 있다.**

☞ **지출의 발생과 자산의 취득은** 밀접하게 관련되어 있으나 **양자가 반드시 일치하는 것은 아니다.**

(3) 통제

☞ 기업은 **경제적자원의 사용을 지시**하고 그로부터 유입될 수 있는 **경제적효익을 얻을 수 있는 현재의 능력**이 있다면, 그 경제적자원을 **통제**한다.

☞ **일방의 당사자가 경제적자원을 통제하면 다른 당사자는 그 자원을 통제하지 못한다.**

☞ 기업이 경제적자원을 통제하기 위해서는 해당 **자원의 미래경제적효익이** 다른 당사자가 아닌 **그 기업에게 직접 또는 간접으로 유입**되어야 한다.

02 부채

☞ 부채는 **과거사건**의 결과로 기업이 **경제적자원을 이전**해야 하는 **현재의무**이다.

(1) 의무

☞ 의무란 **기업이 회피할 수 있는 실제 능력이 없는 책무나 책임**을 말한다.

☞ **의무를 이행할 대상인 당사자의 신원을 알 필요는 없다.**

☞ 기업이 실무 관행, 공개한 경영방침, 특정 성명서와 상충되는 방식으로 행동할 실제 능력이 없는 경우, 기업의 그러한 **실무 관행, 경영방침이나 성명서에서 의무**가 발생할 수도 있다. 그러한 상황에서 발생하는 의무는 **의제의무**라고 불린다.

(2) 경제적자원의 이전

☞ 의무에는 기업이 **경제적자원을 다른 당사자에게 이전하도록 요구받게 될 잠재력**이 있어야 한다.

☞ **경제적자원의 이전가능성이 낮더라도 의무가 부채의 정의를 충족할 수 있다.**

(3) 과거사건으로 생긴 현재의무

☞ 부채의 세 번째 조건은 의무가 **과거사건의 결과로 존재하는 현재의무**라는 것이다.

03 자본

☞ 자본은 **기업의 자산에서 모든 부채를 차감한 후의 잔여지분**이다.

☞ **법률, 규제** 또는 그 밖의 요구사항이 자본금 또는 이익잉여금과 같은 **자본의 특정 구성요소에 영향을 미치는 경우**가 있다.

04 수익과 비용

☞ 수익과 비용은 기업의 **재무성과와 관련된 재무제표 요소**이다.

☞ **수익과 비용은 자산과 부채의 변동으로 정의**된다.

① **수익**은 **자산의 증가 또는 부채의 감소로서 자본의 증가**를 가져오며, **자본청구권 보유자의 출자와 관련된 것을 제외**한다. 즉, 자본거래를 제외한 순자산이 증가하는 거래가 수익이다.

② **비용**은 **자산의 감소 또는 부채의 증가로서 자본의 감소**를 가져오며, **자본청구권 보유자에 대한 분배와 관련된 것을 제외**한다. 즉, 자본거래를 제외한 순자산이 감소하는 거래가 비용이다.

05 자산과 부채에 대한 회계단위

☞ 회계단위 : **인식기준과 측정개념이 적용되는** 권리나 권리의 집합, 의무나 의무의 집합 또는 권리와 의무의 **집합**

☞ 어떤 경우에는 **인식을 위한 회계단위와 측정을 위한 회계단위를 서로 다르게 선택하는 것이 적절할 수 있다.**

☞ **원가가** 다른 재무보고 결정을 제약하는 것처럼, **회계단위 선택도 제약**한다.

☞ 일반적으로 자산, 부채, 수익과 비용의 **인식 및 측정에 관련된 원가는 회계단위의 크기가 작아짐에 따라 증가**한다.

06 미이행계약

☞ 미이행계약 : 계약당사자 모두가 자신의 **의무를 전혀 수행하지 않았거나** 계약당사자 모두가 동일한 정도로 자신의 **의무를 부분적으로 수행한 계약**이나 그 계약의 일부

☞ **미이행계약은 경제적자원을 교환할 권리와 의무가 결합되어 성립**된다.

→ **교환조건이 현재 유리할 경우,** 기업은 **자산을 보유**한다. **교환조건이 현재 불리한 경우**에는 **부채를 보유**한다.

07 계약상 권리와 의무의 실질

☞ 권리와 의무를 **충실하게 표현하기 위해서는 재무제표에 그 실질을 보고**한다.

☞ **계약의 모든 조건(명시적 또는 암묵적)은 실질이 없지 않은 한 고려**되어야 한다.

핵심 요약 재무제표의 요소의 인식과 제거

01 인식의 의의

☞ 인식 : 자산, 부채, 자본, 수익 또는 비용과 같은 재무제표 요소 중 하나의 정의를 충족하는 항목을 **재무상태표나 재무성과표에 포함하기 위하여 포착하는 과정**

02 인식기준

☞ 자산, 부채 또는 자본의 **정의를 충족하는 항목만이 재무상태표에 인식**된다. 마찬가지로 수익이나 비용의 **정의를 충족하는 항목만이 재무성과표에 인식**된다.

☞ **정의를 충족하는 항목이라고 할지라도 항상 인식되는 것은 아니다.**

☞ 재무제표 요소의 **정의를 충족**하고, 재무제표 이용자들에게 **목적적합하고 충실한 표현을 한 유용한 정보를 제공하는 경우**에만 **인식**한다.

☞ **원가**는 다른 재무보고 결정을 제약하는 것처럼, **인식에 대한 결정도 제약**한다.

☞ 재무제표 이용자들에게 제공되는 **정보의 효익**이 그 정보를 제공하고 사용하는 **원가를 정당화할 수 있을 경우에 자산이나 부채를 인식**한다.

☞ 자산이나 부채의 정의를 충족하는 항목이 **인식되지 않더라도,** 기업은 해당 항목에 대한 정보를 **주석에 제공해야 할 수도 있다.**

03 제거

☞ **제거**는 기업의 재무상태표에서 **인식된 자산이나 부채의 전부 또는 일부를 삭제하는 것**이다.

☞ 제거는 일반적으로 해당 항목이 더 이상 자산 또는 부채의 정의를 충족하지 못할 때 발생한다.

① **자산**은 일반적으로 기업이 인식한 자산의 전부 또는 일부에 대한 **통제를 상실하였을 때 제거**한다.
② **부채**는 일반적으로 기업이 인식한 부채의 전부 또는 일부에 대한 **현재의무를 더 이상 부담하지 않을 때 제거**한다.

핵심요약 재무제표 요소의 측정

01. 측정의 의의

☞ 재무제표에 인식된 요소들은 **화폐단위로 수량화**되어 있다. 이를 위해 **측정기준을 선택**해야 한다.

☞ 유용한 재무정보의 질적특성과 원가제약을 고려함으로써 **서로 다른 자산, 부채, 수익과 비용에 대해 서로 다른 측정기준을 선택**하는 결과가 발생할 수 있을 것이다.

☞ **개념체계는 측정기준을 역사적 원가와 현행가치로 분류**하며, 현행가치 측정기준은 다음을 포함한다.

① 공정가치
② 자산의 사용가치 및 부채의 이행가치
③ 현행원가

02. 재무제표 요소의 측정기준

(1) 역사적 원가

☞ **자산을 취득**하거나 창출할 때의 **역사적 원가**는 자산의 취득 또는 창출에 발생한 원가의 가치로서, 자산의 취득 또는 창출을 위하여 **지급한 대가와 거래원가를 포함**한다.

☞ **부채가 발생**하거나 인수할 때의 **역사적 원가**는 발생시키거나 인수하면서 **수취한 대가에서 거래원가를 차감**한 가치이다.

☞ 현행가치와 달리 **역사적 원가**는 자산의 손상이나 손실부담에 따른 부채와 관련되는 경우를 제외하고는 **가치의 변동을 반영하지 않는다.**

☞ **역사적 원가 측정기준**을 금융자산과 금융부채에 적용하는 한 가지 방법은 **상각후원가로 측정하는 것**이다.

(2) 현행가치

☞ **현행가치 측정치**는 측정일의 조건을 반영하기 위해 **갱신된 정보를 사용**하여 자산, 부채 및 관련 수익과 비용의 **화폐적 정보를 제공**한다.

☞ 역사적 원가와는 달리, **자산이나 부채의 현행가치는 자산이나 부채를 발생시킨 거래나 그 밖의 사건의 가격으로부터 부분적으로라도 도출되지 않는다.**

1) 공정가치

☞ 공정가치 : 측정일에 **시장참여자 사이의 정상거래에서 자산을 매도할 때 받거나 부채를 이전할 때 지급하게 될 가격**

☞ **공정가치**는 자산을 취득할 때 발생한 **거래원가로 인해 증가하지 않으며 부채**를 발생시키거나 인수할 때 발생한 **거래원가로 인해 감소하지 않는다.**

☞ **공정가치는 자산의 궁극적인 처분이나 부채의 이전 또는 결제에서 발생할 거래원가를 반영하지 않는다.**

2) 사용가치와 이행가치

☞ **사용가치** : 기업이 **자산의 사용과 궁극적인 처분으로 얻을 것으로 기대하는 현금흐름** 또는 그 밖의 **경제적효익의 현재가치**

☞ **이행가치** : 기업이 **부채를 이행할 때 이전해야 하는 현금**이나 그 밖의 **경제적자원의 현재가치**

☞ 사용가치와 이행가치는 **시장참여자의 가정보다는 기업 특유의 가정을 반영**한다.

☞ 사용가치와 이행가치는 **직접 관측될 수 없으며 현금흐름기준 측정기법으로 결정**된다.

3) 현행원가

☞ **자산의 현행원가** : 측정일에 **동등한 자산의 원가로서 측정일에 지급할 대가와** 그날에 발생할 **거래원가를 포함**

☞ **부채의 현행원가 : 측정일에 동등한 부채에 대해 수취할 수 있는 대가에서** 그날에 발생할 **거래원가를 차감**

유입가치와 유출가치	
구 분	**내 용**
유입가치	역사적 원가, 현행원가
유출가치	공정가치, 사용가치와 이행가치

(3) 측정과 관련한 기타사항

1) 자본의 측정

☞ **자본의 총장부금액(총자본)은 직접 측정하지 않는다.**

☞ **총자본은 잔여지분으로 측정**되기 때문에 적어도 **자본의 한 종류는 직접 측정할 수 없다.**

☞ **자본의 개별항목 및 총자본 : 음(−)의 값을 가질 수 있다.**

2) 현금흐름기준 측정기법

☞ 때로는 **측정치를 직접 관측할 수 없다.** 이러한 경우 측정치를 추정하는 한 가지 방법은 **현금흐름기준 측정기법을 사용**하는 것이다.

☞ 현금흐름기준 측정기법은 **측정기준이 아니다.** 이것은 **측정기준을 적용하는 데 사용되는 기법**이다.

핵심요약 재무제표 표시와 공시

01 표시와 공시의 원칙

(1) 상계

☞ **상계는** 서로 다른 항목을 함께 분류하는 것이므로 **일반적으로는 적절하지 않다.**

(2) 당기손익과 기타포괄손익

☞ 수익과 비용은 분류되어 다음 중 하나에 포함된다.

① 손익계산서
② 손익계산서 이외의 기타포괄손익

☞ **원칙적으로,** 한 기간에 **기타포괄손익에 포함된 수익과 비용은** 미래 기간에 **기타포괄손익에서 당기손익으로 재분류**한다.

☞ 회계기준위원회는 **개별 기준서**를 개발할 때, **기타포괄손익에 포함된 수익과 비용이 후속적으로 재분류되지 않도록 결정할 수도 있다.**

핵심요약 자본과 자본유지개념

01 명목화폐 재무자본유지개념

☞ 자본을 명목화폐단위로 정의한 재무자본유지개념하에서 이익은 해당 기간 중 명목화폐단위의 증가액을 의미함

이익=기말 명목화폐자본−기초 명목화폐자본

02 불변구매력 재무자본유지개념

☞ 자본을 불변구매력 단위로 정의한 재무자본유지개념하에서 이익은 해당 기간 중 투자된 구매력의 증가를 의미함

이익=기말 불변구매력화폐자본−기초 불변구매력화폐자본 자본유지조정=기초 불변구매력화폐자본−기초 명목화폐자본

03 실물자본유지개념

☞ 실물자본유지개념하에서 이익은 해당 기간 동안 소유주에게 배분하거나 소유주가 출연한 부분을 제외하고 기업의 기말 실물생산능력이나 조업능력이 기초 실물생산능력을 초과하는 경우에만 발생함

이익=기말 실물생산능력−기초 실물생산능력 자본유지조정=기초 실물생산능력−기초 명목화폐자본

☞ 실물자본유지개념을 사용하기 위해서는 현행원가기준에 따라 측정해야 함

예제

자본유지개념

(주)민준은 20×1년 1월 1일에 현금 ₩1,000을 투자하여 복숭아판매업을 개시하였으며, 1월 1일 현재 복숭아 2개를 단위당 ₩500에 구입하였다. (주)민준이 구입한 복숭아를 단위당 ₩800에 판매하여 20×1년 12월 31일 현재 현금 ₩1,600을 보유하고 있다. 20×1년 중 물가인상율은 10%이고, 20×1년 12월 31일 현재 복숭아의 단위당 구입가격은 ₩700이다.

(물음1) 명목화폐 재무자본유지개념에 따른 이익과 자본유지조정액을 계산하시오.
(물음2) 불변구매력 재무자본유지개념에 따른 이익과 자본유지조정액을 계산하시오.
(물음3) 실물자본유지개념에 따른 이익과 자본유지조정액을 계산하시오.

풀이

(물음1)

① 기초자본 : ₩1,000
② 유지해야 할 자본 : ₩1,000
③ 기말자본 : ₩1,600
1) 이익 : ₩600 (③−②)
2) 자본유지조정 : ₩0 (②−①)

(물음2)

① 기초자본 : ₩1,000
② 유지해야 할 자본 : ₩1,100 {1,000×(1+10%)}
③ 기말자본 : ₩1,600
1) 이익 : ₩500 (③−②)
2) 자본유지조정 : ₩100 (②−①)

(물음3)

① 기초자본 : ₩1,000
② 유지해야 할 자본 : ₩1,400 (2개×700)
③ 기말자본 : ₩1,600
1) 이익 : ₩200 (③−②)
2) 자본유지조정 : ₩400 (②−①)

핵심요약 공정가치 측정

01 공정가치의 정의

■ **공정가치, 기업특유가치, 거래가격의 비교**

① 공정가치 : 정상거래에서 **자산을 매도할 때 받거나 부채를 이전할 때 지급하게 될 가격으로 유출가치임 → 자산이나 부채를 재무제표에서 제거할 때의 가격**

② 기업특유가치 : **기업 입장에서 추정한 가치**(예 순실현가능가치, 사용가치)

③ 거래가격 : **자산을 취득하면서 지급하거나 부채를 인수하면서 수취하는 가격**을 말하며, **공정가치는 유출가격**인 반면 **거래가격은 유입가격**임

☞ 동일한 자산이나 부채의 가격을 **관측할 수 없는 경우 : 관측할 수 있는 관련된 투입변수를 최대한으로 사용하고 관측할 수 없는 투입변수를 최소한으로 사용**하는 다른 가치평가기법(예 시장접근법, 원가접근법, 이익접근법)을 사용하여 공정가치를 측정

02 공정가치의 측정

(1) 공정가치 측정대상 : 자산 or 부채

☞ 공정가치 측정은 특정 자산이나 부채에 대한 것임

(2) 공정가치 측정상황 : 정상거래

☞ **공정가치**는 측정일 현재의 시장 상황에서 자산을 매도하거나 부채를 이전하는 시장참여자 사이의 **정상거래에서 자산이나 부채가 교환되는 것으로 가정하여 측정함**

▪ 공정가치 측정시 적용되는 시장

① **주된 시장** : 해당 자산이나 부채를 거래하는 규모가 가장 크고 빈도가 가장 잦은 시장

② 주된 시장이 없는 경우 **가장 유리한 시장** : **거래원가나 운송원가를 고려***했을 때, 자산을 매도할 때 받는 금액을 최대화하거나 부채를 이전할 때 지급하는 금액을 최소화하는 시장

* **가장 유리한 시장**인지 여부 판단시 : **거래원가와 운송원가를 차감**하여 판단

정상거래, 주된 시장의 의미

구 분	의 미
정상거래	자산이나 부채와 관련되는 거래를 위하여 통상적이고 관습적인 마케팅활동을 할 수 있도록 시장에 노출되는 것을 가정한 거래 ☞ 강제된 거래 ×, 주된 시장에서의 거래 O
주된 시장	해당 자산이나 부채를 거래하는 규모가 가장 크고 빈도가 가장 잦은 시장 ☞ 주된 시장이 없는 경우 가장 유리한 시장에서 공정가치 측정 ☞ 기업의 관점에서 고려됨(기업 간의 차이 허용)

☞ 공정가치를 측정하기 위해 **측정일에 특정 자산을 매도할 수 있거나 특정 부채를 이전할 수 있어야만 하는 것은 아님**

→ 관측할 수 있는 시장이 없더라도, 자산을 보유하거나 부채를 부담하는 시장참여자의 관점을 고려한 거래가 측정일에 이루어질 것으로 가정하여 공정가치를 측정함

(3) 공정가치 측정주체 : 시장참여자

☞ 기업은 **시장참여자가 경제적으로 최선의 행동을 한다는 가정하에,** 시장참여자가 자산이나 부채의 가격을 결정할 때 사용할 가정에 근거하여 자산이나 부채의 **공정가치를 측정하여야 함**

(4) 공정가치 측정가격

■ **공정가치 vs. 순공정가치 vs. 가장 유리한 시장 판단시의 가격**

1. 공정가치 = 자산을 매도할 때 받거나 부채를 이전할 때 지급하게 될 가격* − **운송원가**
   * 주된 시장이 있는 경우 : 주된 시장에서의 가격
   * 주된 시장이 없는 경우 : 가장 유리한 시장에서의 가격
2. 순공정가치 = 공정가치 − **거래원가**
3. 가장 유리한 시장인지 여부 판단시 : **거래원가와 운송원가를 차감하여 판단**
   → 순공정가치로 판단

03 비금융자산의 공정가치 측정

☞ **비금융자산의 공정가치를 측정하는 경우**에는 시장참여자 자신이 **그 자산을 최고 최선으로 사용**하거나 최고 최선으로 사용할 다른 시장참여자에게 그 자산을 매도함으로써 경제적효익을 창출할 수 있는 시장참여자의 능력을 고려함

☞ **최고 최선의 사용**은, **기업이 다르게 사용할 의도가 있더라도 시장참여자의 관점에서 판단**함. 그러나 시장참여자가 비금융자산을 다르게 사용하여 그 가치를 최대화할 것이라는 점이 시장이나 그 밖의 요소에 의해 제시되지 않으면 **기업이 비금융자산을 현재 사용하는 것을 최고 최선의 사용으로 봄**

04 부채 및 자기지분상품의 공정가치 측정

☞ 부채 및 자기지분상품의 공정가치를 측정하는 경우, **공정가치 측정일에 금융부채 또는 비금융부채나 자기지분상품(**예 사업결합의 대가로 발행된 지분)**이 시장참여자에게 이전되는 것으로 가정하여 측정함**

☞ 모든 경우에 **관측할 수 있는 관련된 투입변수를 최대한으로 사용하고 관측할 수 없는 투입변수를 최소한으로 사용함**

05 최초 인식시점의 공정가치

☞ 거래가격 : 자산을 취득하면서 지급하거나 부채를 인수하면서 받는 가격인 유입가격임

☞ 공정가치 : 자산을 매도할 때 받거나 부채를 이전할 때 지급하게 될 가격인 유출가격

06 가치평가기법

☞ **관측가능한 시장거래나 시장정보를 이용할 수 없는 경우**에는 **가치평가기법을 이용**하여 공정가치를 추정함

(1) 가치평가기법의 종류

■ **가치평가기법의 종류**

① 시장접근법 : 동일하거나 비교할 수 있는(비슷한) 자산, 부채, 사업과 같은 자산과 부채의 집합에 대해 시장 거래에서 생성된 가격이나 그 밖의 목적 적합한 정보를 사용하는 가치평가기법

② 원가접근법 : 자산의 사용능력을 대체할 때 현재 필요한 금액을 반영하는 가치평가기법(통상 현행 대체원가라고 함)

③ 이익접근법 : 미래 금액(예 현금흐름이나 수익과 비용)을 하나의 현재의(할인된) 금액으로 전환하는 가치평가기법

(2) 가치평가기법에의 투입변수

☞ 투입변수 : 자산이나 부채의 가격을 결정할 때 시장참여자가 사용할 가정

■ **투입변수**

① 관측할 수 있는 투입변수 : 실제 사건이나 거래에 관해 공개적으로 구할 수 있는 정보와 같은 시장 자료를 사용하여 개발하였으며 자산이나 부채의 가격을 결정할 때 시장참여자가 사용할 가정을 반영한 투입변수

핵심요약 재무제표 일반사항

01 재무제표의 목적

☞ 재무제표의 목적 : 광범위한 정보이용자의 **경제적 의사결정에 유용**한 기업의 재무상태, 재무성과와 재무상태변동에 관한 정보를 제공하는 것

02 전체 재무제표

구 분	재무제표의 종류
일반적인 경우	재무상태표, 포괄손익계산서, 자본변동표, 현금흐름표, 주석
재무제표 소급재작성의 경우	상기 재무제표+전기 초 재무상태표

☞ **각각의 재무제표**는 전체 재무제표에서 **동등한 비중**으로 표시함

☞ 재무제표 이외의 보고서는 한국채택국제회계기준 적용범위에 해당하지 아니함

03 재무제표 작성의 일반원칙

구 분	원 칙	예 외
공정한 표시와 K-IFRS의 준수	K-IFRS 준수하여 작성	개념체계와 K-IFRS 상충시 : K-IFRS와 다르게 적용 가능
계속기업	계속기업의 가정	청산기업의 가정
발생기준 회계	발생주의	현금주의

구 분	원 칙	예 외
중요성과 통합표시	유사한 항목이 중요함: 구분표시	유사한 항목이 중요하지 않음 : 통합표시 가능
상계	자산과 부채, 수익과 비용은 상계하지 않고 표시	기준서에서 요구하는 경우 상계표시 가능
보고빈도	재무제표는 적어도 1년마다 작성	1년을 초과, 미달하는 경우 추가 주석공시 필요
비교정보	전기와 당기 비교 공시	소급법 적용시 전기초 재무상태표 추가공시
표시의 계속성	F/S의 표시와 분류는 계속성 유지	기준서에서 허용하는 경우 F/S표시방법 변경 가능

(1) 공정한 표시와 한국채택국제회계기준의 준수

☞ 한국채택국제회계기준에 따라 작성된 재무제표는 공정하게 표시된 재무제표로 봄

☞ 한국채택국제회계기준을 준수하여 작성된 재무제표는 국제회계기준을 준수하여 작성된 재무제표임을 주석으로 공시가능함

☞ **부적절한 회계정책**은 이에 대하여 **공시나 주석 또는 보충 자료**를 통해 설명하더라도 **정당화될 수 없음**

(2) 계속기업

☞ 경영진이 기업을 청산하거나 경영활동을 중단할 의도를 가지고 있지 않거나, 청산 또는 경영활동의 중단 외에 다른 현실적 대안이 없는 경우가 아니면 **계속기업을 전제로 재무제표를 작성함**

☞ 재무제표가 **계속기업의 기준하에 작성되지 않는 경우**에는 **그 사실과 함께** 재무제표가 작성된 기준 및 그 기업을 계속기업으로 보지 않는 **이유를 공시함**

☞ 계속기업의 가정이 적절한지의 여부를 평가할 때 경영진은 **적어도 보고기간 말로부터 향후 12개월 기간**에 대하여 이용가능한 모든 정보를 고려함

(3) 발생기준 회계

☞ 기업은 **현금흐름 정보를 제외하고는 발생기준 회계**를 사용하여 재무제표를 작성함

(4) 중요성과 통합표시

☞ (원칙) **상이한 성격이나 기능**을 가진 항목은 **구분하여 표시함**

☞ (예외) **중요하지 않은 항목**은 성격이나 기능이 유사한 항목과 **통합표시 가능**

☞ **재무제표에는** 중요하지 않아 구분하여 **표시하지 않은 항목이라도 주석에서는 구분 표시해야 할 만큼 충분히 중요할 수 있음**

(5) 상계

☞ 한국채택국제회계기준에서 요구하거나 허용하지 않는 한 **자산과 부채 그리고 수익과 비용은 상계하지 아니함**

☞ (주의) 재고자산에 대한 **재고자산평가충당금**과 매출채권에 대한 **대손충당금**과 같은 평가충당금을 차감하여 관련 자산을 순액으로 측정하는 것은 **상계표시에 해당하지 아니함**

☞ 상계표시의 예

① **외환손익** 또는 **단기매매 금융상품에서 발생하는 손익**과 같이 유사한 거래의 집합에서 발생하는 차익과 차손은 **순액으로 표시함**. 그러나 **그러한 차익과 차손이 중요한 경우에는 구분하여 표시함**

② **투자자산 및 영업용자산을 포함한 비유동자산의 처분손익**은 처분대금에서 그 자산의 장부금액과 관련처분비용을 차감하여 표시함

(6) 보고빈도

☞ 전체 재무제표는 **적어도 1년마다 작성함.** 만일 보고기간종료일을 변경하여 재무제표의 **보고기간이 1년을 초과하거나 미달하는 경우**에는 재무제표의 보고기간을 공시할 뿐만 아니라 아래의 사항도 추가하여 **공시함**

① 보고기간이 1년을 초과하거나 **미달하게 된 이유**

② 재무제표에 표시된 금액이 **완전하게 비교가능하지는 않다는 사실**

(7) 비교정보

☞ 한국채택국제회계기준이 달리 허용하거나 요구하는 경우를 제외하고는 **당기 재무제표에 보고되는 모든 금액에 대해 전기 비교정보를 공시함**

☞ 당기 재무제표를 이해하는 데 **목적적합하다면 서술형 정보의 경우에도 비교정보를 포함함**

☞ 회계정책의 변경, 중요한 오류수정으로 인한 재무제표 소급재작성의 경우
: 당기말, 전기말, 전기초 재무상태표 표시

(8) 표시의 계속성

☞ 재무제표 항목의 표시와 분류는 다음의 경우를 제외하고는 **매기 동일해야 함**

① 사업내용의 유의적인 변화나 재무제표를 검토한 결과 다른 표시나 분류방법이 더 적절한 것이 명백한 경우
② 한국채택국제회계기준에서 표시방법의 변경을 요구하는 경우

핵심요약 재무상태표

01 재무상태표에 표시되는 정보

☞ 재무상태표 : **일정시점** 현재 기업실체가 보유하고 있는 **경제적 자원인 자산**과 **경제적 의무인 부채** 그리고 **자본**에 대한 정보를 제공하는 재무제표

☞ 기업이 재무상태표에 유동자산과 비유동자산, 그리고 유동부채와 비유동부채로 구분하여 표시하는 경우, **이연법인세자산(부채)은 유동자산(부채)으로 분류하지 아니함**

☞ 한국채택국제회계기준에서는 **재무상태표의 형식이나 항목의 순서를 규정하고 있지 아니함**

02 유동과 비유동의 구분

(1) 유동과 비유동의 구분

☞ (원칙) 1년 기준 : 자산과 부채는 1년 기준으로 하여 **유동자산 또는 비유동자산, 유동부채 또는 비유동부채로 구분함**

☞ (예외) 정상영업주기 기준 : **재고자산, 매출채권 및 매입채무, 미지급비용** 등에 대하여는 1년을 초과하더라도 **정상영업주기 내에 실현 혹은 결제되리라 예상되는 부분에 대하여서는 유동으로 분류함**

유동자산
① 기업이 **정상영업주기 내**에 실현될 것으로 예상되거나 정상영업주기 내에 판매하거나 소비될 의도가 있다. ② 주로 **단기매매 목적**으로 보유하고 있다. ③ 보고기간 후 **12개월 이내**에 실현될 것으로 예상한다. ④ 현금이나 현금성자산으로서, 교환이나 부채 상환 목적으로의 **사용에 대한 제한 기간**이 보고기간 후 **12개월 이상이 아니다.**

유동부채
① **정상영업주기 내**에 결제될 것으로 예상되고 있다. ② 주로 **단기매매 목적**으로 보유하고 있다. ③ 보고기간 후 **12개월 이내**에 결제하기로 되어 있다. ④ 보고기간 후 **12개월 이상** 부채의 결제를 **연기할 수 있는 무조건의 권리를 가지고 있지 않다.**

(2) 부채의 유동성 분류시 유의사항

■ **유동부채와 비유동부채의 구분**
: 보고기간 말 기준 O, 재무제표 발행승인일 기준 ×

부채의 유동성 분류시 유의사항

구 분	보고기간 말 (유동 · 비유동 판단 시점)	유동성 분류
장기채무	만기 12개월 이내 도래	유동부채
	만기 12개월 이후 도래	비유동부채
만기 연장가능한 단기채무	12개월 이상 만기 연장가능	비유동부채
	12개월 이상 만기 연장불능	유동부채
약정위반한 장기채무	위반사항 해소가능	비유동부채
	위반사항 해소불능	유동부채

1) 보고기간 후 12개월 이내에 결제일이 도래하는 장기채무

☞ 다음 모두에 해당하는 경우라 하더라도 금융부채가 보고기간 후 **12개월 이내에 결제일이 도래**하면 이를 **유동부채**로 분류함

① 원래의 결제기간이 12개월을 초과하는 경우

② **보고기간 후 재무제표 발행승인일 전**에 장기로 차환하는 계약 또는 지급기일을 장기로 재조정하는 계약이 체결된 경우

핵심요약 포괄손익계산서

☞ 포괄손익계산서 : 소유주와의 **자본거래에 따른 자본의 변동을 제외한 기업 순자산의 변동을 표시하는 보고서**로서 당기순손익과 기타포괄손익으로 구성됨

① 당기순손익 : 한 회계기간에 인식되는 **모든 수익과 비용은 한국채택국제회계기준에서 달리 정하지 않는 한 당기손익**으로 인식함. 다만, **수익과 비용의 정의를 만족하지만 당기손익에 반영하지 않은 항목은 기타포괄손익** 항목임

② 기타포괄손익 : 한국채택국제회계기준에서 요구하거나 허용하여 **당기손익으로 인식하지 않은 수익과 비용** 항목으로서 장기성 미실현보유손익의 성격임

01 포괄손익계산서에 표시되는 정보

▪ **포괄손익계산서를 표시할 때 유의할 점**

1. **수익(매출액)에서 매출원가 및 판매비와관리비를 차감한 영업손익을 포괄손익계산서에 구분하여 표시**해야 한다. 다만, **영업의 특수성**을 고려할 필요가 있는 경우(예 매출원가를 구분하기 어려운 경우)나 **비용을 성격별로 분류하는 경우 영업수익에서 영업비용을 차감한 영업손익을 포괄손익계산서에 구분하여 표시**할 수 있다.
2. 포괄손익계산서에는 **특별손익을 표시할 수 없고, 이는 주석으로도 공시할 수 없다.**
3. 포괄손익계산서를 작성할 때 **당기순손익과 총포괄손익은 비지배지분과 지배기업의 소유주로 구분하여 표시**하여야 한다.
4. 포괄손익계산서에 표시되어야 할 최소한의 항목을 열거한다.(예 **영업손익**)

02 포괄손익계산서 표시방법

(1) 포괄손익계산서 양식 선택

■ **포괄손익계산서 양식 : 둘 중 하나 선택**

① 단일 포괄손익계산서

② 별개의 손익계산서(당기순손익의 구성요소를 배열하는 보고서)와 포괄손익계산서(당기순손익에서 시작하여 기타포괄손익의 구성요소를 배열하는 보고서)

(2) 영업이익에 포함되는 항목

■ **영업이익의 요소**

① 매출 : 기업의 주된 영업활동에서 발행한 수익으로 재화 또는 용역의 공급대가를 의미함

② 매출원가 : 매출액에 대응되는 원가로서 판매된 제품이나 상품 등에 대한 제조원가나 매입원가를 의미함

③ 판매비와관리비 : 판매활동이나 관리활동에서 발생하는 비용으로 매출원가에 속하지 않은 영업비용을 의미함

예 급여, 퇴직급여, 복리후생비, 임차료, 접대비, 감가상각비, 무형자산상각비, 광고선전비, 세금과공과, 연구비, 경상개발비, 대손상각비 등

(주의) 대손충당금환입, 퇴직급여충당부채환입, 판매보증충당부채환입
: (−)판매비와관리비

☞ 조정영업이익 : 영업이익 산정에 포함된 항목 이외에 **기업의 고유 영업환경을 반영하는** 그 밖의 수익 또는 비용 항목이 있다면, 이러한 **항목을 영업이익에 추가하여 조정영업이익 명칭으로 주석에 공시가능함**

03 비용의 분류방법

☞ 기업은 **비용의 성격별 분류법과 기능별 분류법 중** 보다 신뢰성 있고 목적적합한 정보를 제공할 수 있는 방법을 **선택**하여 표시함

성격별 분류와 기능별 분류의 장·단점

구 분	장 점	단 점
성격별 분류법	비용을 기능별로 배분할 필요가 없기 때문에 실무적으로 간편함 ☞ IFRS 권장	–
기능별 분류법	목적적합한 정보의 제공	자의적인 배분과 판단이 개입됨

성격별 분류 vs. 기능별 분류

구 분	주석공시 여부
성격별 분류법 선택시	기능별 분류 주석공시 필요 ×
기능별 분류법 선택시	성격별 분류 주석공시 필요 O

04 기타포괄손익

(1) 기타포괄손익의 종류

☞ 기타포괄손익 : **당기손익으로 인식하지 않은 수익과 비용** 항목으로서 손익거래의 결과임에도 불구하고 당기손익에는 포함되지 않는 항목들을 의미함

▪ **기타포괄손익 항목**

① 재평가잉여금

② 확정급여제도의 재측정요소

③ 해외사업장환산손익
④ 기타포괄손익－공정가치 측정 금융자산평가손익(채무상품, 지분상품)
⑤ 당기손익－공정가치 측정 금융부채(지정)평가손익
⑥ 효과적인 현금흐름 위험회피수단 파생상품평가손익
⑦ 관계기업기타포괄손익

(2) 재분류조정

☞ 재분류조정 : 당기나 과거 기간에 기타포괄손익으로 인식되었으나 당기손익으로 재분류하는 것

■ 기타포괄손익의 이익잉여금으로의 실현과정

1. 재분류조정 대상 ×

1) 실현과정 : **기타포괄손익 → 이익잉여금(임의규정)**

2) 종류

① **재평가잉여금**
② 확정급여제도의 **재측정요소**
③ **기타포괄손익－공정가치 측정 금융자산평가손익(지분상품)**
④ **당기손익－공정가치 측정 금융부채(지정)평가손익**
⑤ 당기손익으로 재분류되지 않는 관계기업기타포괄손익

2. 재분류조정 대상 O

1) 실현과정 : 기타포괄손익 → 당기손익 → 이익잉여금

2) 종류

① **해외사업장환산손익**
② **기타포괄손익－공정가치 측정 금융자산평가손익(채무상품)**
③ **효과적인 현금흐름 위험회피수단 파생상품평가손익**
④ 당기손익으로 재분류되는 관계기업기타포괄손익

(3) 기타포괄손익의 법인세효과 표시방법

☞ 기타포괄손익의 구성요소와 관련한 법인세비용 금액은 **포괄손익계산서나 주석**에 공시하며, **다음 중 한 가지 방법**으로 표시가능함

① 관련 법인세 효과를 차감한 **순액으로 표시**

② 기타포괄손익의 구성요소와 관련된 **법인세 효과 반영 전 금액**으로 표시하고, 각 항목들에 관련된 **법인세 효과는 단일 금액**으로 합산하여 표시

핵심 요약 자본변동표, 현금흐름표, 주석

01 자본변동표

☞ 자본변동표 : 자본의 크기와 그 변동에 관한 정보를 제공하는 재무제표임

02 현금흐름표

☞ 현금흐름표 : 영업활동으로 인한 현금흐름, 투자활동으로 인한 현금흐름 및 재무활동으로 인한 현금흐름으로 구분하여 설명하여 주는 동태적 보고서임

03 주석

☞ 주석 : 재무상태표, 포괄손익계산서, 자본변동표 및 현금흐름표에 표시하는 정보에 추가하여 제공된 정보

핵심 요약 현금및현금성자산

01 현금

구 분	내 용
통화	• 지폐, 주화(외국지폐, 외국주화 포함), 소액현금, 전도금
통화대용증권	• 타인발행수표(선일자수표 제외), 우편환증서, 배당금 지급통지표, 만기가 도래한 국공채 이자표, 만기도래 어음 등
요구불예금	• 입출금이 자유로운 예금(보통예금, 당좌예금)

☞ 현금 분류 × : **선일자수표, 가불증, 차용증서, 우표, 수입인지, 부도수표, 사용이 제한되어 있는 예금**

02 현금성자산

① 취득 당시 만기가 3개월 이내에 도래하는 채권
② 취득 당시 상환일까지의 기간이 3개월 이내인 상환우선주
③ 환매채(3개월 이내의 환매조건)

☞ 주의 1: 현금성자산으로 분류하기 위한 만기를 판단할 때 **보고기간종료일 기준이 아닌 취득일 기준으로 판단**

☞ 주의 2: 취득일로부터 만기가 3개월 이내 도래하는 금융상품일지라도 **사용이 제한되어 있다면 현금및현금성자산으로 분류될 수 없음**

03 당좌거래

구 분	계 정 과 목 분 류
당좌예금	**현금및현금성자산**으로 분류. 단, **사용이 제한된 경우**에는 사용 제한 기간에 따라 **단기(장기)금융상품**으로 분류됨
당좌차월	당좌예금 잔액이 (−)인 경우로서 **단기차입금**으로 분류됨
당좌개설보증금	사용이 제한된 예금으로서 **장기금융상품**으로 분류됨

예제

현금및현금성자산

다음은 A사가 20×1년 12월 31일 현재 보유하고 있는 현금 및 금융상품 등의 내역이다. A사가 기말 재무상태표에 현금및현금성자산으로 보고할 금액은 얼마인가?

• 외국주화	₩600,000	• 우표	₩10,000
• 타인발행수표	1,000,000	• 선일자수표	1,200,000
• 배당금지급통지표	300,000	• 만기도래한 국채이자표	500,000
• 전도금	250,000	• 우편환증서	30,000
• 당좌차월	500,000	• 환매채(90일 환매조건)	400,000
• 당좌개설보증금	800,000	• 차용증서	3,000,000
• 채권(취득일 : 20×1년 11월 1일, 만기 : 20×2년 2월 28일)			2,000,000

풀이

구분	현금및현금성자산	구분	기타
• 외국주화	₩ 600,000	우표	소모품
• 타인발행수표	1,000,000	선일자수표	채권
• 배당금지급통지표	300,000	당좌차월	단기차입금
• 만기도래한 국채이자표	500,000	당좌개설보증금	장기금융상품
• 전도금	250,000	차용증서	대여금
• 우편환증서	30,000	채권(1년 이내 만기 도래)	단기금융상품
• 환매채	400,000		
합계	₩ 3,080,000		

핵심 요약 은행계정조정표

01 의의

☞ 일정시점 회사측 당좌예금 계정잔액과 은행측 회사 당좌예금 통장잔액의 **기록시점의 차이나 기록의 오류**에 의한 불일치의 원인을 규명하고자 작성하는 것이 은행계정조정표임

☞ 회사는 이를 통해 **종업원의 당좌예금 횡령여부**를 판단할 수 있음
(횡령액=회사측 수정 후 당좌예금 잔액 - 은행측 수정 후 당좌예금 잔액)

02 회사측 계정과 은행측 계정의 차이조정

불 일 치 유 형	회사측 조정	은행측 조정
회사미기입예금(회사미통지입금)	O(회사잔액에 가산)	–
부도수표	O(회사잔액에 차감)	–
은행수수료, 이자비용	O(회사잔액에 차감)	–
은행미기입예금	–	O(은행잔액에 가산)
기발행미인출수표(미결제수표)	–	O(은행잔액에 차감)
은행 또는 회사의 오류	O(회사잔액에 가감)	O(은행잔액에 가감)

예제

은행계정조정표

(주)민준의 12월 31일 현재 당좌예금 잔액은 ₩2,732,000이고 삼성은행의 (주)민준 당좌원장상 잔액은 ₩3,128,000이었다. 다음의 자료를 이용하여 12월 31일 현재의 정확한 당좌예금 잔액을 구하시오.

- 회사가 12월 중 발행한 수표 중 ₩484,000이 아직 인출되지 않았다.
- 거래처로부터 받아 예입한 수표 ₩216,000이 부도처리되었다.
- 은행에 추심을 위임하여 추심된 어음 ₩254,000이 있다.
- 회사가 12월 31일 입금하였으나 은행측에서 입금처리하지 않은 금액 ₩138,000이 있다.
- 은행지급수수료 ₩6,000을 회사장부에 계상하지 않았다.
- 회사가 ₩68,000의 수표를 발행하면서 당좌예금장부에는 ₩86,000으로 기재하였음을 확인하였다.

풀이

	은행측		회사측
수 정 전 금 액	₩3,128,000	수 정 전 금 액	₩2,732,000
기발행미인출수표	(484,000)	부 도 수 표	(216,000)
미 기 입 예 금	138,000	어 음 추 심	254,000
		은 행 수 수 료	(6,000)
		회 사 측 오 류	18,000
수 정 후 금 액	₩2,782,000	수 정 후 금 액	₩2,782,000

예제

어음할인

(주)민준은 20×1년 4월 1에 6개월 만기인 액면가 ₩100,000의 받을어음을 금융회사에 할인하였다. 어음의 발행일은 20×1년 1월 1일이고 어음의 표시이자율은 연 10%이다. 금융회사에 적용한 어음의 할인율은 연 12%이며 할인액은 월할계산한다. 어음할인이 금융자산 제거요건을 충족한다고 할 때 다음 물음에 답하시오.

(물음1) 어음할인으로 인한 현금 수령액은 얼마인가?
(물음2) 어음할인으로 인한 매출채권처분손실 금액은 얼마인가?
(물음3) 어음할인으로 인해 당기손익에 미치는 영향은 얼마인가?
(물음4) 어음할인시의 회계처리를 하시오.
(물음5) 만일 위의 어음이 무이자부어음인 경우 어음할인으로 인한 현금 수령액은 얼마인가?
(물음6) 무이자부어음인 경우 어음할인으로 인한 매출채권처분손실 금액은 얼마인가?
(물음7) 무이자부어음인 경우 어음할인으로 인해 당기손익에 미치는 영향은 얼마인가?
(물음8) 무이자부어음인 경우 어음할인시의 회계처리를 하시오.

풀이

(물음1)

어음의 만기가치	100,000+100,000×10%×6/12	=	₩ 105,000
할인료(수수료)	105,000×12%×3/12	=	(3,150)
현금 수령액			₩ 101,850

(물음2)

할인일의 현금 수령액			₩ 101,850
할인일의 어음가치	100,000+100,000×10%×3/12	=	(102,500)
매출채권처분손실			₩ (650)

(물음3)

매출채권처분손실	₩ (650)
이자수익	2,500
당기손익	₩ 1,850

(물음4) 회계처리

일 자	회 계 처 리			
어음할인시	(차)현 금 매출채권처분손실	101,850 650	(대)매 출 채 권 이 자 수 익	100,000 2,500*1

*1 기간경과 이자 : 100,000×10%×3/12(1/1~4/1)=2,500

(물음5)

어음의 만기가치		₩ 100,000
할인료(수수료)	100,000×12%×3/12 =	(3,000)
현금 수령액		₩ 97,000

(물음6)

할인일의 현금 수령액	₩ 97,000
할인일의 어음가치	(100,000)
매출채권처분손실	₩ (3,000)

(물음7)

매출채권처분손실	₩ (3,000)
당기손익	₩ (3,000)

(물음8) 회계처리

일 자	회 계 처 리			
어음할인시	(차)현 금 매출채권처분손실	97,000 3,000	(대)매 출 채 권	100,000

핵심 요약 수익의 인식

01 수익의 의의

수익·비용의 정의(광의)

구 분	내 용
수익 (광의)	• 정의 : 자산의 증가 or 부채의 감소 수반 → 자본의 증가 수반하는 것 • 자본거래로 인해 자본의 증가를 수반하는 것은 제외 → 손익거래로 인해 자본의 증가를 수반하는 것이 수익임
비용 (광의)	• 정의 : 자산의 감소 or 부채의 증가 수반 → 자본의 감소 수반하는 것 • 자본거래로 인한 자본의 감소를 수반하는 것은 제외 → 손익거래로 인해 자본의 감소를 수반하는 것이 비용임

수익·비용과 차익·차손 비교(협의)

구 분		내 용
수익 (광의)	수익 (협의)	• 의미 : 기업의 통상적인 활동과 관련하여 발생
	차익 (협의)	• 의미 : 기업의 통상적인 활동 이외에서 발생
비용 (광의)	비용 (협의)	• 의미 : 기업의 통상적인 활동과 관련하여 발생
	차손 (협의)	• 의미 : 기업의 통상적인 활동 이외에서 발생

02 수익의 인식시점

☞ 실현주의 : **수익은 가득요건과 실현요건이 모두 충족되었을 때 인식**하는데, 이러한 인식기준을 실현주의라고 함

(1) 가득요건 : 의무의 이행

☞ 가득요건 : 가득되었다는 것은 수익을 획득하기 위하여 기업실체가 이행하여야 하는 **의무를 충분히 이행**하였다는 것을 의미함(재화의 인도, 용역의 제공)

(2) 실현요건 : 수익금액의 회수가능성

☞ 실현요건 : 수익은 **실현되었거나 또는 실현가능한 시점**에서 인식함

☞ 실현요건은 수익금액을 **신뢰성 있게 측정**할 수 있는 것을 의미함

(3) 국제회계기준에 의한 수익 인식기준

구 분	수익 인식기준
한 시점에 수행의무 이행	재화 : 인도기준
기간에 걸쳐 수행의무 이행	용역 : 진행기준

(5) 계약에 유의적인 금융요소

유의적인 금융요소가 있는 경우의 거래가격

구 분	내 용
원칙	화폐의 시간가치가 미치는 영향을 반영하여 약속된 대가를 조정함
할인율	계약개시시점에 기업과 고객이 별도 금융거래를 한다면 반영하게 될 할인율 (단, 계약개시시점 이후에는 할인율을 수정하지 아니함)
실무적 간편법	재화나 용역의 이전시점과 대가의 지급기간 간의 기간이 1년 이내인 경우 : 금융요소를 반영하여 대가를 조정하지 않음

05 4단계 : 거래가격을 수행의무에 배분

거래가격의 배분

구 분	내 용
거래가격	원칙 : 계약 개시시점에 개별 판매가격에 비례하여 배분 예외 : 개별 판매가격을 직접 관측할 수 없다면 추정함
거래가격의 변동	거래가격의 후속 변동도 계약 개시시점과 같은 기준으로 배분함 → 계약을 개시한 후의 개별 판매가격 변동을 반영하기 위해 거래가격을 다시 배분하지 아니함
할인액의 배분	① 할인액이 모든 수행의무와 관련 : 할인액을 모든 수행의무에 비례하여 배분 ② 할인액이 일부 수행의무에만 관련 : 할인액을 일부 수행의무에만 배분

06 5단계 : 수익의 인식

■ **수익의 인식시점**

- 수행의무의 이행=약속된 재화나 용역의 이전=자산의 이전=자산에 대한 통제를 고객에게 이전
- 수행의무를 한 시점에 이행하는 경우 : 한 시점에 수익을 인식(예 재화의 판매)
- 수행의무를 기간에 걸쳐 이행하는 경우 : 기간에 걸쳐 수익을 인식(예 용역의 제공)

(1) 기간에 걸쳐 이행하는 수행의무 : 진행기준

구 분	내 용
진행률의 합리적 측정이 가능한 경우	진행률을 측정하여 수익인식(산출법, 투입법) 진행률은 보고기간 말마다 재측정(회계추정의 변경)
진행률의 합리적 측정이 불가능한 경우	발생원가의 범위 내에서 수익인식
진행률의 측정방법	① 산출법 : 고객에게 이전한 가치 ÷ 약속된 재화나 용역의 가치 ② 투입법 : 수행의무를 이행하기 위한 투입물 ÷ 수행의무의 이행에 예상되는 총투입물

(2) 한 시점에 이행하는 수행의무 : 인도기준

☞ 수행의무가 한 시점에 이행되는 경우 : **고객이 약속된 자산을 통제하고 기업이 수행의무를 이행하는 시점**에 수익을 인식

07. 계약자산, 수취채권 및 계약부채

계약자산과 수취채권

- 재화나 용역을 이전하고 대가를 받을 권리에 시간의 경과 외의 조건이 있는 경우

(차) 계 약 자 산	×××	(대) 수 익	×××

- 계약자산이 대가를 받을 무조건적인 권리가 될 때

(차) 수 취 채 권	×××	(대) 계 약 자 산	×××

- 수취채권을 현금으로 수령할 때

(차) 현 금	×××	(대) 수 취 채 권	×××

수취채권

- 재화나 용역을 이전하고 대가를 받을 무조건적인 권리가 생기는 경우

(차) 수 취 채 권	×××	(대) 수 익	×××

- 수취채권을 현금으로 수령시

(차) 현 금	×××	(대) 수 취 채 권	×××

수취채권과 계약부채

- 재화나 용역을 이전하기 전에 대가를 받을 무조건적인 권리가 있는 경우

(차) 수 취 채 권	×××	(대) 계 약 부 채	×××

- 수취채권을 현금으로 수령시

(차) 현 금	×××	(대) 수 취 채 권	×××

- 재화나 용역을 이전하는 경우

(차) 계 약 부 채	×××	(대) 수 익	×××

계약자산, 수취채권 및 계약부채

구 분	내 용
계약자산	① 의미 : 기업이 고객에게 이전한 재화나 용역에 대하여 그 대가를 받을 기업의 권리 ② 인식시기 : 재화나 용역을 이전하는 경우
수취채권	① 의미 : 기업이 고객에게 대가를 받을 무조건적인 권리 ② 인식시기 : 대가를 받을 무조건적 권리를 갖게 되는 경우
계약부채	① 의미 : 기업이 고객에게서 이미 받은 대가 또는 지급기일이 된 대가에 상응하여 고객에게 재화나 용역을 이전하여야 하는 기업의 의무 ② 인식시기 : 재화나 용역을 이전하기 전에 대가를 받는 경우

핵심요약 재화의 수익 인식시기

거래구분	재화의 수익 인식시기
할부판매	재화가 인도되는 시점
선수금에 포함된 유의적인 금융요소	대가 수취시 계약부채로 인식 후 계약부채는 재화의 이전시점에 수익인식
위탁판매	수탁자가 제3자에게 재화를 판매하는 시점
상품권판매	재화나 용역을 고객에게 이전하고 상품권을 회수하는 시점
반품조건부판매	① 반품가능성 예측 가능 : 재화에 대한 통제를 이전하는 시점 ② 반품가능성 예측 불가능 : 반품권이 소멸될 때
검사조건부판매	① 재화나 용역이 합의된 규격에 부합하는지 판단할 수 있는 경우 : 재화나 용역이 이전되는 시점 ② 재화나 용역이 합의된 규격에 부합하는지 판단할 수 없는 경우 : 고객이 인수하는 시점
설치수수료	① 설치용역이 재화와 구별되는 경우 : 재화와 용역 각각 수익인식 ② 설치용역이 재화와 구별되지 않는 경우 : 재화의 통제가 이전되는 시점
시용판매	고객이 매입의사를 표시한 시점
판매 후 재매입 약정	① 기업에게 자산을 다시 사야 하는 선도의무나 다시 살 수 있는 콜옵션권리가 있는 경우 : 수익인식 × ② 기업에게 자산을 다시 판매할 수 있는 풋옵션권리가 있는 경우 : 수익 인식 가능
재화나 용역간의 교환	① 성격과 가치가 유사한 교환 : 수익인식 × ② 성격과 가치가 상이한 교환 : 수익인식 O – 원칙 : 제공받은 대가의 공정가치로 측정함 – 예외 : 제공한 대가의 공정가치로 측정함
정기간행물 구독료	① 판매가격이 매기 비슷한 경우 : 발송기간에 걸쳐 정액기준 ② 판매가격이 기간별로 차이나는 경우 : 발송된 품목의 가액이 총판매가액에서 차지하는 비율에 따라 수익인식
미인도청구약정	고객이 제품을 통제하는 경우
인도결제판매	인도가 완료되고 판매자나 판매자의 대리인이 현금 수취시
완납인도 예약판매	재화를 인도하는 시점

핵심요약 할부판매

☞ 할부판매 수익 인식시기

: 장 · 단기 구분 없이 **재화가 인도되는 시점에 수익인식**

☞ 회계처리

① 장기할부판매 : 인도일에 현재가치로 수익을 인식하고 장기할부판매로 발생하는 채권의 명목금액과 현재가치의 차액은 현재가치할인차금의 과목으로 하여 장기매출채권의 차감계정으로 표시함

(차) 장 기 성 매 출 채 권	×××	(대) 매 출	×××
		현재가치할인차금	×××

② 현재가치할인차금 : 채권의 회수기간에 걸쳐 유효이자율법에 따라 이자수익으로 인식함

(차) 현 재 가 치 할 인 차 금	×××	(대) 이 자 수 익	×××

예제

할부판매

(주)민준은 20×1. 1. 1에 (주)혜승에 상품을 할부판매하였다. 판매에 관한 사항은 다음과 같다.

- 상품의 원가 : ₩4,000,000
- 할부금 회수방법 : 매년 말에 ₩2,000,000씩 3년간
- 판매시의 시장이자율 : 연 12%
- 12%, 3년의 연금의 현가계수 : 2.40183

다음 물음에 답하시오.

(물음1) (주)민준의 각 연도 당기손익에 미치는 영향은 얼마인가?
(물음2) (주)민준의 20×1년 말, 20×2년 말 매출채권의 장부금액은 얼마인가?
(물음3) (주)민준의 각 일자별 회계처리를 하시오.

풀이

- 장기성 매출채권 :
  ① 현재가치 : ₩2,000,000×2.40183(3년, 12% 연금현가계수) = ₩4,803,660
  ② 현재가치할인차금 : ₩6,000,000 − ₩4,803,660(현재가치) = ₩1,196,340

- 현재가치할인차금 상각표 :

일 자	A. 할부금 회수액	B. 이자수익 =D×12%	C. 장기성매출채권 원금회수액(A - B)	D. 장기성매출채권 장부금액(D - C)
20×1. 1. 1				₩4,803,660
20×1. 12. 31	2,000,000	576,439	1,423,561	3,380,099
20×2. 12. 31	2,000,000	405,612	1,594,388	1,785,711
20×3. 12. 31	2,000,000	214,289	1,785,711	0

(물음1) 20×1년 : 매출액 4,803,660 − 매출원가 4,000,000 + 이자수익 576,439
= ₩ 1,380,099
20×2년 : 이자수익 ₩ 405,612
20×3년 : 이자수익 ₩ 214,289

(물음2) 20×1년 말 : ₩ 3,380,099
20×2년 말 : ₩ 1,785,711

(물음3)

일 자	회 계 처 리			
20×1. 1. 1	(차)장기성매출채권	6,000,000	(대)매 출	4,803,660
			현재가치할인차금	1,196,340
	(차)매 출 원 가	4,000,000	(대)상 품	4,000,000
20×1.12.31	(차)현 금	2,000,000	(대)장기성매출채권	2,000,000
	(차)현재가치할인차금	576,439	(대)이 자 수 익	576,439
20×2.12.31	(차)현 금	2,000,000	(대)장기성매출채권	2,000,000
	(차)현재가치할인차금	405,612	(대)이 자 수 익	405,612
20×3.12.31	(차)현 금	2,000,000	(대)장기성매출채권	2,000,000
	(차)현재가치할인차금	214,289	(대)이 자 수 익	214,289

핵심요약 선수금에 포함된 유의적인 금융요소

구 분	회계처리
계약부채	기업은 고객과의 계약을 체결하고 대가를 수취한 시점에 계약부채로 인식
이자비용	재화를 이전하는 시점까지 유효이자율법을 적용하고 이자비용을 인식하고 장부금액에 가산
수익인식	유효이자율법을 적용한 계약부채는 재화의 이전시점에 수익으로 인식

선수금에 포함된 유의적인 금융요소

- 대가의 수령시점

(차)	현 금	×××	(대) 계 약 부 채	×××

- 결산시 이자비용 인식(by 유효이자율법)

(차)	이 자 비 용	×××	(대) 계 약 부 채	×××

- 수익 인식(재화의 이전시점)

(차)	계 약 부 채	×××	(대) 수 익	×××

예제

선수금에 포함된 유의적인 금융요소

(주)민준은 20×1. 1. 1에 (주)서준에 제품 1개를 판매하는 계약을 체결하고 계약 체결시점에 현금 ₩1,000,000을 수령하였다. (주)민준은 제품을 20×2. 12. 31에 이전하기로 하였으며, 내재이자율은 10%이다.

(주)민준의 각 일자별 회계처리를 하시오.

풀이

일 자	회 계 처 리			
20×1. 1. 1	(차)현 금	1,000,000	(대)계 약 부 채	1,000,000
20×1.12.31	(차)이 자 비 용 *1,000,000×10%	100,000*	(대)계 약 부 채	100,000
20×2.12.31	(차)이 자 비 용 *1,100,000×10% (차)계 약 부 채	110,000* 1,210,000	(대)계 약 부 채 (대)매 출	110,000 1,210,000

핵심 요약 위탁판매

본인과 대리인

구 분	의 의	수익 인식 금액
본인(위탁자)	고객에게 이전하는 재화나 용역을 통제함	대가의 총액을 수익인식
대리인(수탁자)	다른 당사자의 재화나 용역을 제공하도록 주선함	대가의 순액(보수나 수수료)을 수익인식

위탁자와 수탁자의 수익인식시기

구 분	수익인식 시기
본인(위탁자)	수탁자가 제3자에게 재화를 판매한 시점
대리인(수탁자)	제3자에게 제품 등의 통제를 이전하는 시점

위탁판매의 구조

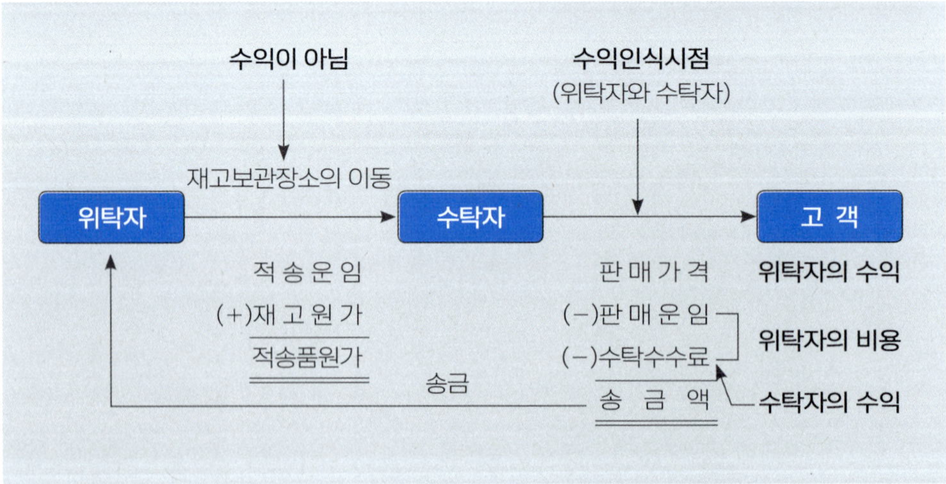

예제

위탁판매

(주)민준은 20×1. 1. 1에 (주)혜승에게 매출액의 5%를 수수료로 지급하는 스마트폰의 위탁판매계약을 체결하였다. (주)민준은 스마트폰 100개를 단위당 ₩100,000에 매입하여 (주)혜승에게 적송하였으며 이 과정에서 적송운임 ₩100,000이 발생하였다. (주)혜승은 20×1. 12. 31 현재 80개의 스마트폰을 단위당 ₩200,000에 판매하였으며 판매에 따른 운임이 ₩50,000 발생하였다.
다음 물음에 답하시오.

(물음1) (주)민준의 당기손익에 미치는 영향은 얼마인가?
(물음2) (주)혜승의 당기손익에 미치는 영향은 얼마인가?
(물음3) (주)민준의 상품 매입시점, 적송시점, 판매시점의 회계처리를 하시오.

풀이

(물음1)

매 출	₩ 16,000,000
매 출 원 가	(−)8,080,000
판 매 수 수 료	(−)800,000
판 매 운 임	(−)50,000
이 익	₩ 7,070,000

(물음2)

매 출(판매수수료)	₩ 800,000

(물음3)

구 분	회 계 처 리			
상품 매입 시	(차)상 품	10,000,000	(대)현 금	10,000,000
적송 시	(차)적 송 품	10,100,000	(대)현 금 상 품	100,000 10,000,000
판매 시	(차)매 출 채 권 판 매 운 임 판 매 수 수 료 (차)매 출 원 가	15,150,000 50,000 800,000 8,080,000	(대)매 출 (대)적 송 품	16,000,000 8,080,000

핵심요약 상품권 판매

☞ 상품권 발행시 : 현금수령액을 계약부채(선수금)로 인식

☞ 상품권 회수시=재화나 용역을 고객에게 이전하는 시점=수익 인식시점

- 상품권 발행시 회계처리 : 순액법

(차)	현 금	×××	(대)	계약부채(선수금)	×××

- 상품권 회수시 회계처리 : 순액법

(차)	계약부채(선수금)	×××	(대)	매 출	×××
				현 금	×××

예제

상품권판매

(주)민준은 20×1년 1월 1일 액면가액 ₩1,000,000의 상품권 10매를 고객에게 발행하였다. 상품권은 액면가의 20%에 해당하는 금액을 할인하여 ₩800,000에 발행하였다. 20×1년 12월 31일까지 회수된 상품권은 8매이며 판매한 상품과의 차액에 해당하는 금액으로 환불한 금액은 ₩100,000이다.
다음 물음에 답하시오.

(물음1) (주)민준의 각 일자별 회계처리를 하시오.
(물음2) (주)민준의 20×1년 매출액은 얼마인가?

풀이

(물음1)

구 분	회 계 처 리(순액법)			
상품권 발행 시	(차)현 금	8,000,000	(대)계 약 부 채 (선 수 금)	8,000,000
상품권 회수 시	(차)계 약 부 채 (선 수 금)	6,400,000	(대)매 출 현 금	6,300,000 100,000

(물음2) 매출액=800,000×8매−100,000=₩6,300,000

핵심요약 반품조건부 판매

반품권이 부여된 판매

구 분	수익인식 시점	비 고
반품가능성을 예측할 수 있는 경우	재화에 대한 통제를 이전할 때	① 환불부채 : 추정반환금액 ② 반환제품회수권 : 제품을 회수할 권리로 환불부채와 구분해서 표시
반품가능성을 예측할 수 없는 경우	반품권이 소멸될 때	–

• 반품가능성을 예측할 수 있는 경우의 회계처리

판매시

(차) 현금	×××	(대) 매출	×××
(차) 매출원가	×××	(대) 재고자산	×××

결산시

(차) 매출	×××*1	(대) 환불부채	×××*1
(차) 반환제품회수권	×××*2	(대) 매출원가	×××*2

*1 반품이 예상되는 금액(판매가)

*2 반품이 예상되는 금액(원가)

• 반품가능성을 예측할 수 없는 경우의 회계처리

판매시

(차) 현금	×××	(대) 환불부채	×××
(차) 반환제품회수권	×××	(대) 재고자산	×××

결산시 회계처리 없음

• 반품권이 있는 경우의 매출 인식액

=**반품기간이 종료되지 않은 경우의 매출액×(1−반품예상률)**+반품기간이 종료된 경우의 매출액

예제

반품조건부판매

(주)민준은 20×1. 5. 8 거래처인 (주)반품에 제품 ₩800,000(원가 ₩560,000)을 현금으로 판매하였다. (주)민준은 인도시점에 (주)반품에게 반품권을 부여하였다.
다음 물음에 답하시오.

(물음1) 반품가능성을 예측할 수 있는 경우에 20×1에 매출로 인식할 금액을 계산하시오. 단, 반품률은 10%로 예상된다.

(물음2) 물음 1에서, 20×2년에 20×1년의 예상과 동일하게 10%의 반품이 이루어지는 경우 관련된 회계처리를 하시오.

(물음3) 반품률을 신뢰성 있게 추정할 수 없는 경우에 20×1에 매출로 인식할 금액을 계산하시오.

(물음4) 물음 3에서, 20×2년에 실제 반품률이 10%로 확정된 경우 관련된 회계처리를 하시오.

풀이

(물음1) 반품가능성을 예측할 수 있는 경우
매출액 : 반품기간 미경과분 800,000×(1－10%)＝₩720,000

(물음2) 회계처리

구 분	회 계 처 리			
20×1년 판매시	(차)현 금 (차)매 출 원 가	800,000 560,000	(대)매 출 (대)재 고 자 산	800,000 560,000
20×1년 12.31	(차)매 출 (차)반환제품회수권	80,000 56,000	(대)환 불 부 채 (대)매 출 원 가	80,000 56,000
20×2년 반품시	(차)환 불 부 채 (차)재 고 자 산	80,000 56,000	(대)현 금 (대)반환제품회수권	80,000 56,000

(물음3) 반품가능성을 예측할 수 없는 경우
매출액 : ₩0

(물음4) 회계처리

구 분	회 계 처 리			
20×1년 판매시	(차)현 금 (차)반환제품회수권	800,000 560,000	(대)환 불 부 채 (대)재 고 자 산	800,000 560,000
20×1년 12.31	회계처리 없음			
20×2년 반품시	(차)환 불 부 채 (차)매 출 원 가 재 고 자 산	800,000 504,000 56,000	(대)매 출 현 금 (대)반환제품회수권	720,000 80,000 560,000

핵심 요약 용역의 수익 인식시기

거래구분	용역의 수익 인식시기
광고매체 수수료	광고를 대중에게 전달하는 시점
광고제작 용역수익	제작기간 동안 진행기준 적용
공연입장료	행사가 개최되는 시점 (단, 하나의 입장권으로 여러 행사에 참여할 수 있는 경우의 입장료 수익 : 각각의 행사를 위한 용역의 수행된 정도가 반영된 기준에 따라 각 행사에 배분하여 인식)
수강료	강의기간 동안 발생기준 적용
환불되지 않는 선수수수료	미래 재화나 용역을 제공하는 시점
주문 개발하는 소프트웨어	진행기준에 따라 수익인식
이자수익	유효이자율법을 적용하여 발생주의에 따라 수익인식
배당금수익	배당금을 받을 권리가 확정되는 시점
로열티수익	발생기준에 따라 수익인식
보증	보증에 대한 별도의 구매선택권이 있는 경우 : 수익 인식 보증에 대한 별도의 구매선택권이 없는 경우 • 확신유형의 보증 : 충당부채 인식 • 용역유형의 보증 : 수익 인식
라이선싱	라이선싱 접근권 : 진행기준 적용 라이선싱 사용권 : 인도기준 적용
프랜차이즈	라이선싱에 해당되므로 접근권인지 사용권인지 판단 요함

01 (심화) 보증

보증의무

구 분		내 용
고객에게 보증에 대한 별도의 구매선택이 있는 경우		수행의무임 → 거래가격을 재화와 용역에 배분하여 각각 수익으로 인식
고객에게 보증에 대한 별도의 구매선택이 없는 경우	확신유형의 보증	수행의무가 아님 → 충당부채를 인식함
	용역유형의 보증	수행의무임 → 거래가격을 재화와 용역에 배분하여 각각 수익으로 인식

① 확신유형의 보증

▪ **확신유형의 보증**

① 의미 : 고객에게 관련 제품이 합의된 규격에 부합하므로 당사자들이 의도한 대로 작동할 것이라는 확신을 주는 유형의 보증

② 회계처리 : 약속한 보증이 제품이 합의된 규격에 부합한다는 **확신에 더하여 고객에게 용역을 제공하는 것이 아니라면 보증은 수행의무가 아님.** 따라서 이 경우 보증을 제공하는 경우 **지출이 예상되는 금액을 충당부채**로 인식해야 함

② 용역유형의 보증

▪ **용역유형의 보증**

① 의미 : 고객에게 제품이 합의된 규격에 부합한다는 확신에 더하여 별도의 용역을 제공하는 유형의 보증

② 회계처리 : 약속한 보증이 제품이 합의된 규격에 부합한다는 **확신에 더하여 고객에게 용역을 제공한다면 보증은 수행의무임.** 따라서 이 경우 **거래가격을 제품과 용역에 배분함**

☞ 제품이 손해나 피해를 끼치는 경우에 기업이 보상하도록 요구하는 법률로 인한 의무 : 용역유형의 보증이 아닌 확신유형의 보증이므로 보상금지급 의무액은 예상원가를 **충당부채**로 회계처리

02 (심화) 라이선싱

1) 라이선싱이 별도의 수행의무인지 여부

☞ 라이선스를 부여하는 약속이 그 밖에 약속한 재화나 용역과 계약에서 **구별되지 않는 경우** : 라이선스를 부여하는 약속과 그 밖에 **약속한 재화나 용역을 함께 단일 수행의무로 회계처리**

☞ 라이선스를 부여하는 약속이 계약에서 그 밖에 약속한 재화나 용역과 **구별되고,** 이에 따라 라이선스를 부여하는 약속이 **별도의 수행의무인 경우** : 라이선스에 대해 **별도로 수익을 인식**

2) 라이선싱 접근권과 사용권

▪ **라이선스 접근권과 사용권**

① 라이선스 접근권 : 라이선스 **기간 전체에 걸쳐 존재**하는, **기업의 지적재산에 접근할 권리**

☞ **기간에 걸쳐 이행하는 수행의무**

☞ 진행기준 적용하여 수익 인식

② 라이선스 사용권 : 라이선스를 **부여하는 시점에 존재**하는, 기업의 **지적재산을 사용할 권리**

☞ **한 시점에 이행하는 수행의무**

☞ 인도기준 적용하여 수익 인식

핵심요약 고객충성제도

01 추가 재화나 용역에 대한 고객의 선택권 : 고객충성제도

☞ 계약에서 추가 재화나 용역을 취득할 수 있는 선택권을 고객에게 부여하고 그 선택권이 그 계약을 체결하지 않으면 받을 수 없는 중요한 권리를 고객에게 제공하는 경우
: **그 선택권은 계약에서 별도의 수행의무가 되어 별도로 수익인식**

• 고객충성제도의 회계처리

1. 재화나 용역 제공시

(차) 현금	×××	(대) 매출	×××
		계약부채(선수금)	×××

2. 권리 행사시

(차) 계약부채(선수금)	×××	(대) 포인트매출	×××

02 고객충성제도의 회계처리

☞ 보상점수에 배분할 대가 : 거래가격을 제공하는 **재화나 용역의 개별 판매가격과 보상점수의 개별 판매가격에 기초하여 배분한 금액**

→ **상대적 개별 판매가격**에 기초하여 각각의 수행의무에 **배분**함

$$\text{보상점수에 배분될 대가 (계약부채로 회계처리)} = \text{거래가격} \times \frac{\text{보상점수의 개별 판매가격}}{\text{재화나 용역의 개별 판매가격} + \text{보상점수의 개별 판매가격}}$$

☞ 기업이 직접 보상을 제공하는 경우

• 재화나 용역 제공 & 보상점수 적립시

(차) 현 금	×××	(대) 매 출	×××
		계 약 부 채	×××

$$\text{수익 인식금액} = \text{계약부채 인식금액} \times \frac{\text{실제 회수 보상점수}}{\text{총 회수예상 보상점수}}$$

• 보상점수 회수시

(차) 계 약 부 채	×××	(대) 포 인 트 매 출	×××

예제

고객충성제도(기업이 직접 보상을 제공하는 경우)

(1) (주)민준은 고객들이 제품을 구매할 때마다 ₩10당 고객충성포인트 1점을 보상하는 고객충성제도를 운영한다. 포인트는 기업의 제품을 구매할 때 1점당 ₩1의 할인과 교환할 수 있다.

(2) (주)민준은 20×1년 중 판매한 제품의 거래가격은 ₩100,000이며, 이로 인해 고객에게 제공한 포인트는 10,000점이다. 고객이 구매한 제품의 개별 판매가격은 ₩100,000, 포인트가 교환될 가능성에 기초한 포인트당 개별 판매가격은 ₩0.95(총액 ₩9,500)이다.

(3) (주)민준이 각 회계연도에 교환된 누적포인트와 교환예상 총포인트는 다음과 같다.

구 분	20×1년	20×2년
교환된 누적포인트	3,800포인트	8,245포인트
교환예상 포인트	9,500포인트	9,700포인트

(2) 계약원가

▪ **진행률을 누적발생계약원가기준을 적용하는 경우**

당기 계약원가 = 당기 누적발생계약원가 − 전기 누적발생계약원가

= 당기말 추정총계약원가×당기진행률 − 전기말 추정총계약원가×전기진행률

= **당기발생계약원가(단, 누적발생계약원가기준만 해당됨!!)**

예제

일반적인 건설계약

(주)민준건설은 20×1년 초 일원문화센터 공사를 ₩120,000,000에 수주하였다. 공사계약금액은 ₩120,000,000이며 공사는 20×3년 말 완공예정이다. 건설과 관련된 회계자료는 다음과 같다. (단, 회사는 공사진행률 계산을 누적발생계약원가에 기초하여 측정한다.)

	20×1년	20×2년	20×3년
당기발생원가	₩20,000,000	₩35,000,000	₩50,000,000
누적발생원가	20,000,000	55,000,000	105,000,000
추정총계약원가	100,000,000	110,000,000	105,000,000
공사대금 청구액	35,000,000	35,000,000	50,000,000
공사대금 회수액	30,000,000	30,000,000	60,000,000

다음 물음에 답하시오.

(물음) 각 연도별 계약수익 · 계약원가 · 계약이익을 계산하시오.

풀이

(물음) 각 연도별 계약수익 · 계약원가 · 계약이익

	20×1년	20×2년	20×3년
총공사계약금액	₩120,000,000	₩120,000,000	₩120,000,000
누적발생원가	₩20,000,000	₩55,000,000	₩105,000,000
추정총계약원가	100,000,000	110,000,000	105,000,000
진행률	20%*1	50%*2	100%
누적계약수익	₩24,000,000	₩60,000,000	₩120,000,000
전기누적계약수익	–	₩24,000,000	₩60,000,000
당기계약수익	₩24,000,000	₩36,000,000*3	₩60,000,000
당기계약원가	(20,000,000)	(35,000,000)*4	(50,000,000)
계약이익	₩4,000,000	₩1,000,000	₩10,000,000

*1 ₩20,000,000/100,000,000=20%
*2 ₩55,000,000/110,000,000=50%
*3 ₩60,000,000(누적계약수익)−24,000,000(전기누적계약수익)=₩36,000,000
*4 ₩110,000,000×50%(누적계약원가)−20,000,000(전기누적계약원가)=₩35,000,000

[별해]

누적 계약이익	당기 계약이익
20×1년=(1.2억−1억)×20%=4,000,000	₩4,000,000
20×2년=(1.2억−1.1억)×50%=5,000,000	₩1,000,000
20×3년=(1.2억−1.05억)×100%=15,000,000	₩10,000,000

예제

건설계약 금액의 변경

(주)민준건설은 20×1년 초 독도관광호텔신축공사를 ₩120,000,000에 수주하였다. 최초의 공사계약금액은 ₩120,000,000이었으나 20×2년 공사 중 발주자가 공사변경을 승인하여 계약금액을 ₩140,000,000으로 증액시켰다. 공사는 20×3년 말 완공예정이며, 건설과 관련된 회계자료는 다음과 같다. (단, 회사는 공사진행률 계산을 누적발생계약원가에 기초하여 측정한다.)

	20×1년	20×2년	20×3년
당기발생원가	₩20,000,000	₩35,000,000	₩50,000,000
누적발생원가	20,000,000	55,000,000	105,000,000
추정총계약원가	100,000,000	110,000,000	105,000,000
공사대금 청구액	35,000,000	25,000,000	80,000,000
공사대금 회수액	30,000,000	30,000,000	80,000,000

다음 물음에 답하시오.

(물음) 각 연도별 계약수익 · 계약원가 · 계약이익을 계산하시오.

풀이

(물음) 각 연도별 계약수익 · 계약원가 · 계약이익

	20×1년	20×2년	20×3년
총공사계약금액	₩120,000,000	₩140,000,000	₩140,000,000
누적발생원가	₩20,000,000	₩55,000,000	₩105,000,000
추정총계약원가	100,000,000	110,000,000	105,000,000
진행률	20%*1	50%*2	100%
누적계약수익	₩24,000,000	₩70,000,000	₩140,000,000
전기누적계약수익	–	₩24,000,000	₩70,000,000
당기계약수익	₩24,000,000	₩46,000,000*3	₩70,000,000
당기계약원가	(20,000,000)	(35,000,000)*4	(50,000,000)
계약이익	₩4,000,000	₩11,000,000	₩20,000,000

*1 ₩20,000,000/100,000,000=20%
*2 ₩55,000,000/110,000,000=50%
*3 ₩70,000,000(누적계약수익)-24,000,000(전기누적계약수익)=₩46,000,000
*4 ₩110,000,000×50%(누적계약원가)-20,000,000(전기누적계약원가)=₩35,000,000

[별해]

누적 계약이익	당기 계약이익
20×1년=(1.2억-1억)×20%=4,000,000	₩4,000,000
20×2년=(1.4억-1.1억)×50%=15,000,000	₩11,000,000
20×3년=(1.4억-1.05억)×100%=35,000,000	₩20,000,000

핵심요약 공사 전체에 손실에 예상되는 건설계약

01 의의

☞ 건설계약에서 총계약원가가 총계약수익을 초과할 가능성이 높은 경우

: **향후에 예상되는 손실금액을 즉시 비용**으로 인식(보수주의 논리)

02 회계처리

(1) 공사 전체에 손실이 예상되는 회계연도

☞ **미래예상손실액을 계약원가에 반영함**

■ **공사 전체에 손실이 예상되는 경우의 계약원가**

- 계약원가=**당기발생계약원가**+**미래예상손실액***

* 미래예상손실액=(총계약금액-추정총계약원가)×(1-진행률)
=추정총계약손실×(1-진행률)

(2) 공사 전체에 손실이 예상되는 회계연도의 다음 회계연도

☞ 공사 전체에 손실이 예상되는 회계연도에 계약원가로 인식한 **미래예상손실액은 다음 연도에 발생하는 계약원가에서 차감하여 인식함**

■ **공사 전체에 손실이 예상되는 회계연도의 다음연도의 계약원가**

- 계약원가=**당기발생계약원가**-**미래예상손실액**

예제

공사 전체에 손실이 예상되는 건설계약

(주)민준건설은 20×1년 초 A회사와 공장건설계약을 맺었다. 공사계약금액은 ₩100,000,000이며 공사는 20×3년 말 완공예정이다. 건설과 관련된 회계자료는 다음과 같다. (단, 회사는 공사진행률 계산을 누적발생계약원가에 기초하여 측정한다.)

	20×1년	20×2년	20×3년
당기발생원가	₩20,000,000	₩35,000,000	₩55,000,000
누적발생원가	20,000,000	55,000,000	110,000,000
추정총계약원가	100,000,000	110,000,000	110,000,000
공사대금 청구액	35,000,000	35,000,000	30,000,000
공사대금 회수액	30,000,000	30,000,000	40,000,000

(물음) 각 연도별 계약수익 · 계약원가 · 계약이익을 계산하시오.

풀이

(물음) 각 연도별 계약수익 · 계약원가 · 계약이익

	20×1년	20×2년	20×3년
총공사계약금액	₩100,000,000	₩100,000,000	₩100,000,000
누적발생원가	₩20,000,000	₩55,000,000	₩110,000,000
추정총계약원가	100,000,000	110,000,000	110,000,000
진행률	20%*1	50%*2	100%
누적계약수익	₩20,000,000	₩50,000,000	₩100,000,000
전기누적계약수익	–	₩20,000,000	₩50,000,000
당기계약수익	₩20,000,000	₩30,000,000*3	₩50,000,000
당기계약원가	(20,000,000)	(35,000,000)*4	(55,000,000)
예상손실 조정(계약원가)		(5,000,000)*6	5,000,000
계약이익	–	₩(10,000,000)*5	–

*1 ₩20,000,000/100,000,000=20%

*2 ₩55,000,000/110,000,000=50%

*3 ₩50,000,000(누적계약수익)−20,000,000(전기누적계약수익)=₩30,000,000

*4 ₩110,000,000×50%(누적계약원가)−20,000,000(전기누적계약원가)=₩35,000,000

*5 20×2년 계약손익
=**당기 누적계약손익(총계약수익** : ₩100,000,000−**추정총계약원가** : ₩110,000,000)
−**전기 누적계약손익**(₩0)=−₩10,000,000
*6 **예상손실 조정액 : (₩100,000,000−₩110,000,000)×(1−50%)**=₩(−)5,000,000

[별해]

누적 계약이익	당기 계약이익
20×1년=(1억−1억)×20%=0	₩0
20×2년=(1억−1.1억)×50%+(1억−1.1억)×(1−50%) =1억−1.1억=−10,000,000 → **총계약수익−추정총계약원가**	(₩10,000,000)
20×3년=(1억−1.1억)×100%=−10,000,000	₩0

제 8 장

재고자산

핵심요약 재고자산의 취득원가 결정

☞ 재고자산의 취득원가 : **매입원가, 전환원가 및 재고자산을 현재의 장소에 현재의 상태로 이르게 하는 데 발생한 기타 원가 모두를 포함함**

01 매입원가(상품매매기업)

재고자산의 매입원가
=매입가격+취득부대비용(수입관세, 매입운임 등)−매입할인−매입에누리−매입환출
−리베이트
(주의) **부가가치세대급금이나 관세환급금은 매입원가에서 제외**

02 전환원가(제조기업)

재고자산의 제조원가
=매입원가+전환원가
=직접재료원가+직접노무원가+변동제조간접원가+고정제조간접원가

※ (심화) 제조간접원가의 배분

① 변동제조간접원가의 배분
: **생산설비의 실제 사용(실제조업도)**에 기초하여 재고자산의 원가로 배부

② 고정제조간접원가의 배분
(원칙) **생산설비의 정상조업도**에 기초하여 재고자산의 원가로 배부

(예외) **실제조업도가 정상조업도와 유사한 경우**에는 **실제조업도**를 사용하여 원가 배부가능

03 기타 원가

☞ 재고자산을 현재의 장소에 현재의 상태로 이르게 하는 데 발생한 범위 내에서만 취득원가에 포함됨

☞ 발생기간의 **비용**으로 인식하는 예

① 재료원가, 노무원가 및 기타 제조원가 중 **비정상적으로 낭비**된 부분

② 후속 생산단계에 투입하기 전에 보관이 **필요한 경우 이외**에 발생하는 보관원가

③ 재고자산을 현재의 장소에 현재의 상태로 이르게 하는데 **기여하지 않은** 관리간접원가

④ **판매원가**

04 용역제공기업의 재고자산 취득원가

■ **용역제공기업의 제조원가**

- 용역제공에 직접 관여된 인력에 대한 노무원가 및 기타원가+관련된 간접원가

☞ 판매와 일반관리 인력과 관련된 노무원가 및 기타원가 : 재고자산의 취득원가에 포함하지 않고 발생한 기간의 비용으로 인식

☞ 이윤이나 용역과 직접 관련이 없는 간접원가 : 재고자산의 **취득원가에 포함하지 아니함**

05 생물자산에서 수확한 농림어업 수확물의 취득원가

☞ 생물자산에서 수확한 농림어업 수확물로 구성된 재고자산은 **순공정가치**로 측정하여 수확시점에 최초로 인식함

06 원가측정 방법

☞ 표준원가법이나 소매재고법 등의 원가측정 방법은 측정결과가 **실제원가와 유사한 경우에 편의상 사용가능함**

예제

재고자산의 취득원가 결정

다음은 (주)민준의 20×1년 중 재고자산과 관련된 내용들이다. 당기의 매출원가는 얼마인지 계산하시오.

① 기초재고자산	₩200,000
② 당기매입	2,000,000
③ 보험료	10,000
④ 하역료	20,000
⑤ 매입에누리	30,000
⑥ 매입할인	5,000
⑦ 관세	50,000
⑧ 관세환급금	30,000
⑨ 매입운임	40,000
⑩ 판매운임	20,000
⑪ 매출액	2,500,000
⑫ 매입리베이트	20,000
⑬ 기말재고자산	150,000

풀이

		판매가능재고
① 기초재고자산		₩200,000
② 당기매입	+	2,000,000
③ 보험료	+	10,000
④ 하역료	+	20,000
⑤ 매입에누리	−	30,000
⑥ 매입할인	−	5,000
⑦ 관세	+	50,000
⑧ 관세환급금	−	30,000
⑨ 매입운임	+	40,000
⑫ 매입리베이트	−	20,000
판매가능재고		₩2,235,000

* 매출원가=판매가능재고−기말재고자산=2,235,000−150,000=**₩2,085,000**
* 판매운임은 판매비와관리비로 처리한다.

풀이

(물음1) 평균원가 소매재고법

1단계(원가율) :

$$원가율(\%) = \frac{₩387,100}{₩490,000} = 79\%$$

2단계(매가기준 기말재고) :

=₩490,000－(₩413,000－₩24,000－₩5,000＋₩12,000＋₩4,000)=₩90,000

3단계(원가기준 기말재고) : ₩90,000×79%=**₩71,100**

4단계(매출원가) : ₩387,100－₩71,100=**₩316,000**

재고자산

구분	원가	매가	구분	원가	매가
기초재고	₩36,100	40,000	매출	4단계	413,000
당기매입	354,400	460,000	매출환입		(24,000)
매입운임	8,600		매출에누리		(5,000)
매입환출	(2,000)	(3,000)	종업원할인		12,000
매입할인	(7,000)		정상파손		4,000
순인상액		8,000			
순인하액		(10,000)			
비정상파손	(3,000)	(5,000)	기말재고	3단계	2단계
합계	387,100	490,000	합계	387,100	490,000

1단계(원가율)

(물음2) 선입선출 소매재고법

1단계(원가율) :

$$원가율(\%) = \frac{₩387,100-₩36,100}{₩490,000-₩40,000} = 78\%$$

2단계(매가기준 기말재고) :

=₩490,000－(₩413,000－₩24,000－₩5,000＋₩12,000＋₩4,000)=₩90,000

3단계(원가기준 기말재고) : ₩90,000×78%=**₩70,200**

4단계(매출원가) : ₩387,100－₩70,200=**₩316,900**

(물음3) 저가기준 소매재고법

1단계(원가율) :

$$원가율(\%) = \frac{₩387,100}{₩490,000 + ₩10,000} = 77.42\%$$

2단계(매가기준 기말재고) :

=₩490,000−(₩413,000−₩24,000−₩5,000+₩12,000+₩4,000)=₩90,000

3단계(원가기준 기말재고) : ₩90,000×77.42%=**₩69,678**

4단계(매출원가) : ₩387,100−₩69,678=**₩317,422**

핵심요약 유형자산의 인식, 측정 및 제거

01 유형자산의 인식

☞ 예비부품, 대기성 장비 및 수선용구 : 일반적으로 **한 회계기간 이내에 사용**되므로 재고자산(소모품, 저장품)으로 분류하고 사용되는 시점에 당기손익으로 인식함

☞ 중요한 예비부품과 대기성 장비로서 한 회계기간 이상 사용할 것으로 예상되는 경우 : **유형자산**으로 분류함

예비부품, 대기성장비 및 수선용구

구 분	계정과목
1년 이내 사용	재고자산으로 분류
1년 이상 사용	유형자산으로 분류

1) 최초원가

① 유형자산의 최초인식 : 원가로 측정함

→ 원가 : 지급한 현금 또는 제공한 대가의 공정가치

② 안전 또는 환경상의 이유로 취득하는 유형자산 : 그 자체로는 직접적인 미래경제적효익을 얻을 수 없지만, 다른 자산에서 미래경제적효익을 얻기 위하여 필요할 수 있으므로 **자산 인식 가능**

2) 후속원가

구 분		내 용
일상적인 수선 · 유지비		• 발생시 당기손익(수익적 지출) 인식
교체 · 검사원가	자산인식요건 충족	• 교체원가(검사원가)를 해당 자산의 장부금액에 포함(자본적 지출) • 교체된 부분의 장부금액(직전의 검사원가와 관련된 장부금액)은 장부금액에서 제거
	자산인식요건 미충족	• 발생시 당기손익(수익적 지출) 인식

02 유형자산의 측정

☞ 유형자산의 원가인 경우

: 유형자산을 사용가능한 상태에 이르게 할 때까지 발생한 모든 지출액 포함

① **관세 및 환급불가능한 취득 관련 세금을 가산**하고 **매입할인과 리베이트 등을 차감**한 구입가격

② 경영진이 의도하는 방식으로 자산을 가동하는 데 **필요한 장소와 상태에 이르게 하는 데 직접 관련되는 원가**

㉠ 유형자산의 매입 또는 건설과 직접적으로 관련되어 발생한 종업원급여

㉡ 설치장소 준비 원가

㉢ 최초의 운송 및 취급 관련 원가

㉣ 설치원가 및 조립원가

㉤ **(개정)** 유형자산이 정상적으로 작동되는지 여부를 시험하는 과정에서 발생하는 원가. 단, 경영진이 의도한 방식으로 유형자산을 가동할 수 있는 장소와 상태에 이르게 하는 동안에 재화(예: 자산이 정상적으로 작동되는지를 시험할 때 생산되는 시제품)가 생산될 수 있다. 그러한 재화를 판매하여 얻은 매각금액과 그 재화의 원가는 적용 가능한 기준서에 따라 당기손익으로 인식한다.

→ 매각금액 : 매출, 그 재화의 원가 : 매출원가

㉥ 전문가에게 지급하는 수수료

③ 자산을 해체, 제거하거나 부지를 **복구하는 데 소요될 것으로 최초에 추정되는 원가**

☞ 유형자산의 원가가 아닌 경우 (1)
: 유형자산의 취득과 무관한 지출

① 새로운 시설을 개설하는 데 소요되는 원가
② 새로운 상품과 서비스를 소개하는 데 소요되는 원가(⊠ 광고 및 판촉활동관련 원가)
③ 새로운 지역에서 또는 새로운 고객층을 대상으로 영업을 하는 데 소요되는 원가(⊠ 직원 교육훈련비)
④ 관리 및 기타 일반간접원가

☞ 유형자산의 원가가 아닌 경우 (2)
: 유형자산이 경영진이 의도하는 방식으로 가동될 수 있는 장소와 상태에 이른 후에 발생한 원가

① 유형자산이 경영진이 의도하는 방식으로 가동될 수 있으나 아직 실제로 사용되지는 않고 있는 경우 또는 가동수준이 완전조업도 수준에 미치지 못하는 경우에 발생하는 원가
② 유형자산과 관련된 산출물에 대한 수요가 형성되는 과정에서 발생하는 가동손실과 같은 초기 가동손실
③ 기업의 영업 전부 또는 일부를 재배치하거나 재편성하는 과정에서 발생하는 원가

☞ (심화) 유형자산의 건설 또는 개발과 관련한 부수적인 영업활동 : **발생한 수익과 관련 비용은 당기손익으로 인식**
(예 건설이 시작되기 전에 건설용지를 주차장 용도로 사용함에 따라 수익
: 유형자산의 원가에서 차감하지 않고 즉시 당기손익으로 인식)

03 유형자산의 제거

☞ 유형자산의 제거로 인하여 발생하는 손익 : **순매각금액(매각금액－처분부대원가)과 장부금액과의 차이**로 인식

핵심 요약 유형자산의 기타의 취득원가

01 장기후불조건에 의한 취득

☞ 유형자산을 장기연불조건으로 구입하거나 대금지급기간이 일반적인 신용기간보다 긴 경우의 취득원가 : 인식시점의 **현금가격 상당액**

02 국·공채 등의 의무매입에 의한 취득

☞ 유형자산의 취득과 관련하여 국 · 공채 등의 유가증권을 불가피하게 매입하는 경우
: **국 · 공채 등의 공정가치와 매입가격과의 차액**은 취득부대비용으로 보아 **유형자산의 원가에 가산함**
→ 국 · 공채의 취득원가는 공정가치로 하고, 공정가치를 초과하여 지급한 대가는 당해 유형자산의 취득원가에 가산함

03 유형자산의 자가건설

☞ 유형자산 자가건설시의 취득원가 : 건설에 소요된 재료원가, 노무원가 및 제조간접원가의 합계액

☞ 자가건설에 따른 **내부이익**과 자가건설 과정에서 원재료, 인력 및 기타 자원의 낭비로 인한 **비정상적인 원가는 취득원가에 포함하지 아니함**

04 기타의 취득

① 현물출자

(원칙) 취득원가 : **제공받은 자산의 공정가치**

(예외) 취득원가 : 제공받은 유형자산의 공정가치가 명확하지 않은 경우, **발행하는 주식의 공정가치**

② 증여 등 무상취득

취득원가 : **당해 자산의 공정가치**를 취득원가로 계상하고 자산수증이익으로 인식

예제

장기후불조건에 의한 취득

(주)민준은 20×1년 1월 1일에 기계장치를 총 ₩8,000,000을 지급하는 조건으로 취득하였다. 지급조건은 기계장치 구입시점에 현금 ₩5,000,000을 지급하고 나머지 ₩3,000,000은 무이자부 약속어음을 발행하여 지급하는 것이다. 이 약속어음은 매 연도 말에 ₩1,000,000씩 3회 분할지급하는 조건이며, 약속어음 발행당시의 시장이자율은 연 12%이다. 이자율 12%, 기간 3년일 경우 정상연금 현재가치계수는 2.4018이고, ₩1의 현재가치계수는 0.7118이다.
다음 물음에 답하시오.

(물음1) 기계장치의 취득원가를 계산하시오.
(물음2) 20×1년에 인식할 이자비용을 계산하시오.
(물음3) (주)민준의 20×1년의 회계처리를 하시오.(단, 감가상각비와 관련된 회계처리는 생략한다.)

풀이

(물음1) ₩5,000,000+1,000,000×2.4018=₩7,401,800

(물음2) 20×1년 이자비용=20×1년 초의 장기미지급금의 장부금액×시장이자율
=₩2,401,800×12%=₩288,216

(물음3) 20×1. 1. 1

(차)	기 계 장 치	7,401,800*	(대) 현 금	5,000,000
	현재가치할인차금	598,200	장 기 미 지 급 금	3,000,000

* ₩5,000,000+1,000,000×2.4018=₩7,401,800

20×1. 12. 31

(차)	이 자 비 용	288,216*	(대) 현재가치할인차금	288,216
(차)	장 기 미 지 급 금	1,000,000	(대) 현 금	1,000,000

* ₩2,401,800×12%=₩288,216

핵심요약 토지와 건물의 취득원가

01 토지

☞ 토지의 취득원가 : 구입가격에 **중개수수료, 취득세, 등록세 및 법률비용 등 취득부대비용을 가산**한 금액 (단, 토지의 보유와 관련하여 부담하는 **재산세** 등의 세금은 취득원가에 포함하지 않고 **비용**으로 처리)

진입도로, 도로포장, 조경공사 등

내용연수 / 유지보수 책임		회 계 처 리
내용연수가 영구적임		토지의 취득원가에 가산
내용연수가 유한함	기업의 유지·보수 책임 有	구축물로 계상하고 감가상각함
	국가나 지방자치단체의 유지·보수 책임 有	토지의 취득원가에 가산

02 토지와 건물의 일괄구입

구입 목적	토지원가	건물원가
모두 사용	일괄구입가격을 공정가치비율로 배분한 금액	일괄구입가격을 공정가치비율로 배분한 금액
일괄구입 후 건물 즉시 철거	일괄구입가격 + 건물 철거비용 −폐자재 처분수입	없음

03 건물의 건설

(1) 자가건설의 경우

▪ **자가건설하는 경우 건물의 취득원가**
=재료원가+노무원가+제조간접원가+건물신축을 위한 토지굴착비용
(단, 내부이익과 비정상적인 원가는 포함 ×)

(2) 사용 중인 건물을 철거하는 경우

▪ **사용 중인 건물을 철거하는 경우**
: 기존 건물의 장부금액과 철거비용은 모두 비용처리(유형자산처분손실)

예제

토지와 건물의 일괄구입

20×1. 1. 1 (주)민준은 토지와 건물을 일괄하여 ₩10,000,000에 현금을 지급하고 취득하였다. 취득일 현재 토지와 건물의 공정가치는 다음과 같다. 다음 물음에 답하시오.

토지	₩12,000,000
건물	8,000,000
계	₩20,000,000

(물음1) 20×1년 1월 1일에 토지와 건물의 취득 직후 ₩50,000의 철거비용을 지출하여 건물을 철거하였을 경우 토지와 건물의 취득과 관련된 회계처리를 하시오.

(물음2) 20×1년 1월 1일에 일괄취득한 건물을 사용하기로 한 경우 토지와 건물의 취득과 관련된 회계처리를 하시오.

풀이

(물음1) 20×1. 1. 1

(차)	토지	10,000,000	(대)	현금	10,000,000
(차)	토지	50,000	(대)	현금	50,000

(물음2) 20×1. 1. 1

(차)	토지	6,000,000	(대)	현금	10,000,000
	건물	4,000,000			

예제

토지와 건물의 취득원가

(주)민준은 건물이 있는 공장신축부지를 구입하고 공장건물을 신축하였으며 이와 관련한 지출은 다음과 같다. 진입도로 포장공사비는 회사가 부담하였으나 유지보수 책임은 지방자치단체에서 하기로 하였다. 다음 물음에 답하시오.

(1) 토지의 구입대금	₩2,000,000
(2) 토지의 취등록세	100,000
(3) 토지취득 관련 중개수수료	50,000
(4) 기존건물 철거비	300,000
(5) 기존건물 철거시 폐자재 판매수익	50,000
(6) 공장 건축허가비	20,000
(7) 신축공장건물 설계비	150,000
(8) 토지의 정지 및 측량비	60,000
(9) 건물 신축을 위한 토지굴착비용	100,000
(10) 건물공사원가(재료원가, 노무원가, 제조간접원가)	5,000,000
(11) 진입도로 포장공사비(내용연수-제한적)	70,000
(12) 울타리와 주차장 공사비(내용연수-제한적)	30,000
(13) 건물 완공 후 조경공사비(내용연수-영구적)	40,000

(물음1) 토지의 취득원가는 얼마인가?
(물음2) 건물의 취득원가는 얼마인가?

풀이

(물음1, 2) 토지, 건물의 취득원가

	토지	건물
(1) 토지의 구입대금	₩2,000,000	–
(2) 토지의 취등록세	100,000	–
(3) 토지취득 관련 중개수수료	50,000	–
(4) 기존건물 철거비	300,000	–
(5) 기존건물 철거시 폐자재 판매수익	(50,000)	–
(6) 공장 건축허가비	–	20,000
(7) 신축공장건물 설계비	–	150,000
(8) 토지의 정지 및 측량비	60,000	–
(9) 건물 신축을 위한 토지굴착비용	–	100,000
(10) 건물공사원가	–	5,000,000
(11) 진입도로 포장공사비(내용연수–제한적)	70,000	–
(12) 울타리와 주차장 공사비(내용연수–제한적)	–	–
(13) 건물 완공 후 조경공사비(내용연수–영구적)	40,000	–
합계	₩2,570,000	₩5,270,000

- 내용연수가 영구적인 경우에는 토지의 취득원가로 처리한다.
- 내용연수가 제한적인 경우에는 회사의 유지보수 책임이 있으면 구축물로 처리하고, 회사의 유지보수 책임이 없으면 토지의 취득원가로 처리한다.

핵심요약 복구원가

01 복구원가의 의의

☞ 복구의무를 부담하는 기업은 **복구원가의 현재가치 해당액**을 유형자산을 취득하는 시점에서 **충당부채**로 인식하면서 동시에 **유형자산의 취득원가에 가산함**

복구비용의 처리

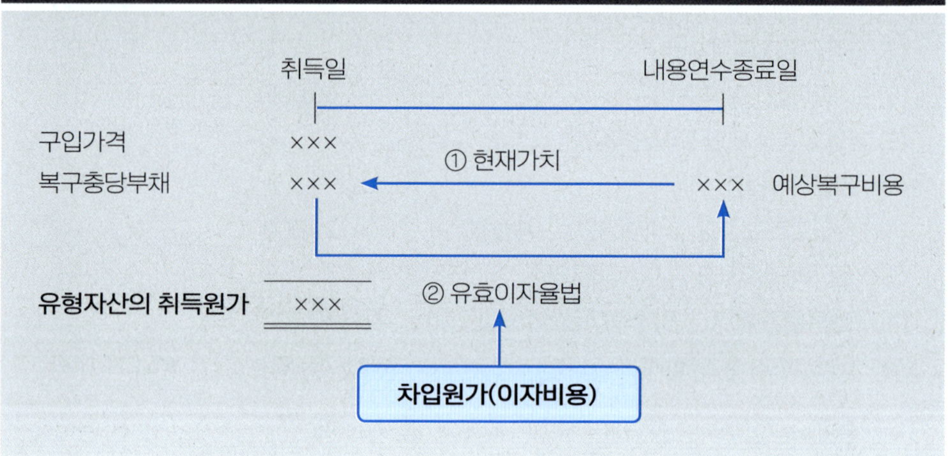

02 회계처리

① 유형자산 취득시

(차) 유형자산	×××	(대) 현금	×××
		복구충당부채	×××

② 결산시

(차) 감가상각비	×××	(대) 감가상각누계액	×××
(차) 이자비용	×××*	(대) 복구충당부채	×××

* 기초 복구충당부채 장부금액×유효이자율

③ 복구비용 발생시

- 복구충당부채(예상 복구비용) < 실제 복구비용

(차) 복구충당부채	×××	(대) 현금	×××
복구공사손실	×××		

- 복구충당부채(예상 복구비용) > 실제 복구비용

(차) 복구충당부채	×××	(대) 현금	×××
		복구공사이익	×××

예제

복구비용의 회계처리

(주)민준은 20×1년 초 해저유전을 탐사할 목적으로 해양구조물을 설치하였으며, 설치비용으로 ₩1,000,000을 지출하였다. 해양구조물의 내용연수는 5년으로 내용연수 종료시점의 잔존가치는 없으며, 정액법으로 감가상각한다. 해양 구조물은 내용연수 종료 후 원상복구의무가 있으며, 내용연수 종료시점에 예상되는 복구비용은 ₩200,000이다. 복구충당부채의 산정시 적정한 이자율은 10%이다. (단, 10%, 5기간, 1원의 현재가치계수는 0.6209이다.)
다음 물음에 답하시오.

(물음1) 취득한 해양구조물의 취득원가를 계산하시오.
(물음2) 20×1년도의 회계처리를 하시오.
(물음3) 취득한 해양구조물이 20×1년도의 당기손익에 미치는 영향을 계산하시오.
(물음4) 20×5년 말 실제복구비용이 ₩350,000인 경우와 ₩150,000인 경우 각각의 회계처리를 하시오.

풀이

(물음1) 해양구조물의 취득원가

구입가격	₩1,000,000
복구충당부채 200,000×0.6209 =	124,180
취득원가	₩1,124,180

(물음2) 20×1년의 회계처리

* 20×1.1.1

(차)	해양구조물	1,124,180	(대) 현금	1,000,000
			복구충당부채	124,180

* 20×1.12.31

(차)	감가상각비	224,836	(대) 감가상각누계액	224,836
(차)	이자비용	12,418	(대) 복구충당부채	12,418

(물음3) 20×1년 당기손익에 미치는 영향

감가상각비	(1,124,180−0)÷5	=	₩224,836
이자비용	124,180×10%	=	12,418
당기손익 영향			₩237,254

(물음4) 복구비용 발생시 회계처리

* 실제 복구비용이 ₩350,000인 경우

(차)	복구충당부채	200,000	(대) 현금	350,000
	복구공사손실	150,000		

* 실제 복구비용이 ₩150,000인 경우

(차)	복구충당부채	200,000	(대) 현금	150,000
			복구공사이익	50,000

핵심요약 교환에 의한 취득

교환에 의한 취득

경 우		취득한 자산의 취득원가	처분손익
상업적 실질 있음	원칙(제공한 자산의 공정가치가 더 명확한 경우)	제공한 자산의 공정가치 (현금수수액을 가감함)	인식 O
	취득한 자산의 공정가치가 더 명확한 경우	취득한 자산의 공정가치	인식 O
	공정가치를 모두 신뢰성 있게 측정할 수 없는 경우	제공한 자산의 장부금액 (현금수수액을 가감함)	인식 ×
상업적 실질 결여		제공한 자산의 장부금액 (현금수수액을 가감함)	인식 ×

▪ **상업적 실질이 있는 경우의 취득원가**

(원칙) 제공한 자산의 공정가치+현금지급액−현금수령액

(예외1) 취득한 자산의 공정가치(취득한 자산의 공정가치가 더 명백한 경우)

(예외2) 제공한 자산의 장부금액+현금지급액−현금수령액

(제공한 자산이나 취득한 자산의 공정가치를 모두 신뢰성 있게 측정할 수 없는 경우)

▪ **상업적 실질이 결여된 경우의 취득원가**

=제공한 자산의 장부금액+현금지급액−현금수령액

(물음2)

(차)	**기계장치B***	**1,200,000**	(대)	기계장치A	2,000,000
	감가상각누계액	800,000		**유형자산처분이익**	**100,000**
	현금	100,000			

* 취득한 자산의 공정가치(1,200,000)

(물음3)

(차)	**기계장치B***	**1,100,000**	(대)	기계장치A	2,000,000
	감가상각누계액	800,000			
	현금	100,000			

* 제공한 자산의 장부가액=대차차액(즉, 상업적 실질 결여시에는 처분손익 없음)

핵심요약 정부보조금에 의한 취득

01 정부보조금의 종류

정부보조금의 종류

구 분	내 용
자산관련 정부보조금	정부지원의 요건을 충족하는 기업이 장기성자산을 매입, 건설하거나 다른 방법으로 취득하여야 하는 일차적 조건이 있는 정부보조금
수익관련 정부보조금	자산관련보조금 이외의 정부보조금으로 비용보전 목적의 정부보조금

02 자산관련 정부보조금

자산관련 정부보조금

구 분	내 용
자산차감법	정부보조금을 관련 자산의 장부금액에서 차감하여 표시함 → 자산의 내용연수에 걸쳐 감가상각비를 감소시킴
이연수익법	정부보조금을 이연수익(부채)으로 표시함 → 자산의 내용연수에 걸쳐 정부보조금수익을 인식

① 자산차감법

- 정부보조금 수령시

(차) 현 금	×××	(대) 정부보조금(자산차감)	×××

• 결산시

(차) 감 가 상 각 비	×××	(대) 감가상각누계액	×××
(차) 정부보조금(자산차감)*	×××	(대) 감 가 상 각 비 *	×××

* 정부보조금÷내용연수

② 이연수익법

• 정부보조금 수령시

(차) 현 금	×××	(대) 이연정부보조금수익	×××
(차)		(대) (부 채)	

• 결산시

(차) 감 가 상 각 비	×××	(대) 감가상각누계액	×××
(차) 이연정부보조금수익* (부 채)	×××	(대) 정부보조금수익* (수 익)	×××

* 이연정부보조금수익÷내용연수

03 수익관련 정부보조금

수익관련 정부보조금	
구 분	내 용
수익인식법	정부보조금을 관련원가를 비용으로 인식하는 기간에 별도의 수익으로 인식
비용차감법	정부보조금을 관련원가를 비용으로 인식하는 기간에 관련 비용에서 차감

예제

정부보조금에 의한 취득

(주)민준은 20×1년 1월 1일에 기계장치를 ₩2,000,000에 취득하면서 정부로부터 ₩1,000,000의 보조금을 수령하였다. 기계장치의 감가상각은 정액법(내용연수 4년, 잔존가액 없음)으로 한다. 그리고 20×2년 1월 1일에 동 기계를 ₩900,000에 매각하였다. 정부보조금으로 취득한 기계장치와 관련하여 다음 물음에 답하시오.

(물음1) 자산차감법을 적용할 경우 ①기계장치 매입시 ②정부보조금 수령시 ③ 20×1년 12월 31일(결산시) ④ 20×2년 1월 1일(매각시)로 나누어 회계처리하시오.
(물음2) 자산차감법을 적용할 경우 20×1년 결산시의 부분 재무상태표를 표시하시오.
(물음3) 이연수익법을 적용할 경우 ①기계장치 매입시 ②정부보조금 수령시 ③ 20×1년 12월 31일(결산시) ④ 20×2년 1월 1일(매각시)로 나누어 회계처리하시오.
(물음4) 이연수익법을 적용할 경우 20×1년 결산시의 부분 재무상태표를 표시하시오.
(물음5) 각 방법에 의한 유형자산처분손익을 계산하시오.
(물음6) 20×1년, 20×2년 당기손익에 미치는 영향은 각각 얼마인가?

풀이

(물음1) 자산차감법하의 회계처리

① 20×1년 1월 1일 기계장치 매입시

(차)	기 계 장 치	2,000,000	(대) 현 금	2,000,000

② 20×1년 1월 1일 정부보조금 수령시

(차)	현 금	1,000,000	(대) 정부보조금(자산차감)	1,000,000

③ 20×1년 12월 31일(결산시)

(차)	감 가 상 각 비	500,000	(대) 감 가 상 각 누 계 액	500,000
(차)	정부보조금(자산차감)*	250,000	(대) 감 가 상 각 비	250,000

* ₩1,000,000÷4=₩250,000

④ 20×2년 1월 1일(매각시)

(차)	현 금	900,000	(대)	기 계 장 치	2,000,000
	감가상각누계액	500,000		**유형자산처분이익**	**150,000**
	정 부 보 조 금	750,000			

(물음2) 자산차감법하의 부분재무상태표(20×1년 결산시)

부분 재무상태표(자산차감법)

자산		
기계장치	₩2,000,000	
감가상각누계액	(500,000)	
정부보조금	(750,000)	
	₩750,000	

간편법으로 풀면 20×1년 결산시 기계장치의 장부금액은 다음과 같다.
20×1년 결산시 기계장치의 장부금액=(2,000,000−0−1,000,000)×3/4=₩750,000

(물음3) 이연수익법하의 회계처리

① 20×1년 1월 1일 기계장치 매입시

(차)	기 계 장 치	2,000,000	(대)	현 금	2,000,000

② 20×1년 1월 1일 정부보조금 수령시

(차)	현 금	1,000,000	(대)	이연정부보조금수익 (부 채)	1,000,000

③ 20×1년 12월 31일(결산시)

(차)	감 가 상 각 비	500,000	(대)	감가상각누계액	500,000
(차)	이연정부보조금수익* (부 채)	250,000	(대)	정부보조금수익 (수 익)	250,000

* ₩1,000,000÷4=₩250,000

④ 20×2년 1월 1일(매각시)

(차) 현 금	900,000	(대) 기 계 장 치	2,000,000
감 가 상 각 누 계 액	500,000	**유형자산처분이익**	**150,000**
이연정부보조금수익	750,000		

(물음4) 이연수익법하의 부분재무상태표(20×1년 결산시)

부분 재무상태표(이연수익법)

자산		부채	
기계장치	₩2,000,000	이연정부보조금수익	₩750,000
감가상각누계액	(500,000)		
	₩1,500,000		**₩750,000**

1) 20×1년 결산시 기계장치의 장부금액=(2,000,000−0)×3/4=₩1,500,000
2) 20×1년 결산시 이연정부보조금수익의 장부금액=1,000,000×3/4=₩750,000

(물음5) 유형자산처분손익

간편법으로 풀면 다음과 같다. (자산차감법, 이연수익법 동일)

1) 처분가액 ₩900,000

2) 장부금액 750,000 (2,000,000−0−1,000,000)×3/4

∴ **유형자산처분이익 ₩150,000**

(물음6) 당기손익에 미치는 영향

구 분	20×1년	20×2년
• 자산차감법		
감가상각비	(₩250,000)	
유형자산처분이익	₩150,000	
당기손익에 미치는 영향	**(₩250,000)**	**₩150,000**
• 이연수익법		
감가상각비	(₩500,000)	
정부보조금수익	₩250,000	
유형자산처분이익		₩150,000
당기손익에 미치는 영향	**(₩250,000)**	**₩150,000**

결론 : **자산차감법과 이연수익법 모두 당기손익에 미치는 영향은 같다.**

핵심요약 감가상각비

01 감가상각의 의의

☞ **수익 · 비용대응 원칙**에 따라 수익을 창출하는 기간에 걸쳐 비용을 배분하는 과정이며, 해당 자산의 공정가치를 반영하는 평가의 과정이 아님

☞ 감가상각액은 일반적으로 **당기손익**으로 인식. But 유형자산에 내재된 미래경제적효익이 **다른 자산을 생산하는 데 사용되는 경우**, 그 자산의 상각액은 **다른 자산의 원가**의 일부가 됨

감가상각액의 회계처리	
제조과정에 사용	다른 자산(재고자산)의 원가에 포함
개발활동에 사용	다른 자산(개발비)의 원가에 포함
위 이외	당기손익(비용)으로 인식

02 감가상각의 기본요소

감가상각대상금액	취득원가−잔존가치
내용연수	자산의 경제적 수명
감가상각방법	정액법, 정률법, 이중체감법, 연수합계법, 생산량비례법 등

(1) 감가상각 대상금액 : 취득원가－잔존가치

잔존가치＝내용연수 종료시점의 처분가치－예상 처분부대비용

☞ **유형자산의 잔존가치는 해당 자산의 장부금액과 같거나 큰 금액으로 증가할 수도 있음.** 이 경우에는 자산의 잔존가치가 장부금액보다 작은 금액으로 감소될 때까지는 유형자산의 감가상각액은 영(0)이 됨

(2) 내용연수

☞ 의미 : 기업에서 **자산이 사용가능할 것으로 기대되는 기간** 또는 자산에서 얻을 것으로 예상되는 생산량이나 이와 유사한 단위 수량

☞ 내용연수는 **매회계연도 말에 내용연수와 잔존가치의 적정성을 검토**하여야 함. 만일 내용연수나 잔존가치의 추정치가 변동된 경우에는 **회계추정의 변경으로 보아 전진법**으로 회계처리

(3) 감가상각방법

☞ 기업은 해당 자산에 내재되어 있는 **미래경제적효익이 예상되는 소비형태를 가장 잘 반영하는 감가상각방법을 선택**하고, 예상 소비형태가 변하지 않는 한 매 회계기간에 일관성 있게 적용하여야 함

☞ 기업이 선택한 **감가상각방법은 적어도 매 회계연도 말에 재검토**해야 함. 만일 재검토 결과 자산에 내재된 미래경제적효익의 예상되는 소비형태에 유의적인 변동이 있다면 이를 반영하기 위하여 **감가상각방법을 변경함**

→ 이러한 변경은 **회계추정의 변경으로 보아 전진법**으로 회계처리함

03 감가상각비 계산방법

(1) 정액법

감가상각비 = (취득원가 − 잔존가치) ÷ 내용연수

(2) 정률법

감가상각비 = 기초장부금액(취득원가 − 감가상각누계액) × 상각률

(3) (심화) 이중체감법

감가상각비 = 기초장부금액(취득원가 − 감가상각누계액) × 상각률

$$상각률 = \frac{2}{내용연수}$$

(4) 연수합계법

감가상각비 = (취득원가 − 잔존가치) × 상각률

$$상각률 = \frac{기초\ 잔존내용연수}{내용연수의\ 합계}$$

(5) 생산량비례법

$$감가상각비 = (취득원가 - 잔존가치) \times \frac{당기생산량}{총예정생산량}$$

감가상각방법 비교

감가상각방법	감가상각비 계산
정액법, 연수합계법, 생산량비례법	감가상각대상금액(취득원가－잔존가치)기준
정률법, 이중체감법	기초장부금액(취득원가－감가상각누계액)×상각률

04 기타 고려사항

(1) 감가상각의 개시

☞ 유형자산의 감가상각의 개시 : **사용가능한 때부터 상각**

(2) 감가상각의 중단

☞ 운휴 중인 유형자산의 경우 : **감가상각을 중단하지 않음**

☞ 유형자산이 매각예정자산으로 분류되는 경우 : **감가상각 중단**

(3) 감가상각의 별도 인식

☞ 유형자산을 구성하는 일부의 원가가 당해 유형자산의 전체 원가에 비교하여 유의적인 경우 : **그 부분을 별도로 구분하여 감가상각**

☞ 유형자산의 전체 원가에 비교하여 해당 원가가 유의적이지 않은 경우 : **별도로 분리하여 감가상각 가능**

(4) (심화) 토지와 건물을 동시에 취득하는 경우의 감가상각

☞ 건물이 위치한 토지의 가치가 증가하더라도 건물의 감가상각대상금액에는 영향을 미치지 아니함

예제

감가상각방법의 비교

(주)민준은 20×1. 1. 1 내용연수 5년, 잔존가치가 ₩5,000,000인 기계장치를 ₩50,000,000에 취득하였다. 다음 각각의 감가상각방법에 의하여 20×1년과 20×2년의 감가상각비를 계산하시오.

(물음1) 정액법
(물음2) 정률법(상각률 : 0.451)
(물음3) 연수합계법
(물음4) 생산량비례법(추정 총생산제품수량 : 6,000개 중 20×1년 생산량 : 1,500개, 20×2년 생산량 : 3,000개)

풀이

(물음1) 정액법

① 20×1년 감가상각비=(₩50,000,000−₩5,000,000)÷5=₩9,000,000
② 20×2년 감가상각비 : 20×1년과 동일

(물음2) 정률법

① 20×1년 감가상각비=₩50,000,000×0.451=₩22,550,000
② 20×2년 감가상각비=(₩50,000,000−₩22,550,000)×0.451=₩12,379,950

(물음3) 연수합계법

① 20×1년 감가상각비=(₩50,000,000−₩5,000,000)×$\frac{5}{15^{\text{주1)}}}$=₩15,000,000

② 20×2년 감가상각비=(₩50,000,000−₩5,000,000)×$\frac{4}{15^{\text{주1)}}}$=₩12,000,000

주1) 내용연수의 합계=1+2+3+4+5=15

(물음4) 생산량비례법

① 20×1년 감가상각비=(₩50,000,000−₩5,000,000)×$\frac{1{,}500\text{개}}{6{,}000\text{개}}$=₩11,250,000

② 20×2년 감가상각비=(₩50,000,000−₩5,000,000)×$\frac{3{,}000\text{개}}{6{,}000\text{개}}$=₩22,500,000

예제

감가상각방법의 비교(기중취득한 경우)

㈜서준은 20×1. 4. 1 내용연수 5년, 잔존가치가 ₩200,000인 기계장치를 ₩2,000,000에 취득하였다. 다음 각각의 감가상각방법에 의하여 20×1년과 20×2년의 감가상각비를 계산하시오. (단, 계산금액은 소수 첫째자리에서 반올림한다.)

(물음1) 정액법
(물음2) 정률법(상각률 : 36.9%)
(물음3) 연수합계법

풀이

(물음1) 정액법

1) 첫 번째 1년간 감가상각비=(₩2,000,000−₩200,000)÷5=₩360,000
2) 두 번째 1년간 감가상각비=(₩2,000,000−₩200,000)÷5=₩360,000
3) 20×1년 감가상각비=₩360,000×9/12=₩270,000
4) 20×2년 감가상각비=₩360,000×3/12+₩360,000×9/12=₩360,000

[별해] 매기 동일금액이 상각되므로 월할계산하면 됨

1) 20×1년 감가상각비=₩360,000×9/12=₩270,000
2) 20×2년 감가상각비=₩360,000×12/12=₩360,000

(물음2) 정률법

1) 첫 번째 1년간 감가상각비=₩2,000,000×0.369=₩738,000
2) 두 번째 1년간 감가상각비=(₩2,000,000−₩738,000)×0.369=₩465,678
3) 20×1년 감가상각비=₩738,000×9/12=₩553,500
4) 20×2년 감가상각비=₩738,000×3/12+₩465,678×9/12=₩533,759

[별해] 정률법의 경우 기초장부금액에 상각률을 곱해서 계산해도 동일한 결과임

1) 20×1년 감가상각비=₩2,000,000×0.369×9/12=₩553,500
2) 20×2년 감가상각비=(₩2,000,000−₩553,500)×0.369=₩533,759

(물음3) 연수합계법

1) 첫 번째 1년간 감가상각비=(₩2,000,000−₩200,000)× $\frac{5}{15^{주1)}}$ =₩600,000

2) 두 번째 1년간 감가상각비=(₩2,000,000−₩200,000)× $\frac{4}{15^{주1)}}$ =₩480,000

주1) 내용연수의 합계=1+2+3+4+5=15

3) 20×1년 감가상각비=₩600,000×9/12=₩450,000

4) 20×2년 감가상각비=₩600,000×3/12+₩480,000×9/12=₩510,000

[별해] 없음. 즉, 반드시 1년치 감가상각액을 계산 후 양개년도에 배분해야 함

핵심요약 유형자산 손상차손과 손상차손환입

01 자산손상의 식별

☞ 기업은 **매 보고기간 말마다 자산손상을 시사하는 징후가 있는지를 검토**하고 그러한 징후가 있다면 당해 자산의 회수가능액을 추정하여 **회수가능액이 장부금액에 미달하는 경우 손상차손을 인식함**

☞ 자산손상을 시사하는 징후 여부 검토시 : **외부정보와 내부정보**를 모두 고려함

02 회수가능액의 측정

회수가능액	Max[순공정가치, 사용가치]

순공정가치=공정가치(예상 처분금액)−처분부대비용
사용가치=PV(기대되는 미래현금흐름) ☞ 기업특유가치

03 손상차손의 인식

☞ 매 회계기간 말마다 자산손상을 시사하는 징후가 있는지 검토함

손상차손=자산의 장부금액−회수가능액
회수가능액=Max(순공정가치, 사용가치)

[손상차손의 회계처리]

(차) 유형자산손상차손	×××	(대) 손상차손누계액	×××

04 손상차손환입의 인식

☞ 매 보고기간 말마다 과거에 인식한 손상차손이 더 이상 존재하지 않거나 감소된 것을 시사하는 징후가 있는지를 검토함

☞ 손상차손환입으로 증가된 장부금액 : **과거에 손상차손을 인식하기 전 장부금액의 감가상각 후 잔액을 초과할 수 없음**

> 손상차손환입=Min(회수가능액, 손상차손을 인식하지 않았을 경우의 장부금액)−장부금액
> 회수가능액= Max(순공정가치, 사용가치)

[손상차손환입의 회계처리]

(차) 손 상 차 손 누 계 액	×××	(대) 유형자산손상차손환입	×××

예제

유형자산 손상차손과 환입

(주)민준은 20×1년 1월 1일 현금 ₩10,000을 지급하고 건물을 취득하였다. (주)민준은 동 건물에 대하여 내용연수는 10년, 잔존가치는 없으며 감가상각방법은 정액법을 사용하기로 하였다. 20×2년 말 동 건물의 시장가치가 현저히 하락하여 (주)민준은 자산손상을 인식하기로 하였고 20×2년 말 건물의 회수가능액은 ₩6,400이다. 이후 동 건물의 회수가능액은 20×4년 말 ₩7,000으로 다시 상승하였다. 다음 물음에 답하시오.(단, 회사는 원가모형을 선택하여 회계처리하고 있다.)

(물음1) 20×2년 말에 인식할 손상차손은 얼마인가?
(물음2) 20×2년에 당기손익에 미치는 영향은 얼마인가?
(물음3) 20×4년 말에 인식할 손상차손환입액은 얼마인가?
(물음4) 20×4년에 당기손익에 미치는 영향은 얼마인가?
(물음5) 취득시점부터 20×4년 말까지의 회계처리를 하시오.

풀이

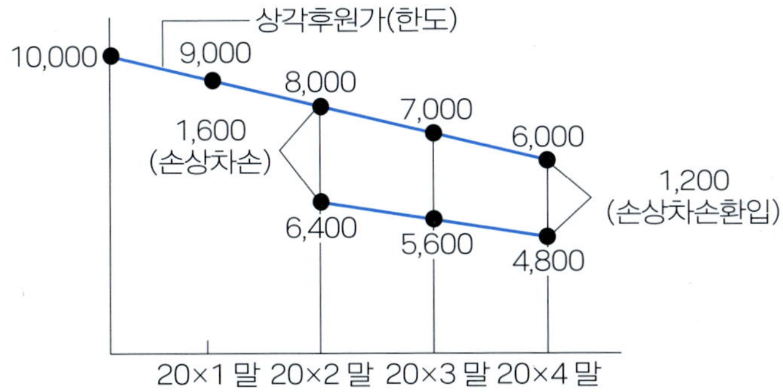

(물음1) 20×2년 말 손상차손

1) 20×2년 말 장부금액 : ₩10,000−(10,000−0)×2/10=₩8,000

2) 20×2년 말 손상차손 : ₩8,000−6,400=₩1,600

(물음2) 20×2년 당기손익의 영향

1) 감가상각비	:	(₩1,000)
2) 손상차손	:	(1,600)
합계		(₩2,600)

(물음3) 20×4년 말 손상차손환입

1) 20×4년 말 손상 전 장부금액 : ₩6,400−(6,400−0)×2/8=₩4,800

2) 20×4년 말 손상차손환입

: min[7,000, ₩10,000−(10,000−0)×4/10)]−4,800=₩1,200

(물음4) 20×4년 당기손익의 영향

1) 감가상각비	:	(₩800)
2) 손상차손환입	:	1,200
합계		₩400

(물음5) 일자별 회계처리

일 자	회 계 처 리
20×1. 1. 1	(차) 건 물 10,000 (대) 현 금 10,000
20×1.12.31	(차) 감 가 상 각 비 1,000 (대) 감가상각누계액 1,000
20×2.12.31	(차) 감 가 상 각 비 1,000 (대) 감가상각누계액 1,000
	(차) 유형자산손상차손 1,600 (대) 손상차손누계액 1,600
20×3.12.31	(차) 감 가 상 각 비 800 (대) 감가상각누계액 800
20×4.12.31	(차) 감 가 상 각 비 800 (대) 감가상각누계액 800
	(차) 손상차손누계액 1,200 (대) 손 상 차 손 환 입 1,200

핵심 요약 재평가모형

01 재평가모형의 의의

■ **유형자산 회계처리**

최초인식 : 원가모형

후속측정 : 원가모형 or 재평가모형 선택

재평가의 빈도 및 재평가의 수행

구 분	내 용	비 고
재평가 빈도	주기적으로 재평가	매 보고기간 말 재평가하는 것은 아님
재평가 수행	동일한 분류 내 동시에 재평가	재평가가 단기간 수행되고 계속적으로 갱신될 경우, 동일한 분류 내 순차적 재평가 가능

02 재평가 회계처리

(1) 재평가 회계처리

구 분		회 계 처 리
재평가이익 발생시	최초평가	재평가잉여금(기타포괄손익)으로 인식하고 누적액을 자본항목(기타포괄손익누계액)으로 인식
	후속평가	과거에 당기손실로 인식한 재평가손실(당기손익)과 우선상계 후 재평가잉여금(기타포괄손익)으로 인식
재평가손실 발생시	최초평가	재평가손실(당기손익)로 인식
	후속평가	과거에 기타포괄이익으로 인식한 재평가잉여금(기타포괄손익)과 우선상계 후 재평가손실(당기손익)로 인식

(2) 재평가잉여금의 처리방법

☞ 비상각자산의 재평가잉여금 : 그 자산이 **제거(폐기되거나 처분)될 때 일괄적으로 이익잉여금으로 대체가능**

☞ 상각자산의 재평가잉여금 : ① 또는 ② 선택

① 그 자산이 **제거(폐기되거나 처분)될 때 일괄적으로 이익잉여금으로 대체가능**

② 기업이 그 자산을 **사용함에 따라 재평가잉여금의 일부를 대체가능**

→ 잔존내용연수에 걸쳐 이익잉여금으로 대체가능

☞ 재평가잉여금을 이익잉여금으로 대체할 경우의 회계처리

(차) 재 평 가 잉 여 금 ××× (대) 이 익 잉 여 금 ×××

→ 재평가잉여금 : **재분류조정대상 ×**

→ 재평가잉여금의 이익잉여금 대체 : 자본계정간의 변동으로 포괄손익계산서의 기타포괄손익에는 영향이 없음

(3) 상각자산의 재평가시 회계처리

구 분	회 계 처 리
비례수정법	재평가 후 자산의 장부금액이 재평가금액과 일치하도록 감가상각누계액과 총장부금액을 비례적으로 수정하는 방법
누계액제거법	총장부금액에서 기존의 감가상각누계액의 전부를 제거하여 자산의 순장부금액이 재평가금액이 되도록 수정하는 방법

03 (심화) 재평가모형하의 손상차손

☞ 자산의 손상차손은 당해 자산에서 발생한 재평가잉여금에 해당하는 금액까지는 재평가잉여금과 우선상계하여 기타포괄손실로 인식하며, 재평가잉여금을 초과하는 손상차손에 대해서만 당기손실로 인식

회수가능액 하락시의 회계처리

- 1단계 : 재평가 적용

(차) 재 평 가 잉 여 금 ××× (대) 유 형 자 산 ×××

- 2단계 : 손상차손 인식

(차) 재 평 가 잉 여 금* ××× (대) 손 상 차 손 누 계 액 ×××
유형자산손상차손 ×××

* 재평가잉여금의 잔액이 있는 경우에 한함

재평가모형하의 손상차손 회계처리

구 분	순 서
회계처리	1단계 : 감가상각 회계처리 2단계 : 재평가 회계처리(공정가치 측정) 3단계 : 손상차손 회계처리(회수가능액 측정)
손상차손 인식	1단계 : 재평가잉여금과 우선상계 2단계 : 초과금액은 당기손익 인식

예제

재평가이익 인식 후 재평가손실의 발생(비상각자산)

(주)민준은 20×1년 초에 토지를 ₩1,000,000에 취득하였으며 토지에 대해서 재평가모형을 적용하고 있다. 이 토지는 20×1년 말에 ₩1,200,000으로 재평가되었고, 20×2년 말에는 ₩800,000으로 재평가되었다.
다음 물음에 답하시오.

(물음1) 매 시점의 회계처리를 하시오.
(물음2) 다음 빈칸을 채우시오.

구 분	20×1년	20×2년
당기손익에 미치는 영향		
기타포괄손익에 미치는 영향		
총포괄손익에 미치는 영향		

풀이

(물음1) 회계처리

20×1년 초 :

(차)	토지	1,000,000	(대)	현금	1,000,000

20×1년 말 :

(차)	토지	200,000	(대)	재평가잉여금(기타)	200,000

20×2년 말 :

(차)	재평가잉여금(기타)	200,000	(대)	토지	400,000
	재평가손실 (당기)	200,000			

(물음2)

구 분	20×1년	20×2년
당기손익에 미치는 영향	₩0	(₩200,000)
기타포괄손익에 미치는 영향	₩200,000	(₩200,000)
총포괄손익에 미치는 영향	₩200,000	(₩400,000)

토지의 장부금액

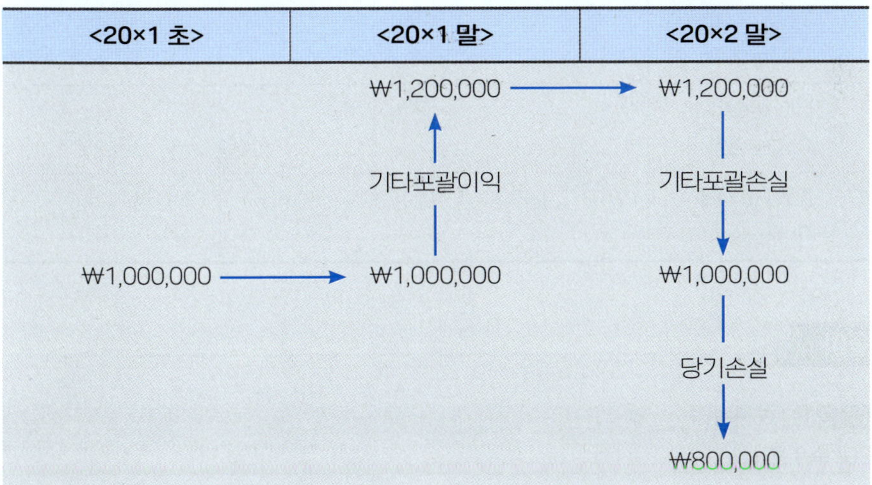

예제

재평가손실 인식 후 재평가이익의 발생(비상각자산)

(주)민준은 20×1년 초에 토지를 ₩1,000,000에 취득하였으며, 토지에 대해 재평가모형을 적용하고 있다. 이 토지는 20×1년 말에 ₩800,000으로 재평가되었고, 20×2년 말에는 ₩1,200,000으로 재평가되었으며, 20×3년 말에는 ₩1,100,000으로 재평가되었다. 다음 물음에 답하시오.

(물음1) 매 시점의 회계처리를 하시오.
(물음2) 다음 빈칸을 채우시오.

구 분	20×1년	20×2년	20×3년
당기손익에 미치는 영향			
기타포괄손익에 미치는 영향			
총포괄손익에 미치는 영향			

풀이

(물음1) 회계처리

20×1년 초 :

(차)	토지	1,000,000	(대)	현금	1,000,000

20×1년 말 :

(차)	재평가손실(당기)	200,000	(대)	토지	200,000

20×2년 말 :

(차)	토지	400,000	(대)	재평가손실(당기)	200,000
				재평가잉여금(기타)	200,000

20×3년 말 :

(차)	재평가잉여금(기타)	100,000	(대)	토지	100,000

예제

재평가잉여금의 이익잉여금으로의 대체 1(상각자산)

(주)민준은 20×1년 초에 건물을 ₩1,000,000에 취득하였다. 건물의 내용연수는 5년, 잔존가치는 없으며 정액법으로 상각하며 건물에 대해서 재평가모형을 적용하고 있다. 이 건물은 20×1년 말에 ₩1,200,000으로 재평가되었고, 20×2년 말에는 ₩480,000으로 재평가되었으며, 20×3년 말에는 ₩600,000으로 재평가되었다.(단, 회사는 재평가잉여금을 자산이 제거될 때 일괄적으로 이익잉여금으로 대체하는 회계처리를 한다고 가정한다.)
다음 물음에 답하시오.

(물음1) 매 시점의 회계처리를 하시오.
(물음2) 다음 빈칸을 채우시오.

구 분	20×1년	20×2년	20×3년
당기손익에 미치는 영향			
기타포괄손익에 미치는 영향			
총포괄손익에 미치는 영향			

풀이

(물음1) 회계처리

20×1년 초 :

(차)	건 물	1,000,000	(대)	현 금	1,000,000

20×1년 말 :

(차)	감가상각비	200,000	(대)	감가상각누계액	200,000
(차)	건 물	400,000	(대)	재평가잉여금(기타)	400,000

20×2년 말 :

(차)	감가상각비	300,000	(대)	감가상각누계액	300,000
(차)	재평가잉여금(기타)	400,000	(대)	건 물	420,000
	재평가손실(당기)	20,000			

20×3년 말 :

(차) 감가상각비	160,000	(대) 감가상각누계액	160,000
(차) 건물	280,000	(대) 재평가손실(당기)	20,000
		재평가잉여금(기타)	260,000

(물음2)

구 분	20×1년	20×2년	20×3년
당기손익에 미치는 영향	(₩200,000)	(₩320,000)*	(₩140,000)**
기타포괄손익에 미치는 영향	₩400,000	(₩400,000)	₩260,000
총포괄손익에 미치는 영향	₩200,000	(₩720,000)	₩120,000

* 감가상각비 (₩300,000) + 재평가손실 (₩20,000)=(₩320,000)
** 감가상각비 (₩160,000) + 재평가손실 ₩20,000=(₩140,000)

건물의 장부금액

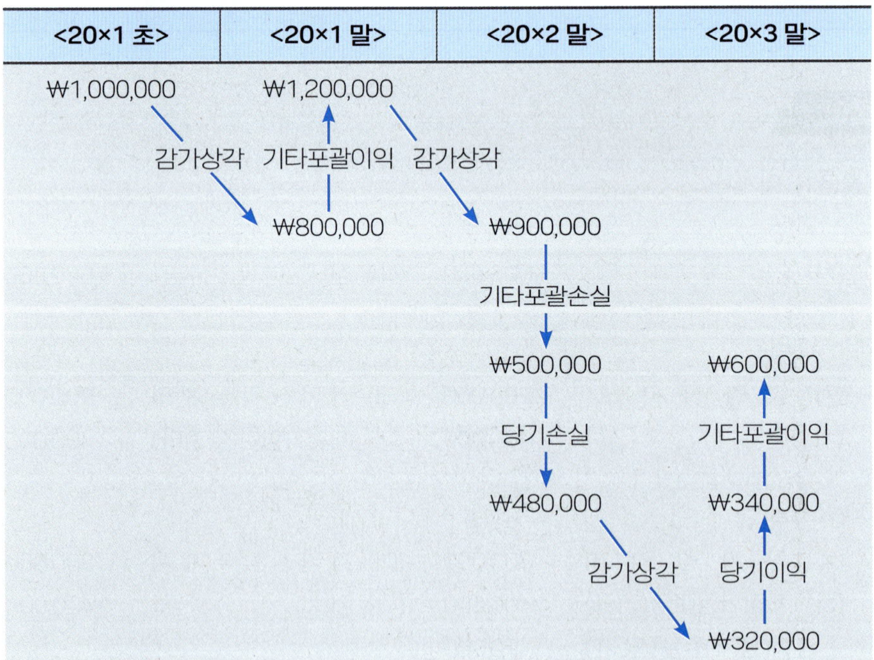

예제

재평가잉여금의 이익잉여금으로의 대체 2(상각자산)

(주)민준은 20×1년 1월 1일에 사무용비품(내용연수 5년, 잔존가치 ₩0, 정액법 상각)을 ₩200,000에 취득하여 사용하고 있다. (주)민준은 매년 말 주기적으로 유형자산에 대해서 재평가를 수행하고 있으며, 장부금액을 재평가금액으로 수정할 때 감가상각누계액을 우선 제거하는 방법을 사용한다. 20×1년 말과 20×2년 말 사무용비품의 공정가치는 각각 ₩180,000과 ₩60,000이다.

(물음1) 재평가잉여금을 사용함에 따라 이익잉여금으로 대체하는 경우 매 시점의 회계처리를 하시오.

(물음2) 다음 빈칸을 채우시오.

구 분	20×1년	20×2년
당기손익에 미치는 영향		
기타포괄손익에 미치는 영향		
총포괄손익에 미치는 영향		

풀이

(물음1) 회계처리

20×1년 초 :

(차) 비 품	200,000	(대) 현 금	200,000

20×1년 말 :

(차) 감 가 상 각 비	40,000	(대) 감 가 상 각 누 계 액	40,000
(차) 감 가 상 각 누 계 액	40,000	(대) 비 품	20,000
		재평가잉여금(기타)	**20,000**

20×2년 말 :

(차)	감가상각비	45,000	(대)	감가상각누계액	45,000
(차)	**재평가잉여금(기타)**	**5,000**	(대)	**이익잉여금**	**5,000**
(차)	**재평가잉여금(기타)**	**15,000**	(대)	비품	120,000
	재평가손실(당기)	**60,000**			
	감가상각누계액	45,000			

(물음2)

구 분	20×1년	20×2년
당기손익에 미치는 영향	(₩40,000)	(₩105,000)**
기타포괄손익에 미치는 영향	₩20,000	(₩15,000)*
총포괄손익에 미치는 영향	(₩20,000)	(₩120,000)

* 재평가잉여금 (₩15,000)

(주의) 이익잉여금으로 대체되는 ₩5,000은 포괄손익계산서상의 기타포괄손익에는 영향이 없고, 재무상태표의 기타포괄손익누계액에만 영향을 미침

** 감가상각비 (₩45,000)+재평가손실 (₩60,000)=(₩105,000)

비품의 장부금액

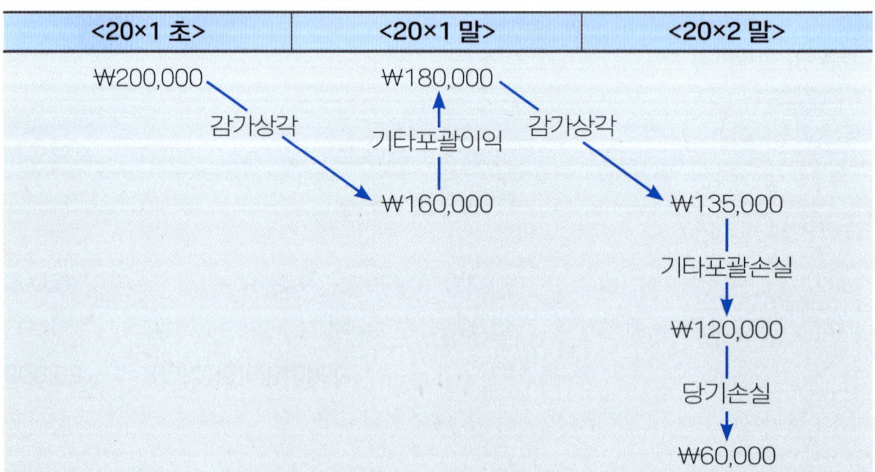

핵심요약 차입원가

01 차입원가 자본화의 의의

☞ 차입원가 자본화 : 의도된 용도로 사용하거나 판매가능한 상태에 이르게 하는 데 상당한 기간을 필요로 하는 자산인 적격자산의 취득기간 중에 발생한 차입원가 중에서 일정금액을 자산의 원가로 인식하는 것

차입원가의 회계처리

구 분	회 계 처 리
적격자산 관련 차입원가	자산 인식
기타 차입원가	비용 인식

[차입원가 자본화의 회계처리]

1. 공사비 지출

(차) 건 설 중 인 자 산	×××	(대) 현 금	×××

2. 이자비용 발생

(차) 이 자 비 용	×××	(대) 현 금	×××

3. 자본화할 차입원가 인식

(차) 건 설 중 인 자 산	×××	(대) 이 자 비 용	×××

4. 자산취득의 완료(예 완공)

(차) 건 물 등	×××	(대) 건 설 중 인 자 산	×××

02 적격자산

☞ 적격자산 : 의도된 용도로 사용하거나 판매가능한 상태에 이르게 하는 데 상당한 기간을 필요로 하는 자산

☞ 적격자산의 예 : **재고자산, 제조설비자산, 전력생산설비, 무형자산 및 투자부동산, 생산용식물**

☞ 적격자산 제외

① **금융자산, 생물자산**

② **단기간** 내에 제조되거나 다른 방법으로 생산되는 **재고자산**

③ **취득이 완료**되어 의도된 용도로 사용할 수 있거나 판매가능상태에 있는 **자산**

03 (심화) 자본화의 개시, 중단, 종료

(1) 자본화의 개시(자산 취득시점)

■ **자본화 개시시점(다음 조건을 모두 충족하는 시점)**

① **적격자산**에 대하여 지출하고 있다.

② **차입원가**를 발생시키고 있다.

③ 적격자산을 의도된 용도로 **사용하거나 판매가능한 상태**에 이르게 하는 데 필요한 활동을 수행하고 있다.

(2) 자본화의 중단(자산 취득활동 중단기간)

☞ 이 기간 동안의 차입원가는 **자본화를 중단하고 당기비용**으로 인식함

☞ 적격자산에 대한 개발활동은 중단되었으나, **중단기간에도 상당한 기술 및 관리활동이 진행되고 있다면 자본화를 중단하지 아니함**

☞ **일시적인 지연이 필수적인 경우에도 자본화를 중단하지 아니함**

(3) 자본화의 종료(자산 취득 완료시점)

☞ 적격자산을 의도된 용도로 사용하거나 판매가능한 상태에 이르게 하는 데 필요한 거의 모든 활동이 완료된 시점에 차입원가의 자본화를 종료함

04 차입원가 자본화의 계산절차

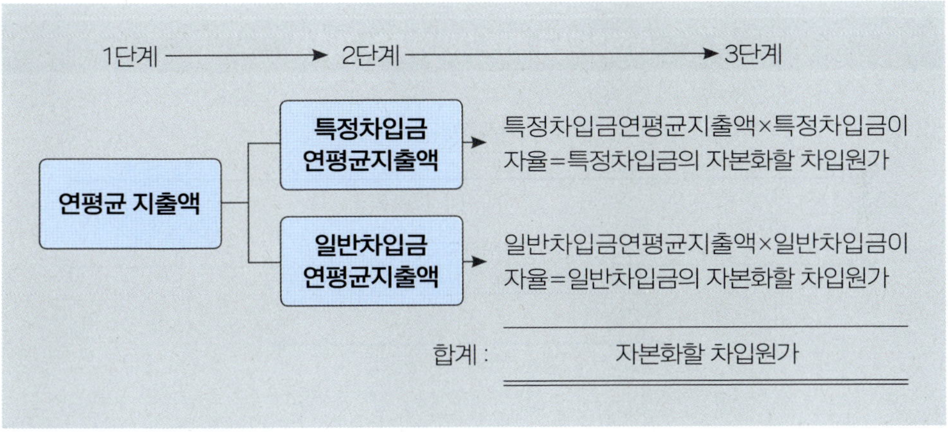

1단계 : 연평균지출액 계산

2단계 : 특정차입금과 일반차입금의 연평균지출액 계산

3단계 : 특정차입금과 일반차입금의 자본화할 차입원가 계산

(1) 연평균지출액 계산

☞ 적격자산에 대한 연평균지출액 : 자본화기간 중의 지출액을 연평균의 개념으로 환산한 금액임

(2) 특정차입금과 일반차입금의 연평균지출액 계산

☞ 적격자산에 대한 연평균지출액은 개별적으로 확인이 가능한 특정차입금에서 먼저 지출이 되고, 나머지는 일반차입금에서 지출이 된다고 가정함

특정차입금의 연평균지출액
=자본화기간 중 특정차입금의 연평균차입액
=특정차입금×자본화기간*/12
* **자본화기간과 차입기간이 겹치는 기간**을 의미함

일반차입금의 연평균지출액
=연평균지출액−특정차입금의 연평균지출액

특정차입금 관련 차입원가의 자본화

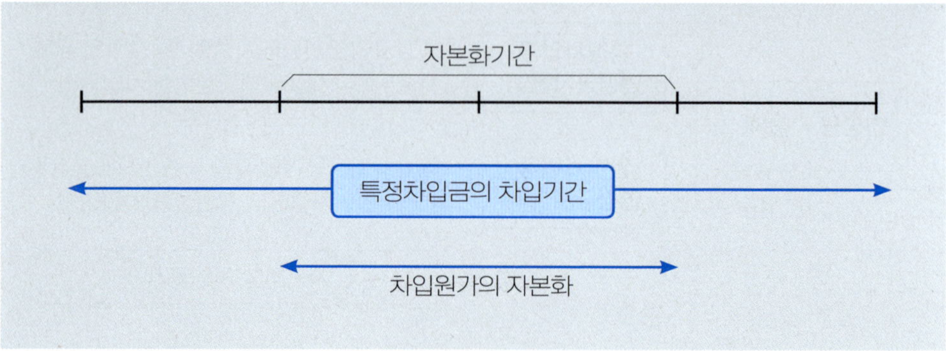

(3) 특정차입금과 일반차입금의 자본화할 차입원가 계산

☞ 특정차입금과 일반차입금이 모두 있는 경우, 특정차입금에 대한 차입원가를 먼저 자본화하고 그 다음에 일반차입금에 대한 차입원가를 자본화함

특정차입금의 자본화할 차입원가
=자본화기간 중 발생한 차입원가
=특정차입금의 연평균지출액(특정차입금×자본화기간/12)×연이자율

일반차입금의 자본화할 차입원가
=Min{(일반차입금의 연평균지출액×자본화이자율*), **실제 발생 차입원가**}
* 가중평균 자본화이자율

☞ 일반차입금의 자본화할 차입원가 계산시 주의사항

1) 자본화이자율을 계산할 때 **자본화기간에 관계없이** 당해 회계기간 중 **차입기간에 해당하는 일반차입금과 이에 대한 차입원가**를 대상으로 계산해야 함
2) 일반차입금의 자본화이자율을 계산할 때 일반차입금으로부터 발생된 차입원가를 가중평균하는 **가중평균 자본화이자율**을 계산해야 함

> 일반차입금의 가중평균 자본화이자율
> =당기 일반차입금의 이자비용÷당기 일반차입금의 연평균금액

3) 일반차입금의 자본화할 차입원가는 회계기간 중 실제 발생한 차입원가를 초과할 수 없음
   → 일반차입금의 자본화할 차입원가의 **한도액 : 실제 발생한 차입원가**

(4) 특정차입금의 일시운용수익

> 특정차입금의 연평균지출액
> =자본화기간 중 특정차입금의 연평균차입액−자본화기간 중 연평균일시예치액
> =특정차입금×자본화기간/12−**일시운용금액**×**일시운용기간/12**

> 특정차입금의 자본화할 차입원가
> =자본화기간 중 발생한 차입원가−자본화기간 중 일시투자수익
> =특정차입금의 연평균지출액(특정차입금×자본화기간/12)×연이자율
> 일시운용금액×일시운용기간/12×연이자율

일시운용 투자수익

구 분	차감 여부
특정차입금의 자본화할 차입원가 계산시	차감 O
일반차입금의 자본화할 차입원가 계산시	차감 ×

예제

차입원가 자본화 종합문제

12월 결산법인인 (주)민준은 수년 전부터 보유하고 있던 토지에 사옥을 건설하기 위하여 20×1. 1. 1에 M건설회사와 도급계약을 체결하였다.
상기 사옥건설은 20×2. 12. 31 준공예정이고 (주)민준은 사옥건설을 위해 다음과 같이 지출하였다.

20×1. 1. 1	₩1,000,000
20×1. 7. 1	500,000
20×1. 10. 1	200,000
합 계	₩1,700,000

(주)민준의 20×1회계연도 중 차입금은 다음과 같다.

차입금	차입금액	차 입 일	상 환 일	이자율
A	₩500,000	20×1. 7. 1	20×3. 6. 30	6%
B	₩1,000,000	20×0. 4. 1	20×3. 3. 31	10%
C	₩500,000	20×1. 7. 1	20×2. 6. 30	9%

차입금 A는 사옥건설을 위하여 개별적으로 차입되었으며, 차입금 B와 C는 일반차입금이다. 다음 물음에 답하시오.

(물음1) 20×1년 적격자산의 연평균지출액을 계산하시오.
(물음2) 20×1년 적격자산에 대한 특정차입금의 지출액을 계산하시오.
(물음3) 20×1년 적격자산에 대한 일반차입금의 지출액을 계산하시오.
(물음4) 20×1년 특정차입금의 자본화할 차입원가를 계산하시오.
(물음5) 20×1년 일반차입금의 자본화이자율을 계산하시오.
(물음6) 20×1년 일반차입금의 자본화할 차입원가를 계산하시오.
(물음7) 20×1년 자본화할 차입원가를 계산하시오.

풀이

(물음1) 연평균지출액

지 출 일	지출액	자본화대상기간	연평균지출액
20×1. 1. 1	₩1,000,000	12/12	₩1,000,000
20×1. 7. 1	500,000	6/12	250,000
20×1. 10. 1	200,000	3/12	50,000
합 계	₩1,700,000		**₩1,300,000**

(물음2) 특정차입금의 지출액

500,000×6/12=**₩250,000**

(물음3) 일반차입금의 지출액

1,300,000−250,000=**₩1,050,000**

(물음4) 특정차입금의 자본화할 차입원가

250,000×6%=**₩15,000**

(물음5) 일반차입금의 자본화이자율

차 입 금	차입금액	차입기간	연평균차입금	이자비용
B	₩1,000,000	12/12	₩ 1,000,000	₩ 100,000
C	500,000	6/12	250,000	22,500
합 계	₩1,500,000		₩1,250,000	₩122,500

$$\text{자본화이자율} = \frac{\text{일반차입금의 실제발생 이자비용}}{\text{연평균차입금}} = \frac{122{,}500}{1{,}250{,}000} = \mathbf{9.8\%}$$

(물음6) 일반차입금의 자본화할 차입원가

① 자본화할 차입원가 : 적격자산에 대한 연평균지출액에서 특정차입금의 지출액을 제외한 금액(일반차입금의 지출액)에서 자본화이자율을 곱함

[₩1,300,000−250,000]×9.8%=₩102,900

② 한도 : 실제 이자비용 발생액 ₩122,500
③ 한도 비교 : 일반차입금의 자본화할 차입원가(₩102,900)는 한도(₩122,500) 이내이므로 **₩102,900**을 전액 자본화함

(물음7) 자본화할 차입원가

1) 특정차입금의 자본화할 차입원가 :	₩15,000
2) 일반차입금의 자본화할 차입원가 :	₩102,900
합계	**₩117,900**

예제

특정차입금의 일시운용수익

(주)민준은 20×1년 1월 1일 본사 건물을 새로 마련하기 위한 공사계약을 체결하였다. 본 건물은 적격자산에 해당되며 차입원가 자본화와 관련된 내용은 다음과 같다.

- 공사 착공일 : 20×1년 5월 1일
- 공사 완공일 : 20×1년 12월 31일
- 공사대금 지급
  - 20×1년 5월 1일 ₩1,200,000
  - 20×1년 9월 1일 ₩900,000
  - 20×1년 10월 1일 ₩500,000
- 차입금
  - 20×1년 2월 1일 본사 건물 공사와 관련하여 상환일이 20×2년 12월 31일인 ₩1,200,000(연 8%)을 차입
  - 20×1년 7월 1일 건물 공사 이외의 목적으로 상환일이 20×2년 6월 30일인 ₩800,000(연 10%)을 차입
  - 20×1년 10월 1일 건물 공사 이외의 목적으로 상환일이 20×3년 12월 31일인 ₩1,500,000(연 12%)을 차입
  - 20×1년 2월 1일 차입한 금액 중에서 ₩120,000을 20×1년 4월 1일부터 8월 31일까지 연 5% 수익률로 일시적 투자

(물음1) 20×1년 자본화할 차입원가를 계산하시오.
(물음2) 20×1년 12월 31일 재무상태표에 계상되는 건물의 취득원가는 얼마인가?

풀이

(물음1) 20×1년 자본화할 차입원가

1) 연평균지출액=(₩1,200,000×8/12)+(₩900,000×4/12)
+(₩500,000×3/12)=₩1,225,000

2) 특정차입금 차입원가 자본화
=(₩1,200,000×8%×8/12)−(₩120,000×5%×4/12)=**₩62,000**
☞ 연평균 특정차입금=(₩1,200,000×8/12)−(₩120,000×4/12)=₩760,000

3) 일반차입금 차입원가 자본화
=(₩1,225,000−₩760,000)×10.97%
=**₩51,011**(한도 : ₩85,000)

차 입 일	차입금액	차입기간	연평균차입금	이자비용
7월 1일	₩800,000	6/12	₩400,000	₩40,000
10월 1일	1,500,000	3/12	375,000	45,000
합 계	₩2,300,000		₩775,000	₩85,000

$$\text{자본화이자율}=\frac{\text{일반차입금의 실제발생 이자비용}}{\text{연평균차입금}}=\frac{85,000}{775,000}=10.97\%$$

∴ 20×1년 자본화할 차입원가=₩62,000+₩51,011=**₩113,011**

(물음2) 20×1년 말 건물의 취득원가
=₩1,200,000+₩900,000+₩500,000+₩62,000+₩51,011
=**₩2,713,011**

제 10 장

무형자산

핵심요약 무형자산의 의의

01. 무형자산의 의의

☞ 무형자산 : 재화의 생산이나 용역의 제공, 타인에 대한 임대 또는 관리에 **사용할 목적**으로 기업이 보유하고 있으며, **물리적 형체가 없지만 식별가능한 비화폐성자산**

02. 무형자산의 정의

☞ 다음의 **3가지 요건을 모두 충족**시켜야 무형자산의 정의를 충족함

☞ 다음 중 하나라도 충족하지 못한다면 발생한 지출은 비용으로 인식

① 식별가능성 有	② 통제가능성 有	③ 미래경제적효익 有

(1) 식별가능성

☞ 자산의 식별가능성 : **자산을 다른 자산과 별도로 구분할 수 있는 속성**으로 다음 중 하나에 해당하면 식별가능함

① 자산이 분리가능함

: 기업의 의도와는 무관하게 기업에서 분리하거나 분할할 수 있고 **개별적으로** 또는 관련된 계약, 식별가능한 자산이나 부채와 함께 **매각, 이전, 라이선스, 임대, 교환가능함**

② 자산이 계약상 권리 또는 기타 법적 권리로부터 발생함

: **그러한 권리가 이전가능한지 여부** 또는 기업이나 기타 권리와 의무에서 **분리가능한지 여부는 고려하지 아니함**

(2) 통제가능성

☞ 자산에 대한 통제가능성 : 그 자산에서 유입되는 **미래경제적효익에 대하여 제3자의 접근을 제한할 수 있는 속성**

☞ 무형자산의 미래경제적효익의 통제능력 : **일반적으로** 법원에서 강제할 수 있는 **법적 권리에서 발생함**

☞ 다른 방법으로도 미래경제적효익을 통제할 수 있기 때문에 **권리의 법적 집행가능성이 통제의 필요조건은 아님**

☞ 자산의 통제가능성이 없어 무형자산으로 인식할 수 없는 예

① 시장에 대한 지식 및 기술적 지식

② 숙련된 종업원이나 훈련을 통해 습득된 종업원의 기술

③ 특정인의 경영능력이나 기술적 재능

④ 고정고객, 시장점유율, 고객과의 관계, 고객의 충성도 등

: 고객관계를 보호할 법적 권리가 없는 경우에도, 동일하거나 유사한, **비계약적 고객관계를 교환하는 거래**는 고객관계로부터 기대되는 **미래경제적효익을 통제**할 수 있다는 증거를 제공함

(3) 미래경제적효익

☞ 미래경제적효익 : 미래에 현금유입을 증가시키거나 현금유출을 감소시키는 능력을 의미함

☞ 무형자산의 미래경제적효익 : **제품의 매출이나 용역수익, 원가절감** 또는 그 자산의 사용에 따른 기타 효익의 형태로 발생함

03 무형자산의 범위

<table>
<tr><th colspan="3">무형자산의 범위</th></tr>
<tr><th colspan="2">구 분</th><th>내 용</th></tr>
<tr><td colspan="2">원칙</td><td>물리적 형태가 없는 식별가능한 비화폐성자산</td></tr>
<tr><td rowspan="2">유형 + 무형 자산</td><td>무형자산이 중요</td><td>무형자산으로 회계처리</td></tr>
<tr><td>유형자산이 중요</td><td>유형자산으로 회계처리</td></tr>
</table>

핵심 요약 무형자산의 인식과 측정

01 무형자산의 인식

☞ 무형자산의 인식요건

① 무형자산의 정의를 충족(식별가능성, 통제가능성, 미래경제적효익)
② 자산으로부터 발생하는 미래경제적효익이 기업에 유입될 가능성이 높다.
③ 자산의 원가를 신뢰성 있게 측정할 수 있다.

☞ 무형자산의 인식요건을 모두 충족하는 경우 : **무형자산**으로 인식하지만, **충족시키지 못할 경우**에는 발생시점에 **비용**으로 인식함

☞ 최초에 비용으로 인식한 무형항목에 대한 지출 : **그 이후에 무형자산의 인식요건을 모두 충족하더라도 무형자산의 원가로 인식할 수 없음**

☞ 발생한 기간의 비용으로 인식하는 지출의 예

① 사업개시활동에 대한 지출 : 법적 실체를 설립하는 데 발생하는 법적 비용과 같은 창업비, 새로운 시설이나 사업을 개시할 때 발생하는 개업비, 그리고 새로운 영업을 시작하거나 새로운 제품 또는 공정을 시작하기 위하여 발생하는 지출 등과 같은 사업개시비용
② 교육 훈련을 위한 지출
③ 광고 또는 판매촉진 활동을 위한 지출
④ 기업의 전부 또는 일부의 이전 또는 조직 개편에 관련된 지출

02 무형자산의 측정

☞ 무형자산 최초 인식시 : **원가**로 측정

(1) 개별취득

무형자산 원가에 포함 또는 제외되는 지출

구분	사 례
원가 포함	① 그 자산을 사용가능한 상태로 만드는 데 직접적으로 발생하는 종업원급여 ② 그 자산을 사용가능한 상태로 만드는 데 직접적으로 발생한 전문가 수수료 ③ 그 자산이 적절하게 기능을 발휘하는지 검사하는 데 발생하는 원가
원가 제외	① 새로운 제품이나 용역의 홍보원가 ② 새로운 지역에서 또는 새로운 계층의 고객을 대상으로 사업을 수행하는 데에서 발생하는 원가(교육훈련비 포함) ③ 관리원가와 기타 일반경비원가

☞ 무형자산 원가의 인식은 그 자산을 경영자가 의도하는 방식으로 운용될 수 있는 상태에 이르면 중지함 → **무형자산을 사용하거나 재배치하는 데 발생하는 원가**는 무형자산의 **장부금액에 포함하지 아니함**

(2) 사업결합으로 인한 취득

☞ 사업결합으로 취득하는 무형자산의 취득원가 : **취득일의 공정가치**

☞ 사업결합 전에 무형자산을 피취득자가 인식하였는지 여부에 관계없이 **취득자는 취득일에 피취득자의 무형자산을 영업권과 분리하여 인식함**

☞ **사업결합으로 취득하는 무형자산**은 자산에서 발생하는 미래경제적효익이 기업에 유입될 가능성이 높다는 것과 자산의 원가를 신뢰성 있게 측정할 수 있다는 **인식기준을 항상 충족하는 것으로 봄**

(3) 정부보조에 의한 취득

☞ 원칙 : 기업이 정부보조로 무형자산을 취득하는 경우에 **무형자산과 정부보조금 모두를 최초에 공정가치로 인식함**

☞ 예외 : **자산을 공정가치로 인식하지 않기로 선택하는 경우**에는, 자산을 **명목상 금액**과 자산을 의도한 용도로 사용할 수 있도록 준비하는 데 직접 관련되는 지출을 합한 금액으로 인식함

(4) 내부적으로 창출한 무형자산

1) 개발비

☞ 내부적으로 창출한 무형자산의 대표적인 예 : 개발비

2) 브랜드, 제호, 출판표제, 고객목록 등

① 내부적으로 창출된 브랜드, 제호, 출판표제, 고객목록과 이와 실질이 유사한 항목 : 사업을 전체적으로 개발하는 데 발생한 원가와 구별할 수 없으므로 **무형자산으로 인식하지 아니함**

② 브랜드, 고객목록 등을 외부에서 대가를 지급하고 구입하는 경우 : **무형자산으로 인식**

③ 브랜드, 제호, 출판표제, 고객목록, 그리고 이와 실질이 유사한 항목에 대한 취득이나 완성 후의 지출 : 외부에서 취득하였는지 또는 내부적으로 창출하였는지에 관계없이, 발생시점에 항상 **당기손익**으로 인식

브랜드, 제호, 출판표제, 고객목록 등

구 분	최초 인식	취득이나 완성 후의 지출
내부적으로 창출한 브랜드, 고객목록 등	당기비용	당기비용
외부에서 구입한 브랜드, 고객목록 등	무형자산	

02. 개발단계

개발단계에 속하는 활동의 일반적인 예

㉠ 생산이나 사용 전의 시제품과 모형을 설계, 제작, 시험하는 활동
㉡ 새로운 기술과 관련된 공구, 지그, 주형, 금형 등을 설계하는 활동
㉢ 상업적 생산 목적으로 실현가능한 경제적 규모가 아닌 시험공장을 설계, 건설, 가동하는 활동
㉣ 신규 또는 개선된 재료, 장치, 제품, 공정, 시스템이나 용역에 대하여 최종적으로 선정된 안을 설계, 제작, 시험하는 활동

예제

연구비와 개발비

다음은 (주)민준의 프로젝트 개발활동과 관련된 지출들 중 내부적으로 창출된 무형자산에 관련한 것이다.

프로젝트	금 액	내 용
A	₩500,000	연구단계에서 발생한 지출
B	1,000,000	개발단계에서 발생한 지출로 자산인식조건을 만족시킴
C	500,000	개발단계에서 발생한 지출로 자산인식조건을 만족시키지 못함
D	400,000	프로젝트 개발과 관련된 내부개발 소프트웨어로 자산인식조건을 만족시킴

각 프로젝트별로 당해 지출 발생시의 회계처리를 하시오.

풀이

1. 프로젝트A : 연구단계에서 발생한 지출이므로 연구비의 과목으로 당기비용 처리한다.

(차)	연 구 비	500,000	(대)	현 금	500,000

2. 프로젝트B : 개발단계에서 발생하고 개발비(자산) 인식조건을 만족시키고 있으므로 개발비의 과목으로 무형자산으로 처리한다.

(차)	개 발 비(자산)	1,000,000	(대)	현 금	1,000,000

3. 프로젝트C : 개발단계에서 발생한 지출이나 개발비(자산) 인식요건을 만족시키지 못하므로 당기비용 처리한다.

(차)	경 상 개 발 비 (당 기 비 용)	500,000	(대)	현 금	500,000

4. 프로젝트D : 프로젝트 개발과 관련된 내부개발 소프트웨어로 개발비(자산) 인식요건을 만족시키고 있으므로 개발비의 과목으로 무형자산으로 처리한다.

(차)	개 발 비(자산)	400,000	(대)	현 금	400,000

핵심요약 영업권

01 영업권의 인식, 상각 및 손상

영업권의 인식, 상각 및 손상

구 분	내 용
내부적으로 창출한 영업권	무형자산으로 인식 ×
외부에서 구입한 영업권	무형자산으로 인식 O(합병, 영업 양수 등)
내용연수	내용연수가 비한정인 무형자산
상각 여부	상각하지 아니함
손상검사	손상징후에 관계없이 매년 회수가능액을 추정하여 손상검사 (매년 또는 손상징후가 있을 때 손상검사)
손상차손환입	인식 불가능

02 영업권의 측정방법

(1) 종합평가계정법

① 사업결합의 매수대가가 피매수회사의 순자산 공정가치를 초과하여 지급한 금액을 **영업권이라는 무형자산**으로 인식하는 방법으로 다음과 같이 영업권을 측정함

영업권=**이전대가**(합병 등의 대가로 지급한 현금이나 주식)−피매수회사의 **순자산 공정가치**
☞ 사업결합시 피취득자의 **자산, 부채와 이전대가**는 모두 **공정가치**로 측정함

② 사업결합의 매수대가가 피매수회사의 순자산 순공정가치에 미달하게 지급한 경우
: **염가매수차익이라는 당기손익(수익)**으로 회계처리

(2) 초과이익환원법

☞ 초과이익환원법에 의한 영업권 계산 절차

① 미래 예상이익의 계산
: 비경상손익항목은 제외하고 경상적인 손익항목만을 고려함
(예 중단영업손익은 미래 예상이익 추정에서 제외하여야 함)

② 정상이익의 계산
: 정상이익=순자산 공정가치×정상이익률

③ 초과이익의 계산
: ①−②

④ 영업권의 계산
: 영업권=초과이익의 현재가치

영업권=초과이익×연금 현재가치계수

03 [심화] 현금창출단위에서의 손상

☞ 현금창출단위 : 다른 자산이나 자산집단에서의 현금유입과 독립적인 현금유입을 창출하는 식별가능한 최소자산집단

(1) 현금창출단위에서의 손상차손

☞ 현금창출단위의 손상차손 : 다음과 같은 순서로 배분하여 현금창출단위에 속하는 자산의 장부금액을 감소시킴

① 현금창출단위에 배분된 **영업권의 장부금액을 감소**시킴

② 현금창출단위에 속하는 **다른 자산에 각각 장부금액에 비례하여 배분함**

(2) 현금창출단위에서의 손상차손환입

☞ 현금창출단위의 손상차손환입 : **현금창출단위를 구성하는 자산들(영업권 제외)의 장부금액에 비례하여 배분함**

예제

종합평가계정법에 의한 영업권의 측정

(주)민준은 20×1년 1월 1일 (주)혜승을 합병하면서 현금 ₩50,000,000을 지급하였다. (주)혜승의 20×1년 1월 1일 현재 자산의 공정가치는 ₩80,000,000이며 부채의 공정가치는 ₩40,000,000이다. (주)민준이 (주)혜승을 합병하는 경우 발생하는 영업권의 가치는 얼마인가?

풀이

영업권=₩50,000,000－(₩80,000,000－₩40,000,000)=₩10,000,000

(차)	자산	80,000,000	(대)	부채	40,000,000
	영업권	**10,000,000**		현금	50,000,000

예제

초과이익환원법에 의한 영업권의 측정

(주)민준은 기존 영업부문의 매출이 정체되어 새로운 시장을 개척할 목적으로 (주)혜승을 인수하려고 하고 있다. (주)혜승은 자산의 공정가치가 ₩5,000,000, 부채의 공정가치가 ₩3,000,000이다. (주)혜승의 과거 3년간의 당기순이익은 연평균 ₩500,000이며, 동 금액에는 3년간의 세후 중단사업손실 ₩60,000이 포함되어 있다.
(주)혜승의 동종업계의 정상이익률을 검토한 결과 연 12%인 것으로 확인되었으며, 영업권 계산에 적용되는 할인율은 20%로 가정한다.
다음 물음에 답하시오.

(물음1) 초과이익이 5년간 지속되는 경우 영업권을 계산하시오.
(단, 20%, 5기간, 1원의 연금현가계수는 2.99061)
(물음2) 물음1의 경우 (주)민준의 (주)혜승에 대한 매수금액은 얼마인가?
(물음3) 초과이익이 영구히 지속되는 경우 영업권을 계산하시오.
(물음4) 물음3의 경우 (주)민준의 (주)혜승에 대한 매수금액은 얼마인가?

풀이

(물음1)
1) 미래 예상이익=연평균 당기순이익 ₩500,000+중단사업손실 ₩60,000/3
=₩520,000
2) 정상이익=순자산공정가치(₩5,000,000−₩3,000,000)×정상이익률 12%
=₩240,000
3) 초과이익=미래 예상이익(₩520,000−₩240,000)=₩280,000
∴ 영업권=초과이익 ₩280,000×2.99061=**₩837,371**
(물음2) 매수대가 =순자산공정가치+영업권
=(5,000,000−3,000,000)+837,371=**₩2,837,371**
(물음3) 영업권=초과이익 ₩280,000÷할인율 0.2=₩1,400,000
(물음4) 매수대가 =순자산공정가치+영업권
=(5,000,000−3,000,000)+1,400,000=**₩3,400,000**

예제

현금창출단위에서의 손상

(주)민준은 모든 유형자산에 대해 원가모형을 적용하며, 매 결산일에 손상발생 여부를 검토하고 있다. (주)민준은 보유하고 있는 기계장치와 건물에 대해 개별적으로 회수가능액을 추정하기 어려워 현금창출단위로 구분하여 손상차손을 인식하고 있다. 다음 자료를 이용하여 물음에 답하시오.

구분	기계장치	건물	영업권	합계
손상 전 장부금액	₩50,000,000	₩25,000,000	₩25,000,000	₩100,000,000
회수가능액				₩60,000,000

(물음1) 자산별 손상차손 금액을 계산하시오.
(물음2) 손상차손 인식 후의 장부금액을 계산하시오.

풀이

(물음1,2)

구분	기계장치	건물	영업권	합계
손상 전 장부금액	₩50,000,000	₩25,000,000	₩25,000,000	₩100,000,000
회수가능액				₩60,000,000
손상차손	**₩10,000,000***	**₩5,000,000****	**₩25,000,000**	₩40,000,000
손상 후 장부금액	**₩40,000,000**	**₩20,000,000**	**₩0**	₩60,000,000

* (40,000,000−25,000,000)×(50,000,000/75,000,000)=₩10,000,000
** (40,000,000−25,000,000)×(25,000,000/75,000,000)=₩5,000,000

제 11 장

충당부채

핵심 요약 충당부채, 우발부채 및 우발자산의 개념 및 인식

01 충당부채

(1) 충당부채의 개념

1) 정의 : **지출의 시기나 금액이 불확실한 부채**

2) 의무의 종류 : **법적의무** 또는 **의제의무**

① 법적의무 : 명시적, 묵시적 **계약 또는 법률**의 규정에 의하여 발생하는 의무
② 의제의무 : 과거의 실무관행, 발표된 경영방침 또는 구체적이고 유효한 약속 등을 통하여 **기업이 특정 책임을 부담하겠다는 것을 상대방에게 표명**하였고, 그 결과 기업이 당해 책임을 이행할 것이라는 **정당한 기대를 상대방이 가지게 함**에 따라 발생하는 의무

3) 재무제표 표시 : 재무상태표에 **부채**로 인식

4) 현재의무의 의미

☞ 보고기간 말 현재 의무의 이행을 **회피할 수 없는 의무**

☞ 과거사건으로 인한 의무가 기업의 **미래행위와 독립적**이어야 함

(2) 충당부채의 인식

다음의 **세 가지 요건을 모두 충족**하는 경우 재무상태표에 **부채**로 인식

① **정의** : 과거사건이나 거래의 결과로 현재의무(법적의무나 의제의무)가 존재한다.
② **자원의 높은 유출가능성** : 당해 의무를 이행하기 위하여 경제적효익이 있는 자원이 유출될 가능성이 높다.
③ **금액의 측정가능성** : 그 의무의 이행에 소요되는 금액을 신뢰성 있게 추정할 수 있다.

02 우발부채

(1) 우발부채의 개념

☞ 우발부채 : 다음의 ① 또는 ②에 해당하는 의무

→ 우발부채는 **충당부채의 요건 중 일부를 만족시키지 못하는 잠재적인 부채**임

① 과거사건에 의하여 발생하였으나, 기업이 전적으로 통제할 수는 없는 하나 이상의 불확실한 **미래사건의 발생 여부에 의하여서만 그 존재가 확인되는 잠재적 의무**

② 과거사건에 의하여 발생한 현재의무이지만, 그 의무를 이행하기 위하여 **경제적효익을 갖는 자원이 유출될 가능성이 높지가 않거나,** 그 가능성은 높으나 당해 의무를 이행하여야 할 **금액을 신뢰성 있게 측정할 수 없는 경우**

☞ 제3자와 연대하여 의무를 지는 경우 : 이행할 전체 의무 중 **제3자가 이행할 것으로 기대되는 부분을 우발부채**로 처리함

☞ 과거에 우발부채로 처리 후 미래경제적효익의 유출가능성이 높아진 경우 : **충당부채로 인식**

(2) 우발부채의 인식

☞ 우발부채 : 재무상태표상 부채로 인식하지 않고, **주석에 기재함**

충당부채 및 우발부채의 인식

금액 추정가능성 / 자원 유출가능성	신뢰성 있게 추정가능	추정불가능
가능성이 높음	충당부채 인식	우발부채로 주석공시
가능성이 어느 정도 있음	우발부채로 주석공시	
가능성이 아주 낮음	우발부채 but 주석공시 ×	우발부채 but 주석공시 ×

03 우발자산

(1) 우발자산의 개념

☞ 우발자산 : 과거사건에 의해 발생하였으나 기업이 전적으로 통제할 수 없는 하나 이상의 불확실한 **미래사건의 발생여부에 의해서만 그 존재가 확인되는 잠재적 자산**

(2) 우발자산의 인식

☞ 재무제표 인식여부 : 재무제표에 **인식하지 아니함**

☞ 주석 공시 : **경제적효익의 유입 가능성이 높은 경우**에만 **주석에 공시함**

☞ **경제적효익의 유입이 거의 확실**하게 되는 경우 : 그러한 상황변화가 일어난 기간의 재무제표에 그 **자산과 관련 이익을 인식함**

우발자산의 인식

금액 추정가능성 \ 경제적효익의 유입가능성	신뢰성 있게 추정가능	추정불가능
가능성이 높음	우발자산으로 주석공시	우발자산으로 주석공시
가능성이 어느 정도 있음	우발자산 but 주석공시 ×	우발자산 but 주석공시 ×

충당부채 & 우발부채 & 우발자산 정리

구 분	내 용
부채	1. 확정부채 : 지출의 시기와 금액이 확정 2. 추정부채 : 지출의 시기 또는 금액이 불확실
추정부채	1. 충당부채 : 부채로 인식 2. 우발부채 : 자원의 유출가능성이 아주 낮지 않은 한 주석공시
우발자산	1. 경제적효익의 유입가능성이 높은 경우 : 주석공시 2. 우발자산에 대한 상황 변화로 경제적효익의 유입가능성이 거의 확실하게 되는 경우 : 자산과 관련 이익 인식

예제

충당부채와 우발부채

다음 각각의 사례들에 대한 회계처리 방법에 대하여 설명하시오.

1. 제품보증

(주)민준은 판매시점으로부터 3년간 품질을 보증하는 조건으로 제품을 판매하였다. 판매일로부터 3년 이내에 제품의 결함이 발생하는 경우 수리 또는 교체해 주고 있다. 20×1년 중 판매한 제품에 대한 보증수리비용은 향후 3년간 총 10,000,000원이 발생할 것으로 예상된다.

2. 환불정책

가방도소매점을 운영하는 (주)혜승은 법적의무가 없음에도 불구하고 제품에 대해 만족하지 못하는 고객에게 환불해 주는 정책을 펴고 있으며, 이러한 사실은 고객에게 널리 알려져 있다. 20×1년 중 판매한 제품에 대한 환불비용은 5,000,000원으로 예상된다.

3. 재산의 손실위험

(주)성북은 화재, 폭발 또는 기타 재해에 의한 재산상의 손실이나 손상에 대비한 보험에 가입하고 있지 않다. (주)성북이 소유하고 있는 건물의 취득원가는 300,000,000원이다.

4. 법적 소송

(주)종암은 예식장 부근에서 대형 음식점을 경영하고 있다. 20×1년 중 (주)종암에서 피로연을 하던 중 음식물에 포함된 독극물 영향인지 확실하지 않으나 5명이 사망했다. (주)종암은 20×1년 말 현재 고객이 제소한 손해배상청구 소송의 피고로 재판을 받고 있으며, 책임이 있는지의 여부에 대해 원고와 다투고 있다. 변호를 맡고 있는 법무법인은 회사가 법적의무를 지지 않을 가능성이 매우 높다고 조언하였다.

풀이

1. 보증판매에 의한 자원의 유출가능성이 높고, 그 금액을 신뢰성 있게 측정할 수 있으므로 10,000,000원을 **충당부채**로 인식한다.
2. 기업이 환불해 줄 것이라는 정당한 기대를 고객이 가지고 있고, 반품된 금액 중 일정비율만큼 자원의 유출가능성이 높기 때문에, 환불예상비용 5,000,000원을 **충당부채**로 인식한다.

3. 화재, 폭발, 다른 유사한 사건은 재산상의 손실이나 손상의 원인이 되지만 그 발생을 예측할 수 없으며, 보험에 가입하지 않았다는 사실 자체가 보고기간종료일에 현재 의무를 발생시키지는 않으므로 재무상태표에 **인식할 부채가 없다.**
4. 소송결과에 따른 자원의 유출가능성이 높지 않고, 그 금액도 측정할 수 없으므로 **부채로 인식하지는 않으며**, 배상금을 지급할 가능성도 아주 낮으므로 **우발부채로 공시할 사항도 없다.**

핵심 요약 충당부채의 측정

01 최선의 추정치

☞ **충당부채로 인식하는 금액은** 현재의무의 이행에 소요되는 지출에 대한 보고기간종료일 현재의 **최선의 추정치여야 함**

02 현재가치

구 분	내 용
충당부채의 현재가치 평가 여부	화폐의 시간가치 영향이 중요한 경우 예상되는 지출액의 현재가치로 충당부채를 평가함
할인율	세전이율을 적용하여 현재가치로 함

03 미래사건

☞ 현재의무를 이행하기 위하여 소요되는 지출 금액에 영향을 미치는 미래사건이 발생할 것이라는 충분하고 객관적인 증거가 있는 경우 : 그러한 **미래사건을 감안하여 충당부채 금액을 추정함**

04 자산의 예상 처분이익

☞ 충당부채를 발생시킨 사건과 밀접하게 관련된 자산의 처분이익이 예상되는 경우
: 당해 처분이익은 **충당부채금액을 측정하는 데 고려하지 아니함**

05 충당부채의 변제

☞ 충당부채를 결제하기 위하여 필요한 지출액의 일부 또는 전부를 제3자가 변제할 것이 예상되는 경우 : 기업이 의무를 이행한다면 **변제를 받을 것이 확실하게 되는 때에 한하여** 변제금액을 인식하고 **별도의 자산으로 회계처리함**

제3자에 의한 충당부채 변제

구 분	내 용
제3자의 변제가 거의 확실함	① 변제금액을 별도의 자산으로 회계처리 (자산의 경우 충당부채를 초과할 수 없음) ② 관련 비용과 상계 또는 별도의 수익으로 회계처리
제3자의 변제가 확실하지 않음	자산으로 인식하지 아니함(즉, 회계처리 없음)

06 충당부채의 변동과 사용

(1) 충당부채의 변동

☞ 매 보고기간 말마다 충당부채의 잔액을 검토하고, **보고기간 말 현재 최선의 추정치를 반영하여 조정함**

(2) 충당부채의 사용(상계)

☞ 충당부채는 **최초 인식과 관련 있는 지출에만 사용(상계)함**

핵심 요약 인식과 측정기준의 적용

01 미래의 예상 영업손실

☞ 미래의 예상 영업손실 : 부채의 정의에 부합하지 아니할 뿐만 아니라 충당부채의 인식요건을 충족시키지 못하므로 **충당부채로 인식하지 아니함**

02 손실부담계약

1) 손실부담계약의 정의 : 계약상의 의무에 따라 발생하는 회피불가능한 원가가 당해 계약에 의하여 받을 것으로 기대되는 경제적효익을 초과하는 계약

2) 손실부담계약의 인식 : 손실부담계약을 체결한 경우에는 관련된 현재의무를 **충당부채로 인식함**

3) 회피 불가능한 원가(손실부담계약충당부채) : **①과 ② 중 작은 금액**

① 계약을 이행하기 위하여 소요되는 원가

② 계약을 이행하지 못하였을 때 지급하여야 할 보상금 또는 위약금

03 구조조정

구조조정충당부채의 인식과 인식금액

구 분	내 용
인식요건	① 구체적인 계획 ② 구조조정의 주요 내용을 공표 ③ 구조조정의 영향을 받을 당사자의 정당한 기대 → 모두 충족할 때 의제의무로서 구조조정충당부채 인식
인식금액	① 구조조정에서 생기는 직접비용만을 포함 ② 구조조정과 관련하여 필수적으로 발생하는 지출 ③ 기업의 계속적인 활동과 관련 없는 지출 → 모두 충족할 때 구조조정충당부채 인식

- **구조조정충당부채에 포함되지 않는 예**

① 계속 근무하는 종업원에 대한 교육 훈련과 재배치

② 마케팅

③ 새로운 제도와 물류체제의 구축에 대한 투자

핵심요약 제품보증충당부채

01 보증

보증유형의 판단 FLOW

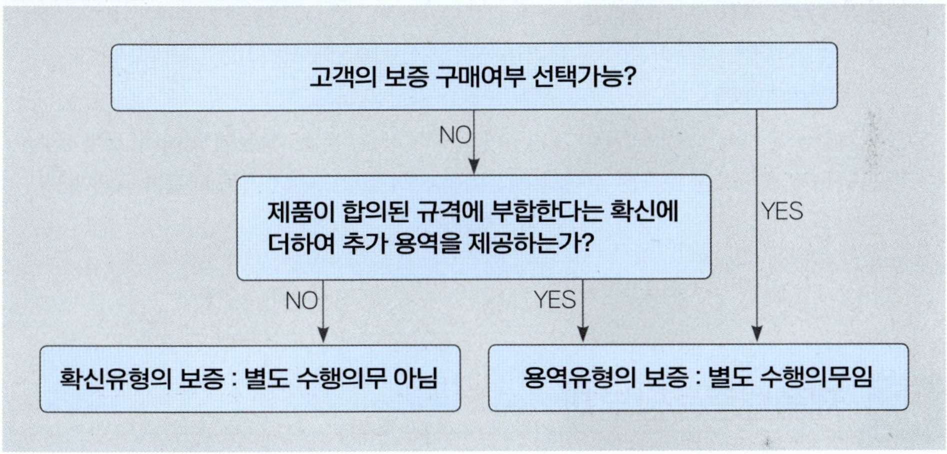

보증의무

<table>
<tr><th colspan="2">구 분</th><th>내 용</th></tr>
<tr><td colspan="2">고객에게 보증에 대한 별도의 구매선택이 있는 경우</td><td>수행의무임
→ 거래가격을 재화와 용역에 배분하여 각각 수익으로 인식</td></tr>
<tr><td rowspan="2">고객에게 보증에 대한 별도의 구매선택이 없는 경우</td><td>확신유형의 보증</td><td>수행의무가 아님
→ 충당부채를 인식함</td></tr>
<tr><td>용역유형의 보증</td><td>수행의무임
→ 거래가격을 재화와 용역에 배분하여 각각 수익으로 인식</td></tr>
</table>

■ **확신유형의 보증**

① 의미 : 고객에게 관련 제품이 합의된 규격에 부합하므로 당사자들이 의도한 대로 작동할 것이라는 확신을 주는 유형의 보증

② 회계처리 : 약속한 보증이 제품이 합의된 규격에 부합한다는 **확신에 더하여 고객에게 용역을 제공하는 것이 아니라면 보증은 수행의무가 아니다.** 따라서 이 경우 보증을 제공하는 경우 지출이 **예상되는 금액을 충당부채로 인식**해야 한다.

■ **용역유형의 보증**

① 의미 : 고객에게 제품이 합의된 규격에 부합한다는 확신에 더하여 별도의 용역을 제공하는 유형의 보증

② 회계처리 : 약속한 보증이 제품이 합의된 규격에 부합한다는 **확신에 더하여 고객에게 용역을 제공한다면 보증은 수행의무**다. 따라서 이 경우 **거래가격을 제품과 용역에 배분**한다.

02 제품보증충당부채

보고기간 말 제품보증충당부채=기말 현재 총 제품보증비 예상액−기발생 제품보증비
=매출액×보증비용 예상비율−기발생 제품보증비

보증기간이 1년인 경우의 제품보증충당부채 계산

구 분	1차년도 말 충당부채 계산시	2차년도 말 충당부채 계산시
1차년도 판매분	고려 O	**고려 ×**
2차년도 판매분	N/A	고려 O

보증기간이 2년 이상인 경우의 제품보증충당부채 계산

구 분	1차년도 말 충당부채 계산시	2차년도 말 충당부채 계산시
1차년도 판매분	고려 O	고려 O
2차년도 판매분	N/A	고려 O

예제

제품보증충당부채

(주)민준전자는 게임기를 판매하고 있으며 모든 판매에 대해 3년간 제품보증을 제공한다. 20×1년에 2,000대, 20×2년에 3,000대를 단위당 ₩10,000에 외상판매하였으며 판매된 제품수량의 1%를 제품보증비로 지출할 것으로 예상하고 있다. 보증비용은 모두 현금으로 지출되며, 단위당 ₩100이 발생한다. 실제로 20×1년에 6대, 20×2년에 12대의 제품보증이 발생하였다.
다음 물음에 답하시오.

(물음1) 20×1년 재무상태표에 계상될 제품보증충당부채는 얼마인가?
(물음2) 20×2년 재무상태표에 계상될 제품보증충당부채는 얼마인가?
(물음3) 20×1년과 20×2년의 제품보증과 관련한 회계처리를 하시오.
(단, 매출과 관련한 회계처리는 생략하시오.)
(물음4) 20×1년 포괄손익계산서에 계상될 제품보증비는 얼마인가?
(물음5) 20×2년 포괄손익계산서에 계상될 제품보증비는 얼마인가?
(물음6) 만일 제품보증기간이 1년인 경우 20×1년과 20×2년의 제품보증과 관련한 회계처리를 하시오.(단, 매출과 관련한 회계처리는 생략하시오.)

풀이

(물음1) 20×1년도 제품보증충당부채의 계산
제품보증충당부채=(2,000대×1%－6대)×100=**₩1,400**

(물음2) 20×2년도 제품보증충당부채의 계산
제품보증충당부채={(2,000대+3,000대)×1%－(6대+12대)}×100=**₩3,200**

핵심요약 종업원급여

☞ 종업원급여 : 종업원이 제공한 근무용역과 교환하여 기업이 제공하는 모든 종류의 대가

종업원급여의 종류

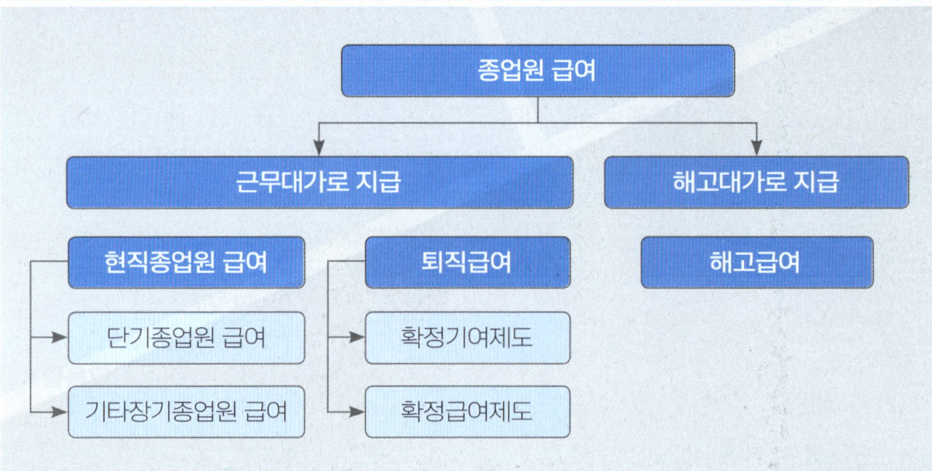

종업원급여의 종류 및 내용

종 류	내 용
단기종업원급여	종업원이 관련 근무용역을 제공하는 **연차보고기간 이후 12개월 이전에 전부 결제될 것으로 예상되는 종업원급여**
퇴직급여	**퇴직 이후에 지급**하는 종업원급여
해고급여	**종업원을 해고하는 대가**로 제공되는 종업원급여
기타장기종업원급여	단기종업원급여, 퇴직급여 및 해고급여를 제외한 종업원급여로서 **연차보고기간 이후 12개월 이내에 전부나 일부가 지급되지 않는 종업원 급여**

핵심요약 퇴직급여

01 퇴직급여제도의 종류

확정기여제도 vs. 확정급여제도

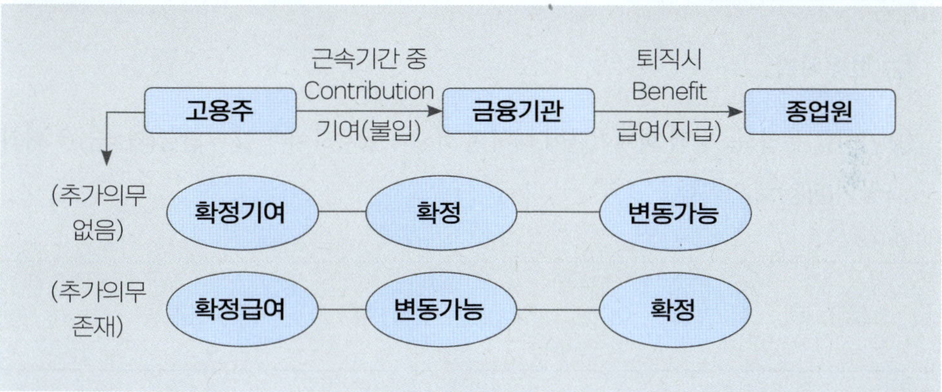

확정기여제도 vs. 확정급여제도

구 분	내 용
기업의 부담	• 확정기여제도 : 기업의 의무는 출연한 금액에 한정됨(**확정적**) • 확정급여제도 : 기업의 의무는 약정한 급여를 퇴직한 종업원에게 지급하는 것임(**변동가능**)
종업원 수령액	• 확정기여제도 : 종업원이 받을 퇴직급여액은 기업과 종업원이 기금에 출연하는 기여금과 그 기여금에서 발생하는 투자수익에 따라 결정됨(**변동가능**) • 확정급여제도 : 종업원은 약정한 퇴직급여를 지급받는 것임(**확정적**)
보험수리적위험과 투자위험의 부담	• 확정기여제도 : 보험수리적위험과 투자위험은 **종업원이 부담함** • 확정급여제도 : 보험수리적위험과 투자위험은 **기업이 부담함**. 따라서 보험수리적 실적이나 투자실적이 예상보다 저조하다면 **기업의 의무는 증가할 수 있음**

02 확정기여제도

(1) 의의 및 특성

① 약정금액 이상의 기여금을 추가납부할 의무가 없으므로 기업은 기여금을 불입함으로써 퇴직급여와 관련된 모든 의무가 종료됨

② 채무나 비용을 측정하기 위해 보험수리적 가정을 세울 필요가 없고 그 결과 보험수리적손익이 발생할 가능성도 없음

(2) 회계처리

① 기여금 불입시 : 당해 회계기간에 대하여 회사가 납부하여야 할 부담금(기여금)을 퇴직급여(비용)로 인식함

(차) 퇴 직 급 여	×××	(대) 현 금	×××

② 결산일 : **회계처리 없음**

03 확정급여제도

(1) 의의 및 특성

① 확정급여제도 : 확정기여제도 이외의 모든 퇴직급여제도

② 이 방법은 **보험수리적 평가기법**에 의하여 퇴직 후 예상급여를 확정시키고 종업원이 근로를 제공하는 기간에 비용과 부채를 인식하는 방법임

■ **확정급여제도의 특징**

① 기업의 의무는 약정한 급여를 전 · 현직종업원에게 지급하는 것임

② 기업이 보험수리적위험과 투자위험을 실질적으로 부담함. 보험수리적 실적이나 투자실적이 예상보다 저조하다면 기업의 의무는 증가할 수 있음

(2) 회계처리

☞ 확정급여제도는 채무와 비용의 측정에 **보험수리적가정**이 요구됨

확정급여형 퇴직급여제도의 핵심 회계처리

구분	차변	금액	대변	금액
기여금 납입시	(차) 사외적립자산	×××	(대) 현금	×××
당기근무원가	(차) 퇴직급여	×××	(대) 확정급여채무	×××
과거근무원가	(차) 퇴직급여	×××	(대) 확정급여채무	×××
이자원가	(차) 퇴직급여	×××	(대) 확정급여채무	×××
사외적립자산의 기대수익	(차) 사외적립자산	×××	(대) 퇴직급여	×××
퇴직시	(차) 확정급여채무	×××	(대) 사외적립자산	×××
확정급여채무의 재측정요소	(차) 재측정요소	×××	(대) 확정급여채무	×××
사외적립자산의 재측정요소	(차) 사외적립자산	×××	(대) 재측정요소	×××

1) 확정급여채무의 현재가치

① 확정급여채무의 정의 : 종업원이 당기와 과거기간에 근무용역을 제공하여 발생한 급여채무에 대한 기업의 미래 예상지급액

② 확정급여채무의 측정 : 장기성채무이므로 항상 **현재가치로 측정**해야 함

③ 확정급여채무의 현재가치 산정방식 : **예측단위적립방식 사용**

④ 현재가치 계산시 사용하는 할인율 : **우량회사채 시장수익률**

확정급여채무의 변동효과

구 분		내 용
퇴직급여(당기손익)	당기근무원가	당기에 종업원의 근무용역 제공에 대한 원가
	이자원가	기초 확정급여채무 × 할인율

2) 사외적립자산의 공정가치

☞ 사외적립자산 : **공정가치로 측정**하여 **재무상태표에 인식되는 확정급여부채를 결정할 때 차감함**

▪ **재무상태표 표시**

: 순확정급여부채 = 확정급여채무의 현재가치 − 사외적립자산의 공정가치

▪ **사외적립자산의 이자수익(기대수익) 계산**

사외적립자산의 이자수익 = 기초 사외적립자산×할인율*

* 우량회사채 시장수익률

▪ **사외적립자산의 이자수익(기대수익) 회계처리**

(차) 사 외 적 립 자 산 ××× (대) 퇴 직 급 여 ×××

3) 확정급여채무와 사외적립자산의 재측정요소

① 의미 : 보고기간 말 순확정급여부채의 장부상 금액과 재측정 금액과의 차이인 순확정급여부채의 예상치 못한 변동액

② 회계처리 : 재측정요소는 **기타포괄손익**으로 인식함

③ 재분류조정 여부 : **재측정요소**는 후속기간에 당기손익으로 재분류하지 아니함 다만, 기타포괄손익으로 인식된 금액을 이익잉여금으로 대체할 수는 있음

→ **재분류조정대상 아님**

4) 과거근무원가

① 의미 : 퇴직급여제도의 **개정이나 축소**로 인해 종업원의 과거기간 근무용역에 대한 **확정급여채무 현재가치가 변동하는 경우 그 변동액**

② 회계처리 : **과거근무원가는 즉시 당기손익으로 인식함**

과거근무원가의 회계처리				
확정급여채무 증가시	(차) 퇴 직 급 여	×××	(대) 확 정 급 여 채 무	×××
확정급여채무 감소시	(차) 확 정 급 여 채 무	×××	(대) 퇴 직 급 여	×××

(3) 재무제표의 표시

재무상태표	포괄손익계산서
확정급여채무(현재가치) (−)사외적립자산(공정가치) = 순확정급여부채(자산)	당기근무원가 (+)확정급여채무에 대한 이자원가 (−)사외적립자산에 대한 이자수익 (±)과거근무원가로 인한 손익 = 당기손익으로 인식할 퇴직급여 확정급여채무의 재측정요소 (±)사외적립자산의 재측정요소 = 기타포괄손익으로 인식할 금액

제 13 장

금융부채와 사채

핵심요약 금융부채 일반

01 금융상품의 정의

☞ 금융상품 : 거래당사자 **일방에게 금융자산을 발생**시키는 동시에 다른 **거래상대방에게 금융부채나 지분상품을 발생**시키는 모든 **계약**

금융상품

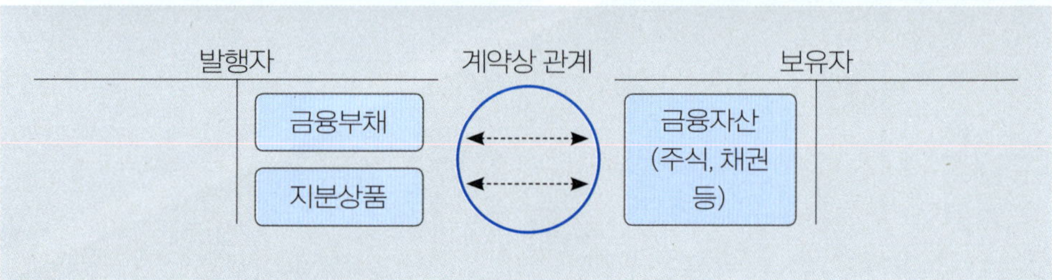

▪ **금융자산, 금융부채, 지분상품의 예시**

① 금융자산

예 매출채권, 미수금, 대여금, 투자채무상품, 투자지분상품

② 금융부채

예 매입채무, 미지급금, 차입금, 사채

③ 지분상품

예 납입자본(자본금)

02 금융부채의 범위

▪ **금융부채의 종류**

(1) 다음 중 하나에 해당하는 계약상 의무

① 거래상대방에게서 현금 등 금융자산을 인도하기로 한 계약상 의무
(예 매입채무, 미지급금, 차입금, 사채 등)

② 잠재적으로 불리한 조건으로 거래상대방과 금융자산이나 금융부채를 교환하기로 한 계약상 의무(예 파생상품 중 통화선도계약)

(2) 자기지분상품으로 결제하거나 결제할 수 있는 다음 중 하나의 계약

① 인도할 자기지분상품의 수량이 변동가능한(확정되지 않은) 비파생상품
(비교) 인도할 자기지분상품의 수량이 확정된 수량으로 결제되는 경우 : 지분상품

② 확정 수량의 자기지분상품에 대하여 확정금액의 현금 등 금융자산을 교환하여 결제하는 방법이 아닌 방법으로 결제되거나 결제될 수 있는 파생상품

03 금융부채의 분류

☞ 금융부채 : 당기손익－공정가치 측정 금융부채와 상각후원가 측정 금융부채로 분류함

(1) 당기손익 - 공정가치 측정 금융부채(FVPL금융부채)

다음 중 하나의 조건을 충족하는 금융부채

① 단기매매항목의 정의를 충족함

② 최초 인식시점에 당기손익－공정가치 측정 항목으로 지정함

(2) 상각후원가 측정 금융부채(AC금융부채)

당기손익－공정가치 측정 금융부채를 제외한 나머지 부채를 의미함

04. 금융부채의 최초 인식

☞ 금융부채는 금융상품의 **계약당사자가 되는 때에만 재무상태표에 인식**하며, 최초 인식 시 **공정가치**로 측정함

금융부채 발행시 거래원가

구 분	거래원가
당기손익-공정가치 측정 금융부채 (FVPL금융부채)	당기비용
상각후원가 측정 금융부채 (AC금융부채)	최초 인식하는 공정가치에서 차감

05. 금융부채의 후속측정

금융부채의 후속측정

구 분	후속측정	평가손익
당기손익-공정가치 측정 금융부채 (FVPL금융부채)	공정가치로 평가	당기손익
상각후원가 측정 금융부채 (AC금융부채)	유효이자율법을 적용하여 상각후원가로 측정	N/A

06. 금융부채의 제거

☞ 금융부채는 **소멸한 경우에 재무상태표에서 제거함**

☞ 금융부채는 현금상환 등을 통해 제거되며, **제거된 금융부채의 장부금액과 지급한 대가의 차액은 당기손익**(상환손익)으로 인식함

핵심 요약 사채의 발행

01 사채의 의의

① 사채의 분류 : 사채는 **당기손익-공정가치 측정 금융부채로 분류되는 경우가 아니라면 상각후원가 측정 금융부채임**

② 시장이자율 : 사채발행자의 신용등급에 의해 시장에서 형성된 회사채의 유통수익률

③ 유효이자율 : 사채의 발행가액과 사채의 미래현금흐름의 현재가치를 일치시켜주는 이자율

02 사채할인(할증)발행차금의 상각방법

▪ **사채할인(할증)발행차금의 상각방법 2가지**

① 정액법 : 사채 상환기간 동안 이자비용을 매기 일정하게 인식하도록 사채할인(할증)발행차금을 상각하는 방법 ☞ GAAP ×

② 유효이자율법 : 사채 상환기간 동안 매 기간의 유효이자율(이자비용÷기초사채 장부금액)이 동일하도록 사채할인(할증)발행차금을 상각하는 방법 ☞ GAAP O

03 액면발행, 할인발행, 할증발행 비교

사채의 발행형태

발행형태	이자율	이자비용
할인발행	표시이자율 < 시장이자율	액면이자 + 할인발행차금 상각액
액면발행	표시이자율 = 시장이자율	액면이자
할증발행	표시이자율 > 시장이자율	액면이자 − 할증발행차금 상각액

사채발행에 따른 장부금액, 이자비용, 상각액의 변동(by 유효이자율법 : GAAP O)

구 분	사채 장부금액	이자비용	액면이자	사채할인(할증)발행차금 상각액
할인발행	매년 증가	매년 증가	일정	매년 증가
액면발행	일정	일정	일정	일정
할증발행	매년 감소	매년 감소	일정	매년 증가

04 사채발행비 : 금융부채의 거래원가

① 금융부채의 거래원가 : 당기손익인식금융부채를 제외하고는 당해 **금융부채의 공정가치에서 차감**하도록 규정

→ 금융부채의 거래원가인 **사채발행비를 사채발행가액에서 차감**하도록 규정

② 사채발행비용이 없는 경우 : 사채의 시장이자율=사채의 유효이자율

③ 사채발행비용이 있는 경우 : 사채의 시장이자율≠사채의 유효이자율

→ 사채의 발행가액이 감소하므로 **유효이자율이 상승**하며, 이때 사채에 적용되는 이자율은 시장이자율이 아닌 **유효이자율**임

예제

사채의 할인발행

(주)민준은 20×1. 1. 1에 20×3. 12. 31에 만기가 도래하는 사채(액면금액 ₩500,000, 표시이자율 10%)를 발행하였다. 이자지급일은 매년 12월 31일이며 시장이자율은 18%이다(단, 18%, 3년, 1원의 현가계수는 0.60863이며 1원의 연금현가계수는 2.17427이다). 다음 물음에 답하시오.

(물음1) 회사채의 발행가액은 얼마인가?
(물음2) 20×1년 말, 20×2년 말 사채의 장부금액은 각각 얼마인가?
(물음3) 20×1년, 20×2년, 20×3년에 이자비용으로 인식할 금액은 각각 얼마인가?
(물음4) 만기까지 인식할 총 이자비용은 얼마인가?
(물음5) 사채의 발행시부터 상환시까지의 회계처리를 하시오.

풀이

(참고) 유효이자율법에 의한 상각표

연 도	기초사채	이자비용	액면이자	할인액 상각	기말사채
	①	①×18%=②	③	②-③=④	
20×1	₩413,029	₩74,345	₩50,000	₩24,345	₩437,374
20×2	437,374	78,727	50,000	28,727	466,101
20×3	466,101	83,899	50,000	33,899	500,000
계		₩236,971	₩150,000	₩86,971	

(물음1) 회사채의 발행가액

- 원금의 현가 ₩500,000×0.60863 = ₩304,315
- 이자의 현가 ₩50,000×2.17427 = ₩108,714

  합 계(사채의 현가) ₩413,029

(물음2) 회사채의 장부금액

20×1년 말 : 413,029×1.18−50,000=₩437,374
20×2년 말 : 437,374×1.18−50,000=₩466,101

(물음3) 이자비용

20×1년 : 413,029×0.18=₩74,345

20×2년 : 437,374×0.18=₩78,727

20×3년 : 466,101×0.18=₩83,899(단수차이 ₩1 조정)

(물음4) 3년간 총 이자비용

3년간 총 이자비용=총 현금지급액−총 현금수령액(발행가액)

=500,000+500,000×10%×3−413,029=₩236,971

(물음5) 회계처리

20×1년 초

(차)	현금	413,029	(대)	사채	500,000
	사채할인발행차금	86,971			

20×1년 말

(차)	이자비용	74,345	(대)	사채할인발행차금	24,345
				현금	50,000

20×2년 말

(차)	이자비용	78,727	(대)	사채할인발행차금	28,727
				현금	50,000

20×3년 말

(차)	이자비용	83,899	(대)	사채할인발행차금	33,899
				현금	50,000
(차)	사채	500,000	(대)	현금	500,000

예제

사채의 할증발행

(주)민준은 20×1. 1. 1에 20×3. 12. 31에 만기가 도래하는 사채(액면금액 ₩1,000,000, 표시이자율 12%)를 발행하였다. 이자지급일은 매년 12월 31일이며 시장이자율은 10%이다(단, 10%, 3년, 1원의 현가계수는 0.751310이며 1원의 연금현가계수는 2.486850이다). 다음 물음에 답하시오.

(물음1) 회사채의 발행가액은 얼마인가?
(물음2) 20×1년 말, 20×2년 말 사채의 장부금액은 각각 얼마인가?
(물음3) 20×1년, 20×2년에 이자비용으로 인식할 금액은 각각 얼마인가?
(물음4) 만기까지 인식할 총 이자비용은 얼마인가?
(물음5) 사채의 발행시부터 상환시까지의 회계처리를 하시오.

풀이

(참고) 유효이자율법에 의한 상각표

연 도	기초사채	이자비용*1	액면이자	할증액 환입	기말사채
20×1	₩1,049,732	₩104,973	₩120,000	₩15,027	₩1,034,705
20×2	1,034,705	103,471	120,000	16,529	1,018,176
20×3	1,018,176	101,824*2	120,000	18,176	1,000,000
		₩310,268	₩360,000	₩49,732	

*1 이자비용=기초부채×10%
*2 단수차이를 조정한 것임

(물음1) 회사채의 발행가액

- 원금의 현가 ₩1,000,000×0.75131 = ₩751,310
- 이자의 현가 ₩120,000×2.48685 = ₩298,422

합 계(사채의 현가) ₩1,049,732

(물음2) 회사채의 장부금액

20×1년 말 : 1,049,732×1.1－120,000=₩1,034,705
20×2년 말 : 1,034,705×1.1－120,000=₩1,018,176

(물음3) 이자비용

20×1년 : 1,049,732×0.1=₩104,973

20×2년 : 1,034,705×0.1=₩103,471

(물음4) 3년간 총 이자비용

3년간 총 이자비용=총 현금지급액−총 현금수령액(발행가액)

=1,000,000+1,000,000×12%×3−1,049,732=₩310,268

(물음5) 회계처리

20×1년 초

(차)	현금	1,049,732	(대)	사채	1,000,000
				사채할증발행차금	49,732

20×1년 말

(차)	이자비용	104,973	(대)	현금	120,000
	사채할증발행차금	15,027			

20×2년 말

(차)	이자비용	103,471	(대)	현금	120,000
	사채할증발행차금	16,529			

20×3년 말

(차)	이자비용	101,824	(대)	현금	120,000
	사채할증발행차금	18,176			
(차)	사채	1,000,000	(대)	현금	1,000,000

예제

사채발행비

(주)서준은 20×1년 1월 1일 액면금액 ₩1,000,000, 액면이자율 연 5%(매년 말 이자지급), 3년 만기인 회사채를 발행하였다. 사채발행 당시 시장이자율은 연 8%이었으며, 사채를 발행하는 과정에서 직접적인 사채발행비 ₩46,998이 발생하였다(단, 8%, 3기간 기간 말 단일금액 ₩1의 현가계수는 0.7938이며, 8%, 3기간 정상연금 ₩1의 현가계수는 2.5771이다. 계산금액은 소수점 첫째자리에서 반올림하시오).
다음 물음에 답하시오.

(물음1) 회사채의 발행가액은 얼마인가?
(물음2) 사채에 적용될 유효이자율을 계산하시오.
(물음3) 20×1년 말, 20×2년 말 사채의 장부금액은 각각 얼마인가?
(물음4) 20×1년, 20×2년에 이자비용으로 인식할 금액은 각각 얼마인가?
(물음5) 만기까지 인식할 총 이자비용은 얼마인가?
(물음6) 사채의 발행시부터 상환시까지의 회계처리를 하시오.

풀이

(물음1) 회사채의 발행가액

• 원금의 현가	₩1,000,000×0.7938	=	₩793,800
• 이자의 현가	₩50,000×2.5771	=	128,855
사채발행비			(46,998)
합 계(사채의 현가)			₩875,657

(물음2) 유효이자율

$$\frac{50,000}{(1+r)}+\frac{50,000}{(1+r)^2}+\frac{1,050,000}{(1+r)^3}=875,657$$

∴ r=10%

(물음3) 회사채의 장부금액

20×1년 말 : 875,657×1.1−50,000=₩913,223
20×2년 말 : 913,223×1.1−50,000=₩954,545

(물음4) 이자비용

20×1년 : 875,657×0.1=₩87,566

20×2년 : 913,223×0.1=₩91,322

(물음5) 3년간 총 이자비용

3년간 총 이자비용=총 현금지급액−총 현금수령액(발행가액)

=1,000,000+1,000,000×5%×3−875,657=₩274,343

(물음6) 회계처리

20×1년 초

(차)	현금	875,657	(대)	사채	1,000,000
	사채할인발행차금	124,343			

20×1년 말

(차)	이자비용	87,566	(대)	현금	50,000
				사채할인발행차금	37,566

20×2년 말

(차)	이자비용	91,322	(대)	현금	50,000
				사채할인발행차금	41,322

20×3년 말

(차)	이자비용	95,455	(대)	현금	50,000
				사채할인발행차금	45,455
(차)	사채	1,000,000	(대)	현금	1,000,000

핵심 요약 사채의 중도발행

☞ 사채의 중도발행 : 사채권면상에 표시된 사채의 발행일이 아닌 다른 일자에 발행하는 것

① 사채의 발행시 수취하는 현금 = 사채권면상 발행일의 발행가액
+사채권면상 발행일로부터 실제발행일까지의 유효이자
②사채의 순수발행가 = 사채의 장부금액 = 사채발행시 수취하는 현금 − 미지급이자
③ 사채의 상각표는 실제발행일이 아닌 권면상의 사채발행일 기준으로 작성
④ 사채의 유효이자율은 권면발행일의 유효이자율이 아닌, 실제발행일의 유효이자율을 적용

예제

사채의 중도발행

(주)민준은 20×1. 4. 1에 다음과 같은 조건의 사채를 발행하였으며, 이때의 시장이자율은 12%이다.

- 액면발행일 : 20×1년 1월 1일
- 액면금액 : ₩1,000,000
- 액면이자율 : 10%(매년 말 후급)
- 만기일 : 20×3년 12월 31일

(단, 12%, 3년, 1원의 현가계수는 0.71178이며 1원의 연금현가계수는 2.40183이다.)
다음 물음에 답하시오.

(물음1) 20×1년 4월 1일 사채발행시 수취할 현금은 얼마인가?
(물음2) 20×1년 4월 1일 사채의 순수발행가액(장부금액)은 얼마인가?
(물음3) 20×1년, 20×2년에 이자비용으로 인식할 금액은 각각 얼마인가?
(물음4) 20×1년 4월 1일과 20×1년 말의 회계처리를 하시오.

풀이

(참고) 유효이자율법에 의한 상각표

연 도	기초사채	이자비용	액면이자	할인액 상각	기말사채
	①	①×12% = ②	③	②−③ = ④	
20×1 20×2 20×3	₩951,963 966,199 982,143	₩114,236 115,944 117,857	₩100,000 100,000 100,000	₩14,236 15,944 17,857	₩966,199 982,143 1,000,000
계		₩236,971	₩150,000	₩86,971	

(물음1) 사채 발행시 현금 수취액

1) 20×1년 1월 1일의 사채의 발행가

- 원금의 현가 ₩1,000,000×0.71178 = ₩711,780
- 이자의 현가 ₩100,000×2.4018 = ₩240,183

합 계(사채의 현가) ₩951,963

2) 20×1년 4월 1일의 사채발행시 현금 수취액

- 951,963×(1+12%×3/12)=₩980,522

(물음2) 사채의 순수발행가액(장부금액)

- 사채 발행시 수취하는 현금에는 경과이자(미지급이자)가 포함되어 있음
- 사채의 순수발행가액=사채발행시 수취하는 현금−미지급이자
- 경과이자(미지급이자)=1,000,000×10%×3/12=₩25,000

∴ 사채의 순수발행가액=980,522−25,000=₩955,522

(물음3) 이자비용

20×1년 : 951,963×12%×9/12=₩85,677

20×2년 : 966,199×12%=₩115,944

(물음4) 20×1년 회계처리

20×1년 4월 1일

(차)	현금	980,522	(대)	사채	1,000,000
	사채할인발행차금	44,478		미지급이자	25,000

20×1년 말

(차)	이자비용	85,677	(대)	현금	100,000
	미지급이자	25,000		사채할인발행차금	10,677

핵심요약 사채의 조기상환

01 사채상환손익

사채상환손익의 발생원인

시장이자율의 관계	장부금액과 상환가액의 관계	사채상환손익
발행시 시장이자율 = 상환시 시장이자율	장부금액 = 상환가액	N/A
발행시 시장이자율 < 상환시 시장이자율	장부금액 > 상환가액	사채상환이익
발행시 시장이자율 > 상환시 시장이자율	장부금액 < 상환가액	사채상환손실

■ **사채상환손익의 계산과정**

① 경과이자를 포함한 사채의 가격

② 사채의 상환가액

③ 사채상환손익 : (①−②)

즉, ① > ② ⇒ 사채상환이익, ① < ② ⇒ 사채상환손실

02 자기사채의 취득

① 자기사채의 취득 : 사채의 조기상환과 경제적 실질이 동일하므로 **사채의 조기상환과 동일한 방법으로 회계처리함**

② 자기사채는 취득하는 목적(상환 또는 일시보유)에 관계없이 상환하는 회계처리를 하며, 만일 일시보유 목적으로 취득한 자기사채를 처분하는 경우에는 재발행하는 회계처리를 함

예제

사채상환손익의 계산

(주)민준은 20×1. 1. 1에 3년 만기 사채(액면금액 : ₩200,000, 표시이자율 : 15%)를 ₩186,954에 발행하였다. 이자는 매년 12월 31일에 지급되며 유효이자율은 18%이다. 회사는 20×3. 7. 1에 기간경과이자를 포함하여 현금 ₩203,000을 지급하고 사채를 조기상환하였다. 다음 물음에 답하시오.

(물음1) 사채상환손익을 계산하시오.
(물음2) 상기거래가 20×3년도 당기손익에 미치는 영향은 얼마인가?
(물음3) 20×3. 7. 1 사채의 조기상환과 관련된 회계처리를 하시오.

풀이

(참고) 유효이자율법에 의한 상각표

연 도	기초사채	이자비용	액면이자	할인액 상각	기말사채
	①	①×18%=②	③	②−③=④	
20×1	₩186,954	₩33,652	₩30,000	₩3,652	₩190,606
20×2	190,606	34,309	30,000	4,309	194,915
20×3	194,915	35,085	30,000	5,085	200,000
계		₩103,046	₩90,000	₩13,046	

(물음1) 사채상환손익
1) 기간경과이자를 포함한 사채의 가격=194,915×(1+18%×6/12)=₩212,457
2) 상환가액=₩203,000
∴ 사채상환손익=1)−2)=₩9,457(사채상환이익)

(물음2) 20×3년 당기손익의 영향
1) 이자비용=194,915×18%×6/12=(₩17,542)
2) 사채상환이익=₩9,457
∴ 1)+2)=(₩8,085)

(물음3) 20×3. 7. 1 회계처리

- 20×3. 1. 1부터 20×3. 6. 30까지 이자비용 인식을 위한 분개

(차)	이자비용	17,542	(대)	사채할인발행차금	2,542
				미지급이자	15,000

- 사채의 조기상환을 기록하기 위한 분개

(차)	사채	200,000	(대)	사채할인발행차금	2,543
	미지급이자	15,000		현금	203,000
				사채상환이익	9,457

핵심 요약 특수한 경우의 사채

01 연속상환사채

☞ 사채의 원금은 매년 상환이 되며, 이에 따라 지급하는 액면이자 또한 점점 줄어듦

☞ 연속상환사채의 발행금액 : 일반사채와 마찬가지로 사채로부터 발생하는 미래현금흐름을 사채발행시점의 시장이자율로 할인한 현재가치 금액임

02 1년에 2회 이자를 지급하는 사채

☞ 6개월 단위로 이자를 지급하는 조건의 사채의 경우

→ 표시이자율 : 1/2 곱함(예 표시이자율 : 8% → 4%)

→ 시장이자율 : 1/2 곱함(예 시장이자율 : 10% → 5%)

→ 기간 : 2 곱함(예 기간 : 3기간 → 6기간)

예제

연속상환사채

(주)민준은 20×1. 1. 1에 액면 ₩2,000,000, 표시이자율 8%의 사채를 발행하였다. 이 사채는 원금을 20×1년 말과 20×2년 말에 각각 ₩500,000씩 분할상환하고 잔액 ₩1,000,000을 20×3년 말에 상환하는 조건이다. 이자지급일은 매년 12월 31일이며 발행시점의 시장이자율은 10%이다(단, 10%의 1년, 1원의 현가계수는 0.909090이며, 2년, 1원의 현가계수는 0.826440이고, 3년 1원의 현가계수는 0.751310이다).
다음 물음에 답하시오.

(물음1) 회사채의 발행가액은 얼마인가?
(물음2) 20×1년 말, 20×2년 말 사채의 장부금액은 각각 얼마인가?
(물음3) 20×1년, 20×2년에 이자비용으로 인식할 금액은 각각 얼마인가?
(물음4) 만기까지 인식할 총 이자비용은 얼마인가?
(물음5) 20×1. 1. 1과 20×1. 12. 31의 회계처리를 하시오.

풀이

* 연속상환사채의 현금흐름

	20×1년 1월 1일	20×1년 12월 31일	20×2년 12월 31일	20×3년 12월 31일
원금		₩500,000	₩500,000	₩1,000,000
액면이자		160,000	120,000	80,000

(참고) 유효이자율법에 의한 상각표

연도	기초사채	이자비용	액면이자	할인액 상각	사채의 상환	부채의 감소	기말사채
	①	①×10%=②	③	②-③=④	⑤	⑤-④=⑥	
20×1	₩1,923,807	₩192,381	₩160,000	₩32,381	₩500,000	₩467,619	₩1,456,188
20×2	1,456,188	145,619	120,000	25,619	500,000	474,481	981,807
20×3	981,807	98,193*	80,000	18,193	1,000,000	981,807	0
계		₩436,193	₩360,000	₩76,193			

* 단수차이조정

(물음1) 발행가액

- 원금의 현가=₩500,000×0.90909+500,000×0.82644+1,000,000×0.75131
  =₩1,619,075
- 이자의 현가=₩2,000,000×8%×0.90909+1,500,000×8%×0.82644
  +1,000,000×8%×0.75131=₩304,732

합 계(사채의 현재가치=사채의 발행가액)=1,923,807

(물음2) 회사채의 장부금액

20×1년 말 : 1,923,807×1.1−(500,000+160,000)=₩1,456,188

20×2년 말 : 1,456,188×1.1−(500,000+120,000)=₩981,807

(물음3) 이자비용

20×1년 : 1,923,807×0.1=₩192,381

20×2년 : 1,456,188×0.1=₩145,619

(물음4) 3년간 총 이자비용

3년간 총 이자비용=총 현금지급액−총 현금수령액(발행가액)
=(2,000,000+160,000+120,000+80,000)−1,923,807
=₩436,193

(물음5) 20×1년의 회계처리

20×1. 1. 1

(차)	현금	1,923,807	(대)	사채	2,000,000
	사채할인발행차금	76,193			

20×1. 12. 31

(차)	이자비용	192,381	(대)	현금	160,000
				사채할인발행차금	32,381
(차)	사채	500,000	(대)	현금	500,000

예제

연 2회 이자지급 사채

(주)민준은 20×1. 1. 1에 액면 ₩100,000의 사채를 발행하였다. 사채의 표시이자율은 8%로 매년 6월 30일과 12월 31일로 나누어 이자를 지급한다. 사채의 만기일은 20×3년 말이며, 발행일 당시의 시장이자율은 10%이다. 다음 물음에 답하시오.

기간	5%		10%	
	현가계수	연금현가계수	현가계수	연금현가계수
3	0.8638	2.7232	0.7513	2.4868
6	0.7462	5.0757	0.5645	4.3553

(물음1) 회사채의 발행가액은 얼마인가?
(물음2) 20×1년 6월 30일, 20×1년 12월 31일 사채의 장부금액은 각각 얼마인가?
(물음3) 20×1년에 이자비용으로 인식할 금액은 얼마인가?
(물음4) 만기까지 인식할 총 이자비용은 얼마인가?
(물음5) 20×1년의 회계처리를 하시오.

풀이

(물음1) 발행가액

* 사채의 현금흐름

	20×1초	20×1.6.30	20×1년말	20×2.6.30	20×2년말	20×3.6.30	20×3년말
원금							₩100,000
액면이자		₩4,000	₩4,000	₩4,000	₩4,000	₩4,000	₩4,000

- 원금의 현가=₩100,000×0.7462(5%, 6기간, 현가계수) = ₩74,620
- 이자의 현가= ₩4,000×5.0757(5%, 6기간, 연금현가계수) = ₩20,303

합 계(사채의 현재가치=사채의 발행가액) ₩94,923

(물음2) 회사채의 장부금액

20×1년 6월 30일 : 94,923×1.05−4,000=₩95,669

20×1년 12월 31일 : 95,669×1.05−4,000=₩96,452

(물음3) 20×1년 이자비용

20×1년 이자비용: 94,923×5%+95,669×5%=₩9,529

(물음4) 3년간 총 이자비용

3년간 총 이자비용=총 현금지급액−총 현금수령액(발행가액)
=(100,000+100,000×4%×6)−94,923=₩29,077

(물음5) 20×1년의 회계처리

20×1. 1. 1

(차)	현금	94,923	(대)	사채	100,000
	사채할인발행차금	5,077			

20×1. 6. 30

(차)	이자비용	4,746	(대)	현금	4,000
				사채할인발행차금	746

20×1. 12. 31

(차)	이자비용	4,783	(대)	현금	4,000
				사채할인발행차금	783

제 14 장

금융자산과 유가증권

핵심 요약 금융상품 및 금융자산

01 금융상품의 정의

☞ 금융상품 : 거래당사자 **일방에게 금융자산을 발생**시키는 동시에 다른 **거래상대방에게 금융부채나 지분상품을 발생**시키는 모든 **계약**

▪ 금융자산, 금융부채, 지분상품의 예시

① 금융자산

예 매출채권, 미수금, 대여금, 투자채무상품, 투자지분상품

② 금융부채

예 매입채무, 미지급금, 차입금, 사채

③ 지분상품

예 납입자본(자본금)

02 금융자산의 범위

▪ 금융자산의 범위

(1) 현금

(2) 다른 기업의 지분상품

(3) 다음 중 어느 하나에 해당하는 계약상 권리

① 거래상대방에게서 현금 등 금융자산을 수취할 계약상 권리
(예 매출채권, 미수금, 대여금, 투자채무상품 등)

② 잠재적으로 유리한 조건으로 거래상대방과 금융자산이나 금융부채를 교환하기로 한 계약상 권리(예 파생상품 중 통화선도계약)

(4) 자기지분상품으로 결제하거나 결제할 수 있는 다음 중 하나의 계약
① 수취할 자기지분상품의 수량이 변동가능한(확정되지 않은) 비파생상품
☞ 수취할 자기지분상품의 수량이 확정된 수량으로 결제되는 경우 : 지분상품
② 확정 수량의 자기지분상품에 대하여 확정금액의 현금 등 금융자산을 교환하여 결제하는 방법이 아닌 방법으로 결제되거나 결제될 수 있는 파생상품

03 금융자산의 분류

(1) 금융자산 분류시 판단기준

금융자산의 분류

구 분	현금흐름의 특성	사업모형	계정과목
채무상품	원리금으로만 구성	현금흐름 수취 목적	상각후원가 측정 금융자산(AC금융자산)
		현금흐름 수취 & 매도 목적	기타포괄손익-공정가치 측정 금융자산(FVOCI금융자산)
		기타의 목적	당기손익-공정가치 측정 금융자산(FVPL금융자산)
지분상품	원리금 이외	기타의 목적	당기손익-공정가치 측정 금융자산(FVPL금융자산)
파생상품	원리금 이외	기타의 목적	당기손익-공정가치 측정 금융자산(FVPL금융자산)

(2) 금융자산의 분류

1) 상각후원가 측정 금융자산

☞ 금융자산을 보유하는 기간 동안 원리금 지급만으로 구성되어 있는 현금흐름이 발생하며, 계약상 현금흐름을 수취하는 것을 목적으로 하는 사업모형하에서 해당 금융자산을 보유하는 경우

2) 기타포괄손익 - 공정가치 측정 금융자산

☞ 금융자산을 보유하는 기간 동안 원리금 지급만으로 구성되어 있는 현금흐름이 발생하며, 계약상 현금흐름을 수취하면서 동시에 매도하는 것을 목적으로 하는 사업모형하에서 해당 금융자산을 보유하는 경우

3) 당기손익 - 공정가치 측정 금융자산

☞ 금융자산을 상각후원가로 측정하거나 기타포괄손익-공정가치로 측정하는 경우가 아니라면, 당기손익-공정가치 측정 금융자산으로 분류함

4) 금융자산 분류의 예외

☞ 금융자산의 최초인식시점에 해당 금융자산을 다음과 같이 측정하기로 지정(선택)할 수 있으며, 이러한 지정(선택)은 이후에 취소할 수 없음

■ **금융자산 분류의 예외규정**

① 채무상품

- 내용 : 상각후원가 측정 금융자산과 기타포괄손익-공정가치 측정 금융자산은 당기손익-공정가치 측정 금융자산을 지정(선택)가능

② 지분상품

- 내용 : 단기매매항목이 아닌 금융자산은 기타포괄손익-공정가치 측정 금융자산 선택가능

04 금융자산의 최초인식과 측정

☞ 금융자산은 **최초인식일과 후속측정시에 모두 공정가치로 측정**하는 것이 원칙임

(1) 공정가치

☞ 공정가치 : 측정일에 시장참여자 사이의 정상적인 거래에서 자산을 매도하면서 수취하거나 부채를 이전하면서 지급하게 될 가격

지분상품과 채무상품의 공정가치

구 분			공정가치
지분상품	활성시장 有		활성시장의 공시가격(시가)
	활성시장 無	공정가치 추정가능	가치평가기법을 사용한 추정치
		공정가치 추정불가능	취득원가(공정가치로 간주)
채무상품	활성시장 有		활성시장의 공시가격(시가)
	활성시장 無		가치평가기법을 사용한 추정치

(2) 금융자산의 취초인식과 측정

1) 금융자산의 최초 인식시점

(원칙) 금융자산은 당해 금융상품의 **계약당사자가 되는 때에 재무상태표에 인식**

(예외) 금융자산의 정형화된 매입이나 매도의 경우에는 **매매일이나 결제일에 인식하거나 제거**

2) 금융자산의 최초 측정

☞ 금융자산은 최초 인식시 **공정가치**로 측정함

☞ 일반적으로 최초 인식시 금융자산의 공정가치는 당해 **금융자산의 거래가격인 제공한 대가의 공정가치**임. 다만, 최초 인식시점에 매출채권이 유의적인 금융요소를 포함하지 않는 경우에는 거래가격으로 측정함

3) 거래원가

금융자산 취득과 처분 관련 거래원가

구 분	계정과목	회계처리
취득시	FVPL금융자산	당기비용
	FVOCI금융자산	공정가치 가산 (=취득원가 가산)
	AC금융자산	

채무상품 비교(AC금융자산 vs. FVOCI금융자산)

구 분	AC금융자산	FVOCI금융자산
이자수익	상각후원가×유효이자율	상각후원가×유효이자율
누적평가손익(B/S)	N/A	공정가치－상각후원가
당기평가손익(I/S)	N/A	당기말 누적평가손익 －전기말 누적평가손익
처분손익	처분대가－상각후원가	처분대가－상각후원가

☞ AC금융자산과 FVOCI금융자산 : 당기손익에 미치는 영향이 동일함

04 당기손익－공정가치 측정 금융자산

(1) 취득

• 거래원가가 있는 경우

(차)	당기손익금융자산	×××	(대) 현 금	×××
(차)	수 수 료 비 용	×××	(대) 현 금	×××

(2) 이자수익

☞ 당기손익－공정가치 측정 금융자산은 유효이자가 아닌 표시이자만을 이자수익으로 인식함

(3) 평가

☞ 보고기간 말 공정가치로 평가하며, 평가에 따른 손익은 당기손익으로 인식함

당기손익금융자산평가손익＝보고기간 말 공정가치－평가 전 장부금액

(4) 처분

당기손익금융자산처분손익(당기손익)=처분대가−처분 전 장부금액

(5) 기중처분(이자수취일 사이의 처분)

▪ 당기손익금융자산처분손익의 계산과정
① 채권의 처분가액
② 경과이자를 포함한 채권의 가격
③ 당기손익금융자산처분손익 : (①−②)
즉, ① > ② ⇒ 당기손익금융자산처분이익, ① < ② ⇒ 당기손익금융자산처분손실

(6) 기중취득(이자수취일 사이의 취득)

당기손익금융자산의 취득원가=채권 취득시 현금 지급액−미수이자

예제

상각후원가 측정 금융자산의 취득, 처분

(주)민준은 20×1. 1. 1에 20×3. 12. 31에 만기가 도래하는 사채(액면금액 ₩500,000, 표시이자율 10%)를 공정가치에 취득하고 상각후원가 측정 금융자산으로 분류하였다. 사채의 이자지급일은 매년 12월 31일이며 시장이자율은 18%이다(단, 18%, 3년, 1원의 현가계수는 0.608630이며 1원의 연금현가계수는 2.174270이다).
다음 물음에 답하시오. (단, 물음1~5와 물음 6~7은 각각 독립적이라고 가정한다.)

(물음1) 금융자산의 취득원가는 얼마인가?
(물음2) 20×1년 말, 20×2년 말 금융자산의 장부금액은 각각 얼마인가?
(물음3) 매년 이자수익으로 인식할 금액은 각각 얼마인가?
(물음4) 만기까지 인식할 총 이자수익은 얼마인가?
(물음5) 각 일자별 회계처리를 하시오.
(물음6) 금융자산을 20×3년 초 ₩490,000에 처분할 경우 처분손익은 얼마인가?
(물음7) 20×3년 초 금융자산 처분시의 회계처리를 하시오.

풀이

(참고) 유효이자율법에 의한 상각표

연 도	기초채권	이자수익	액면이자	상각액	기말채권
	①	①×18%=②	③	②−③=④	
20×1	₩413,029	₩74,345	₩50,000	₩24,345	₩437,374
20×2	437,374	78,727	50,000	28,727	466,101
20×3	466,101	83,899	50,000	33,899	500,000
계		₩236,971	₩150,000	₩86,971	

(물음1) 상각후원가 측정 금융자산의 취득원가

- 원금의 현가 ₩500,000×0.60863 = ₩304,315
- 이자의 현가 ₩50,000×2.17427 = ₩108,714

  합 계(사채의 현가) ₩413,029

(물음2) 상각후원가 측정 금융자산의 장부금액

20×1년 말 : 413,029×1.18−50,000=₩437,374

20×2년 말 : 437,374×1.18−50,000=₩466,101

(물음3) 이자수익

20×1년 : 413,029×0.18=₩74,345

20×2년 : 437,374×0.18=₩78,727

20×3년 : 466,101×0.18=₩83,899(단수차이 ₩1 조정)

(물음4) 3년간 총 이자수익

3년간 총 이자수익=총 현금수취액−취득원가

=500,000+500,000×10%×3−413,029=₩236,971

(물음5) 회계처리

20×1년 초

(차)	상각후원가금융자산	413,029	(대) 현 금	413,029

20×1년 말

(차)	현 금	50,000	(대) 이 자 수 익	74,345
	상각후원가금융자산	24,345		

20×2년 말

(차)	현 금	50,000	(대) 이 자 수 익	78,727
	상각후원가금융자산	28,727		

20×3년 말

(차)	현 금	50,000	(대) 이 자 수 익	83,899
	상각후원가금융자산	33,899		
(차)	현 금	500,000	(대) 상각후원가금융자산	500,000

이를 그래프로 나타내면 다음과 같다.

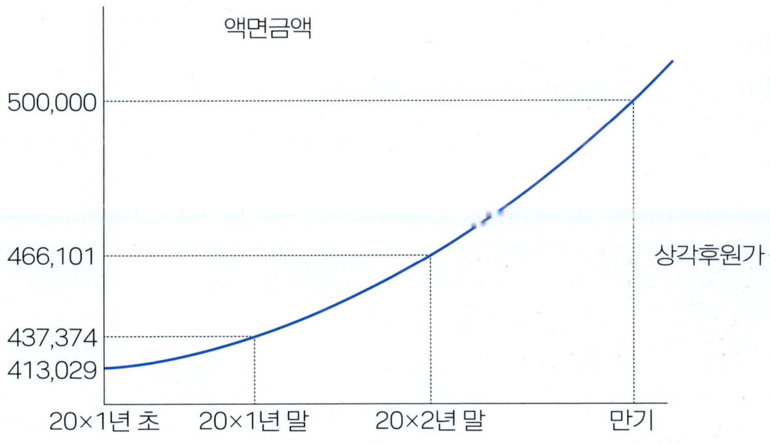

(물음6) 상각후원가금융자산처분손익

처분손익=처분대가−처분 전 상각후원가

=490,000−466,101=₩23,899(처분이익)

(물음7) 처분시 회계처리

20×3년 초 :

(차) 현 금	490,000	(대)	상각후원가금융자산	466,101
			상각후원가금융자산 처 분 이 익	23,899

예제

기타포괄손익-공정가치 측정 금융자산의 취득, 평가, 처분

(주)민준은 20×1. 1. 1에 20×3. 12. 31에 만기가 도래하는 사채(액면금액 ₩500,000, 표시이자율 10%)를 공정가치에 취득하고, 기타포괄손익-공정가치 측정 금융자산으로 분류하였다. 사채의 이자지급일은 매년 12월 31일이며 시장이자율은 18%이다(단, 18%, 3년, 1원의 현가계수는 0.60863이며 1원의 연금현가계수는 2.17427이다).
20×1년 말의 해당 채권의 공정가치는 ₩450,000, 20×2년 말의 공정가치는 ₩460,000이다. 회사는 20×3년 초 채권을 ₩480,000에 처분하였다.
다음 물음에 답하시오.

(물음1) 금융자산의 취득원가는 얼마인가?
(물음2) 20×1년 말, 20×2년 말 금융자산의 장부금액은 각각 얼마인가?
(물음3) 매년 이자수익으로 인식할 금액은 각각 얼마인가?
(물음4) 만기까지 인식할 총 이자수익은 얼마인가?
(물음5) 20×3년 초 기타포괄손익금융자산처분손익은 얼마인가?
(물음6) 각 일자별 회계처리를 하시오.
(물음7) 다음 빈칸을 채우시오.

구 분	20×1년 말	20×2년 말	20×3년 말
당기손익에 미치는 영향			
기타포괄손익에 미치는 영향			
총포괄손익에 미치는 영향			
기타포괄손익누계액 (재무상태표)			

풀이

(참고) 유효이자율법에 의한 상각표

연 도	기초채권	이자수익	액면이자	상각액	기말채권
	①	①×18%=②	③	②-③=④	
20×1	₩413,029	₩74,345	₩50,000	₩24,345	₩437,374
20×2	437,374	78,727	50,000	28,727	466,101
20×3	466,101	83,899	50,000	33,899	500,000
계		₩236,971	₩150,000	₩86,971	

(물음1) 기타포괄손익금융자산의 취득원가

- 원금의 현가 ₩500,000×0.60863= ₩304,315
- 이자의 현가 ₩50,000×2.17427 = ₩108,714

합 계(사채의 현가) ₩413,029

(물음2) 기타포괄손익금융자산의 장부금액

20×1년 말 : ₩450,000(공정가치)

20×2년 말 : ₩460,000(공정가치)

(물음3) 이자수익

20×1년 : 413,029×0.18=₩74,345

20×2년 : 437,374×0.18=₩78,727

20×3년 : 466,101×0.18=₩83,899(단수차이 ₩1 조정)

(물음4) 3년간 총 이자수익

3년간 총 이자수익=총 현금수취액-취득원가

=500,000+500,000×10%×3-413,029=₩236,971

(물음5) 기타포괄손익금융자산처분손익

기타포괄손익금융자산처분손익=처분대가(480,000)-상각후원가(466,101)

=₩13,899(처분이익)

(물음6) 회계처리

20×1년 초

	차변	금액		대변	금액
(차)	기타포괄손익금융자산	413,029	(대)	현금	413,029

20×1년 말

	차변	금액		대변	금액
(차)	현금	50,000	(대)	이자수익	74,345
	기타포괄손익금융자산	24,345			
(차)	**기타포괄손익금융자산**	**12,626**	**(대)**	**기타포괄손익금융자산평가이익**	**12,626**

20×2년 말

	차변	금액		대변	금액
(차)	현금	50,000	(대)	이자수익	78,727
	기타포괄손익금융자산	28,727			
(차)	**기타포괄손익금융자산평가이익**	**12,626**	**(대)**	**기타포괄손익금융자산**	**18,727**
	기타포괄손익금융자산평가손실	**6,101**			

20×3년 초

	차변	금액		대변	금액
(차)	현금	480,000	(대)	기타포괄손익금융자산	460,000
				기타포괄손익금융자산평가손실	**6,101**
				기타포괄손익금융자산처분이익	**13,899**

이를 그래프로 나타내면 다음과 같다.

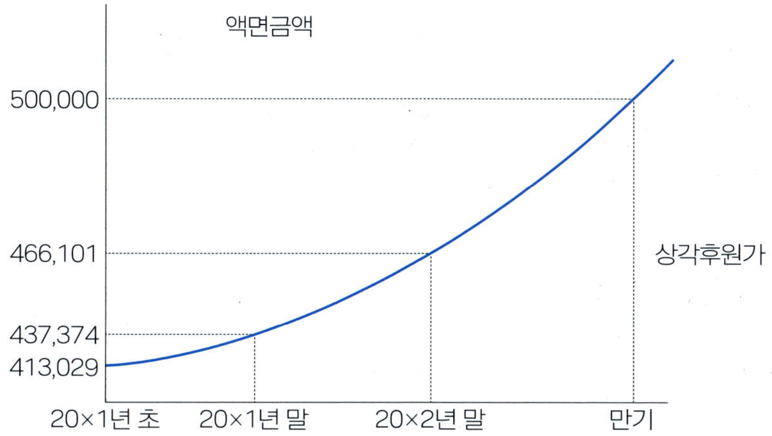

(물음7)

구 분	20×1년 말	20×2년 말	20×3년 말
당기손익에 미치는 영향	₩74,345*	₩78,727*	₩13,899**
기타포괄손익에 미치는 영향	₩12,626	(₩18,727)	₩6,101
총포괄손익에 미치는 영향	₩86,971	₩60,000	₩20,000
기타포괄손익누계액 (재무상태표)	₩12,626	(₩6,101)	₩0

* 이자수익

** 기타포괄손익금융자산처분이익

예제

당기손익-공정가치 측정 금융자산의 취득, 평가, 기중처분

(주)민준은 20×1년 1월 1일에 단기매매목적으로 (주)혜승전자의 채권을 ₩980,000에 취득하였다. 채권의 만기는 20×3년 12월 31일이며, 액면금액 ₩1,000,000, 표시이자율은 10%(후급 조건)이다. 20×1년 12월 31일 (주)혜승전자 채권의 공정가치는 ₩990,000이며, (주)민준은 20×2년 4월 1일에 해당 채권을 미수이자를 포함하여 ₩1,030,000에 처분하였다.
다음 물음에 답하시오.

(물음1) 거래 일자별로 행할 회계처리를 하시오.
(물음2) 당기손익금융자산평가손익을 계산하시오.
(물음3) 당기손익금융자산처분손익을 계산하시오.
(물음4) 각 연도 당기손익에 미치는 영향은 얼마인가?

풀이

(물음1) 일자별 회계처리

20×1년 1월 1일

(차)	당기손익금융자산	980,000	(대)	현금	980,000

20×1년 12월 31일

(차)	현금	100,000	(대)	이자수익	100,000
(차)	당기손익금융자산	10,000	(대)	당기손익금융자산평가이익	10,000

20×2년 4월 1일

(차)	미수이자	25,000	(대)	이자수익	25,000
(차)	현금	1,030,000	(대)	미수이자	25,000
				당기손익금융자산	990,000
				당기손익금융자산처분이익	15,000

(물음2) 당기손익금융자산평가손익
1) 공정가치=₩990,000
2) 평가 전 장부금액=₩980,000
∴ 당기손익금융자산평가손익=1)−2)=₩10,000(평가이익)

(물음3) 당기손익금융자산처분손익
1) 처분가액=₩1,030,000
2) 기간경과이자를 포함한 채권가격=990,000+1,000,000×10%×3/12=₩1,015,000
∴ 당기손익금융자산처분손익=1)−2)=₩15,000(처분이익)

(물음4) 20×1년 : 100,000(이자수익)+10,000(당기손익금융자산평가이익)
=₩110,000
20×2년 : 25,000(이자수익)+15,000(당기손익금융자산처분이익)
=₩40,000

예제

당기손익－공정가치 측정 금융자산의 기중취득, 평가, 기중처분

(주)민준증권은 20×1년 4월 1일에 단기매매목적으로 (주)혜승전자의 채권을 기간경과이자를 포함하여 ₩101,000에 취득하였다. 채권의 만기는 20×3년 12월 31일이며, 액면금액 ₩100,000, 표시이자율은 10%(후급 조건)이다. 20×1년 12월 31일 (주)혜승전자 채권의 공정가치는 ₩99,000이며, (주)민준증권은 20×2년 4월 1일에 해당 채권을 미수이자를 포함하여 ₩103,000에 처분하였다.
다음 물음에 답하시오.

(물음1) 거래 일자별로 행할 회계처리를 하시오.
(물음2) 당기손익금융자산평가손익을 계산하시오.
(물음3) 당기손익금융자산처분손익을 계산하시오.
(물음4) 각 연도 당기손익에 미치는 영향은 얼마인가?

풀이

(물음1) 일자별 회계처리

20×1년 4월 1일

(차)	당기손익금융자산	98,500	(대)	현금	101,000
	미수이자	2,500			

20×1년 12월 31일

(차)	현금	10,000	(대)	이자수익	7,500
				미수이자	2,500
(차)	당기손익금융자산	500	(대)	당기손익금융자산평가이익	500

20×2년 4월 1일

(차)	미수이자	2,500	(대)	이자수익	2,500
(차)	현금	103,000	(대)	미수이자	2,500
				당기손익금융자산	99,000
				당기손익금융자산처분이익	1,500

(물음2) 당기손익금융자산평가손익

1) 공정가치=₩99,000

2) 평가 전 장부금액=취득가액(101,000)−미수이자(2,500)=₩98,500

∴ 당기손익금융자산평가손익=1)−2)=₩500(평가이익)

(물음3) 당기손익금융자산처분손익

1) 처분가액=₩103,000

2) 기간경과이자를 포함한 채권가격=99,000+100,000×10%×3/12=₩101,500

∴ 당기손익금융자산처분손익=1)−2)=₩1,500(처분이익)

(물음4) 20×1년 : 7,500(이자수익)+500(당기손익금융자산평가이익)
=₩8,000

20×2년 : 2,500(이자수익)+1,500(당기손익금융자산처분이익)
=₩4,000

핵심 요약 (심화) 금융자산의 손상

01 금융자산의 손상

☞ 금융자산 손상차손 : 금융자산 취득 이후 **금융자산에서 예상되는 신용손실금액을 당기손익(비용)으로 인식하는 것**

(1) 손상차손 인식여부

금융자산의 손상차손 인식여부

구 분		손상차손 인식여부
투자지분상품	FVPL금융자산	신용손실위험이 없음 → 손상에 대한 회계처리를 수행 ×
	FVOCI금융자산	신용손실위험이 없음 → 손상에 대한 회계처리를 수행 ×
투자채무상품	FVPL금융자산	평가손익을 당기손익에 반영함 → 손상에 대한 회계처리를 수행 ×
	FVOCI금융자산	기대신용손실이 발생하는 경우 → 손상차손으로 당기손익(비용) 인식
	AC금융자산	기대신용손실이 발생하는 경우 → 손상차손으로 당기손익(비용) 인식

(2) 금융자산의 손상 관련 용어

■ **금융자산의 손상 관련 용어**

- 기대신용손실 : 금융자산의 신용손실을 개별 채무불이행 발생 위험으로 가중평균한 신용손실
- 전체기간 기대신용손실 : 금융상품의 기대존속기간에 발생할 수 있는 모든 채무불이행 사건에 따른 기대 신용손실
- 12개월 기대신용손실 : 보고기간 말 후 12개월 내에 발생가능한 금융상품의 채무불이행 사건으로 인한 기대신용손실을 나타내는, 전체기간 기대신용손실의 일부

(3) 신용위험이 발생한 경우

☞ 금융자산의 신용위험이 유의적으로 증가하지 않은 경우 : **12개월의 기대신용손실에 해당하는 금액**으로 손실충당금을 측정하고 이를 손상차손으로 당기손익으로 인식

☞ 신용위험이 유의적으로 증가한 경우 : **전체기간 기대신용손실에 해당하는 금액**으로 손실충당금을 측정하고 이를 손상차손으로 당기손익으로 인식

신용위험 발생시 기대신용손실의 계산

구 분	기대신용손실의 계산
신용위험이 유의적으로 증가 ×	전체기간 신용손실 × 12개월 채무불이행 확률
신용위험이 유의적으로 증가 O	전체기간 신용손실 × 전체기간 채무불이행 확률

(4) 신용이 손상된 경우

신용이 손상된 경우의 기대신용손실=금융자산의 총장부금액−PV(추정 미래현금흐름)*

* 최초의 유효이자율로 할인

기대신용손실의 계산

구 분		기대신용손실의 계산
신용위험이 발생함	신용위험이 유의적으로 증가 ×	전체기간 신용손실 × 12개월 채무불이행 확률
	신용위험이 유의적으로 증가 O	전체기간 신용손실 × 전체기간 채무불이행 확률
신용이 손상됨		전체기간 신용손실

손상차손 인식 후 이자수익

구 분	이자수익
신용위험으로 인한 손상차손 인식 후	손상전 상각후원가(총장부금액) × 유효이자율
신용손상으로 인한 손상차손 인식 후	손상후 상각후원가(순장부금액) × 유효이자율

02 상각후원가 측정 금융자산 손상의 회계처리

상각후원가 측정 금융자산 손상의 회계처리

• 신용위험 발생

(차)	금융자산손상차손	×××	(대) 손 실 충 당 금	×××

• 신용손상 발생

(차)	손 실 충 당 금	×××	(대) 상각후원가금융자산	×××
	금융자산손상차손	×××		

• 신용손상의 회복

(차)	손 실 충 당 금	×××	(대) 금융자산손상차손환입*1	×××

*1 금융자산손상차손환입=PV(추정 미래현금흐름)−손상후 상각후원가

03 기타포괄손익－공정가치 측정 금융자산 손상의 회계처리

기타포괄손익 - 공정가치 측정 금융자산 손상의 회계처리

• 신용위험 발생(평가손익 인식 후 손상차손 인식)

(차)	FVOCI평가손실	×××	(대)	FVOCI금융자산	×××
(차)	금융자산손상차손	×××	(대)	FVOCI평가손실	×××

• 신용손상 발생(평가손익 인식 후 손상차손 인식)

(차)	FVOCI평가손실	×××	(대)	FVOCI금융자산	×××
(차)	금융자산손상차손	×××	(대)	FVOCI평가손실	×××

• 신용손상의 회복

(차)	FVOCI평가손익	×××	(대)	금융자산손상차손환입*1	×××

*1 금융자산손상차손환입＝PV(추정 미래현금흐름)－손상후 상각후원가

핵심 요약 금융자산의 재분류

01 금융자산 재분류의 의의

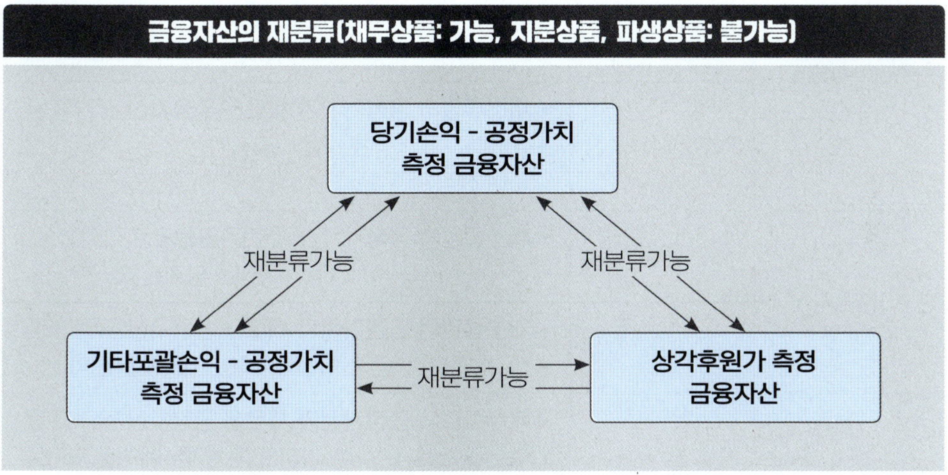

① 기업이 금융자산을 관리하는 사업모형을 변경하는 경우 : 영향 받는 **모든 금융자산을 재분류함**

② 금융자산의 재분류는 사업모형을 변경하는 경우에만 가능하므로 **투자채무상품은 재분류가 가능하고, 투자지분상품이나 파생상품은 재분류가 불가능함**

③ 금융자산을 재분류하는 경우 : **재분류일부터 전진적으로 적용함**

02 금융자산 재분류의 회계처리

금융자산 재분류의 회계처리

구 분		재분류일의 회계처리
From	To	
FVPL금융자산	AC금융자산	• **재분류일의 공정가치가 새로운 금융자산** 금액이 됨 • 유효이자율은 재분류일의 금융자산 공정가치에 기초하여 산정 ☞ 현행시장이자율로 변경함을 의미함
	FVOCI금융자산	• **재분류일의 공정가치가 새로운 금융자산** 금액이 됨 • 유효이자율은 재분류일의 금융자산 공정가치에 기초하여 산정 ☞ 현행시장이자율로 변경함을 의미함
AC금융자산	FVPL금융자산	• **재분류일의 공정가치가 새로운 금융자산** 금액이 됨 • 상각후원가과 공정가치의 차이는 **당기손익**
	FVOCI금융자산	• **재분류일의 공정가치가 새로운 금융자산** 금액이 됨 • 상각후원가과 공정가치의 차이는 **기타포괄손익**
FVOCI금융자산	AC금융자산	• **재분류일의 공정가치가 새로운 금융자산** 금액이 됨 • 재분류 전에 인식한 **기타포괄손익누계액을** 재분류일의 **금융자산 공정가치에서 조정**
	FVPL금융자산	• **재분류일의 공정가치가 새로운 금융자산** 금액이 됨 • 재분류 전에 인식한 **기타포괄손익누계액을** 자본에서 **당기손익으로 재분류조정**

핵심 요약 관계기업투자(지분법)

01 지분법의 의의

☞ 지분법 : 투자주식을 취득한 시점에는 취득원가로 기록하고 그 이후에는 **관계기업의 순자산 변동을 관계기업투자주식 계정에 직접 반영하는 회계처리 방법**

☞ 투자지분율에 따른 투자목적 및 평가방법

투자지분율	0% ~ 20%	20% ~ 50%	50% ~ 100%
투자목적	매매차익	유의적인 영향력	지배력
평가방법	공정가치법	지분법	연결 F/S

02 지분법 적용대상

(1) 지분율 기준

☞ 투자자가 직접으로 또는 간접(예 종속기업을 통하여)으로 **피투자자에 대한 의결권의 20% 이상을 소유**하고 있다면 유의적인 영향력을 보유하고 있다고 봄

(2) 실질영향력 기준

☞ 투자기업이 보유한 주식이 피투자기업에 대한 의결권의 20%에 미달하더라도 **다음 중 하나 이상에 해당하는 경우 유의적인 영향력이 있는 것으로 봄**

① 피투자자의 이사회나 이에 준하는 의사결정기구에 참여하는 경우
② 배당이나 다른 분배에 관한 의사결정에 참여하는 것을 포함하여 정책결정과정에 참여하는 경우

③ 투자자와 피투자자 사이의 중요한 거래가 있는 경우
④ 경영진의 상호 교류가 이루어지는 경우
⑤ 필수적 기술정보를 제공하는 경우

03 지분법 회계처리

지분법 회계처리					
관계기업투자주식 취득시	(차) 관계기업투자주식	×××	(대) 현 금	×××
관계기업의 당기순이익 보고시	(차) 관계기업투자주식	×××	(대) 지 분 법 이 익	×××
관계기업의 배당금 지급시	(차) 현 금	×××	(대) 관계기업투자주식	×××
관계기업의 기타포괄손익 변동시	(차) 관계기업투자주식	×××	(대) 관 계 기 업 기 타 포 괄 이 익	×××

예제

지분법 회계처리

(주)민준은 20×1. 1. 1에 (주)혜승의 보통주 40%를 ₩100,000에 취득하였고 그 결과 (주)혜승의 의사결정에 유의적인 영향력을 행사할 수 있게 되었다. 주식취득일 현재 (주)혜승의 순자산 장부금액은 ₩200,000이고 자산 · 부채의 장부금액과 공정가치 중 일치하지 않는 항목과 금액은 다음과 같다.

구 분	장부금액	공정가치	비 고
재고자산	₩10,000	₩20,000	20×1년 중 전액 판매
건물	₩20,000	₩30,000	잔존 내용연수 5년, 정액법 상각

취득일 이후 (주)혜승의 순자산가액이 변동한 내역은 다음과 같다. (단, (주)혜승은 배당금을 20×2년 3월에 지급하였다.)

구 분	20×1년	20×2년
당기순이익	₩30,000	₩40,000
현금배당	₩0	₩10,000

다음 물음에 답하시오.

(물음1) (주)민준의 20×1년과 20×2년의 지분법이익을 계산하시오.

(물음2) (주)민준의 20×1년과 20×2년의 회계처리를 하시오.

(물음3) (주)민준의 20×1년과 20×2년의 관계기업투자주식 장부금액은 얼마인가?

(물음4) (주)민준의 20×1년과 20×2년의 부분재무상태표와 부분포괄손익계산서를 표시하시오.

풀이

(물음1) 지분법이익

① 투자주식취득시점의 취득금액과 관계기업 순자산가액의 투자기업지분율 해당금액과의 차이

㉠ 차이=취득원가−관계기업의 순자산장부금액×지분율
=₩100,000−(200,000×40%)=₩20,000

㉡ 차이의 구성내역

구분	장부금액	공정가치	차액	투자자지분
재고자산	₩10,000	₩20,000	₩10,000	₩4,000
건물	20,000	30,000	10,000	4,000
영업권				12,000
합계				₩20,000

㉢ 차이의 상각

구분	투자자지분		20×1년	20×2년
재고자산	₩4,000		(₩4,000)	
건물	4,000	÷ 5년	(800)	(₩800)
영업권	12,000			
합계	₩20,000		(₩4,800)	(₩800)

∴ 20×1년 지분법이익 : ₩30,000×40%−4,800=₩7,200
　20×2년 지분법이익 : ₩40,000×40%−800=₩15,200

(물음2) 회계처리

㉠ 20×1년 회계처리

- 20×1. 1. 1(주식취득시)

(차) 관계기업투자주식	100,000	(대) 현금	100,000

- 20×1. 12. 31(결산시)
  −관계기업의 당기순이익 반영

(차) 관계기업투자주식	7,200	(대) 지분법이익	7,200

㉡ 20×2년 회계처리

- 20×2. 3. 20(배당금 수령시)

(차) 현금	4,000	(대) 관계기업투자주식	4,000

- 20×2. 12. 31(결산시)
  −관계기업의 당기순이익 반영

(차) 관계기업투자주식	15,200	(대) 지분법이익	15,200

(물음3) 관계기업투자주식 장부금액

1) 20×1년 : 취득가액(100,000)+지분법이익(7,200)=₩107,200

2) 20×2년 : 기초 장부금액(107,200)−현금배당(4,000)
+지분법이익(15,200)=₩118,400

(물음4) 부분 재무제표

구 분	20×1년	20×2년
재무상태표		
관계기업투자주식	₩107,200	₩118,400
포괄손익계산서		
지분법이익	₩7,200	₩15,200

제 15 장

자 본

자본의 분류

<table>
<tr><th>거래</th><th>일반기업회계기준</th><th>한국채택국제회계기준</th></tr>
<tr><td rowspan="3">자본거래</td><td>자본금</td><td rowspan="2">납입자본</td></tr>
<tr><td>자본잉여금</td></tr>
<tr><td>자본조정</td><td rowspan="2">기타자본구성요소</td></tr>
<tr><td rowspan="2">손익거래</td><td>기타포괄손익누계액</td></tr>
<tr><td>이익잉여금</td><td>이익잉여금</td></tr>
</table>

03 우선주

우선주의 종류

구 분	내 용
이익배당우선주	보통주보다 우선적으로 배당을 받을 수 있는 권리가 부여된 우선주
전환우선주	전환권 행사시 우선주를 보통주로 전환할 수 있는 우선주
상환우선주	약정된 가격으로 상환할 수 있는 우선주

(1) 이익배당우선주

① 누적적 우선주와 비누적적 우선주

누적적 우선주 vs. 비누적적 우선주

구 분	의 미
누적적 우선주	당기 이전에 미지급된 배당금 : 당기에 배당 지급 O
비누적적 우선주	당기 이전에 미지급된 배당금 : 당기에 배당 지급 ×

누적적 우선주배당금=우선주자본금×최소배당률×배당금 미수령 기간(당기 포함)

② 참가적 우선주와 비참가적 우선주

① 완전참가적 우선주 : 보통주와 동등한 자격으로 잔여이익에 참가함
② 부분참가적 우선주 : 잔여이익에 대하여 제한적으로 참가함
③ 비참가적 우선주 : 잔여이익에 대하여 참가할 수 없음

㉠ 완전참가적 우선주인 경우의 당기배당금
=잔여배당금×{우선주자본금/(보통주자본금+우선주자본금)}

㉡ 부분참가적 우선주인 경우의 당기배당금
=Min(우선주자본금×부분참가 배당률,
잔여배당금×{우선주자본금/(보통주자본금+우선주자본금)}

(2) (심화) 상환우선주

■ **경제적 실질에 따른 상환우선주의 분류**

① 금융부채로 분류되는 상환우선주(**다음 중 하나**에 해당하는 경우)
1) 우선주의 **발행자**가 우선주의 보유자에게 확정된 금액을 미래에 **지급해야 할 의무**가 있는 경우
2) 우선주의 **보유자**가 발행자에게 확정된 금액을 미래에 **청구할 권리**가 있는 경우

• 발행시 회계처리

(차) 현 금	×××	(대) **금융부채(상환우선주부채)**	×××

② 지분상품(자본)으로 분류되는 상환우선주(금융부채로 보지 아니하는 상환우선주)

예 **상환권리**가 우선주의 **발행자**에게 있는 경우
: 이 경우 발행자는 상환여부를 재량껏 결정할 수 있다. 즉, 발행자가 금융자산 보유자에게 이전해야 하는 **현재의무가 없으므로 금융부채의 정의를 충족하지 못한다.**

• 발행시 회계처리

(차) 현 금	×××	(대) **자본금(상환우선주)**	×××

1) 금융부채로 분류되는 상환우선주

① 비누적적 상환우선주 : 상환 전까지 **발행자의 재량에 따라 배당금이 지급되는 우선주**

② 누적적 상환우선주 : **지급되지 않은 배당금이 있다면 상환금액에 가산되어 추가적인 지급의무를 부담하는 우선주**

금융부채로 분류되는 상환우선주

구 분	부채요소	배당금의 회계처리	성 격
비누적적 우선주	PV(상환원금)	이익잉여금의 처분으로 인식	복합금융상품
누적적 우선주	PV(상환원금 + 배당금)	이자비용으로 인식	금융부채

2) 지분상품(자본)으로 분류되는 상환우선주

- 상환우선주 발행시 : 지분상품으로 분류되는 경우

(차) 현 금	×××	(대)	우 선 주 자 본 금	×××
			주 식 발 행 초 과 금	×××

- 상환우선주 상환시

(차) 미처분이익잉여금	×××	(대)	현 금	×××

예제

우선주 배당금과 보통주 배당금의 배분

(주)민준은 20×1년 1월 1일에 설립된 회사로 설립시에 보통주와 우선주를 모두 발행하였다. 설립일 이후 자본금의 변동은 없었으며, 20×3년 12월 31일 현재의 보통주자본금과 우선주자본금은 다음과 같다.

보통주자본금(액면 ₩100, 발행주식수 10,000주)	₩1,000,000
우선주자본금(액면 ₩100, 발행주식수 5,000주)	₩500,000

(주)민준은 설립한 회계연도부터 20×2년 12월 31일로 종료되는 회계연도까지 배당이 없었다. 20×3년 12월 31일로 종료되는 회계연도의 정기주주총회일에 ₩150,000의 현금배당을 선언할 예정이다.
(주)민준이 발행한 우선주가 다음과 같은 경우 다음 각 상황별로 보통주와 우선주에 대한 배당액을 계산하시오.

(물음1) 5%, 비누적적 · 비참가적 우선주
(물음2) 5%, 누적적 · 비참가적 우선주
(물음3) 5%, 비누적적 · 완전참가적 우선주
(물음4) 5%, 누적적 · 완전참가적 우선주
(물음5) 5%, 누적적 · 부분참가적(6%) 우선주
(물음6) 5%, 누적적 · 부분참가적(8%) 우선주

풀이

(물음1) 5%, 비누적적 · 비참가적 우선주

	우선주 배당금	보통주 배당금
20×1년분	–	
20×2년분	–	
20×3년분	₩500,000×5% = ₩25,000	150,000 – 25,000 = ₩125,000
합계	₩25,000	₩125,000

(물음2) 5%, 누적적 · 비참가적 우선주

	우선주 배당금	보통주 배당금
20×1년분	₩500,000×5% = ₩25,000	
20×2년분	₩500,000×5% = ₩25,000	
20×3년분	₩500,000×5% = ₩25,000	150,000 − 75,000 = ₩75,000
합계	₩75,000	₩75,000

(물음3) 5%, 비누적적 · 완전참가적 우선주

	우선주 배당금	보통주 배당금
20×1년분	−	
20×2년분	−	
20×3년분	₩50,000	₩100,000
합계	₩50,000	₩100,000

〈20×3년분 배당금의 배분〉

① 잔여배당금 : ₩150,000 − 0 = ₩150,000

② 우선주 배당금 : $₩150,000 \times \dfrac{500,000}{500,000+1,000,000} = ₩50,000$

③ 보통주 배당금 : $₩150,000 \times \dfrac{1,000,000}{500,000+1,000,000} = ₩100,000$

(물음4) 5%, 누적적 · 완전참가적 우선주

	우선주 배당금	보통주 배당금
20×1년분	₩500,000×5% = ₩25,000	
20×2년분	₩500,000×5% = ₩25,000	
20×3년분	₩33,333	₩66,667
합계	₩83,333	₩66,667

〈20×3년분 배당금의 배분〉

① 잔여배당금 : ₩150,000 − 25,000 − 25,000 = ₩100,000

② 우선주 배당금 : $₩100,000 \times \dfrac{500,000}{500,000+1,000,000} = ₩33,333$

③ 보통주 배당금 : $₩100{,}000 \times \frac{1{,}000{,}000}{500{,}000+1{,}000{,}000} = ₩66{,}667$

(물음5) 5%, 누적적 · 부분참가적(6%) 우선주

	우선주 배당금	보통주 배당금
20×1년분	₩500,000×5% = ₩25,000	
20×2년분	₩500,000×5% = ₩25,000	
20×3년분	₩30,000	₩70,000
합계	₩80,000	₩70,000

〈20×3년분 배당금의 배분〉

① 잔여배당금 : ₩150,000－25,000－25,000=₩100,000

② 우선주 배당금 : min(A, B)=₩30,000

A : ₩500,000×6%=₩30,000

B : $₩100{,}000 \times \frac{500{,}000}{500{,}000+1{,}000{,}000} = ₩33{,}333$

③ 보통주 배당금 : ₩150,000－₩80,000=₩70,000

(물음6) 5%, 누적적 · 부분참가적(8%) 우선주

	우선주 배당금	보통주 배당금
20×1년분	₩500,000×5% = ₩25,000	
20×2년분	₩500,000×5% = ₩25,000	
20×3년분	₩33,333	₩66,667
합계	₩83,333	₩66,667

〈20×3년분 배당금의 배분〉

① 잔여배당금 : ₩150,000－25,000－25,000=₩100,000

② 우선주 배당금 : min(A, B)=₩33,333

A : ₩500,000×8%=₩40,000

B : $₩100{,}000 \times \frac{500{,}000}{500{,}000+1{,}000{,}000} = ₩33{,}333$

③ 보통주 배당금 : ₩150,000－₩83,333=₩66,667

핵심요약 증자거래

☞ 증자 : 기업이 주식을 발행하여 기업의 **자본금을 증가**시키는 거래

☞ 증자의 종류 : 유상증자와 무상증자

01 유상증자

▪ **유상증자의 영향**

1. 자본금 : 증가
2. 자본 : 증가 ☞ 실질적 증자

(1) 현금출자

1) 액면발행

– 액면발행 : 주식의 액면가액과 주식의 발행가액이 동일

• 주식의 액면발행

(차) 현 금	×××	(대) 자 본 금	×××

2) 할증발행

– 할증발행 : 주식의 액면가액보다 주식의 발행가액이 큰 주식발행

– 주식발행초과금 : 자본잉여금

- 주식의 할증발행

(차) 현 금	×××	(대) 자 본 금	×××
		주식발행초과금	×××

3) 할인발행

– 할인발행 : 주식의 액면가액보다 주식의 발행가액이 작은 주식발행

– 주식할인발행차금 : 자본조정

- 주식의 할인발행

(차) 현 금	×××	(대) 자 본 금	×××
주식할인발행차금	×××		

4) 주식발행비

– 주식발행비 : **주식의 발행가액에서 차감**하여 나타냄

(주식의 액면발행과 할인발행시 : 주식할인발행차금에 가산함)

(주식의 할증발행시 : 주식발행초과금에서 차감함)

(2) (심화) 출자전환

☞ 출자전환 : 채무자가 채권자에게 지분상품을 발행하여 금융부채의 전부 또는 일부를 소멸시키는 것

- 출자전환 회계처리

(차) 금 융 부 채	×××	(대) 자 본 금	×××
		주식발행초과금	×××
		채무조정이익(당기손익)	×××

☞ 소멸되는 금융부채 : 장부금액

☞ 인식되는 지분상품 : (원칙) 지분상품의 공정가치 (예외) 금융부채의 공정가치*

* 지분상품의 공정가치를 신뢰성 있게 측정할 수 없는 경우

02 무상증자

☞ 무상증자 : 기업의 **자본잉여금이나 법정적립금을 자본에 전입**하고 증가된 자본금에 해당하는 만큼 신주를 발행하여 구주주에게 지분율에 비례해서 무상으로 주식을 교부하는 증자방법

■ 무상증자의 영향

1. 자본금 : 증가
2. 자본 : 불변 ☞ 형식적 증자

- 무상증자(형식적 증자)

(차)	자 본 잉 여 금	×××	(대) 자 본 금	×××
or	법 정 적 립 금	×××		

예제

유상증자

(1) (주)민준은 20×1년 4월 1일에 유상증자를 실시하여 보통주 100주를 발행하였다. 보통주식의 액면금액은 ₩5,000, 발행가액은 ₩7,000이다.

(2) (주)민준은 20×1년 7월 1일에 유상증자를 실시하여 보통주 100주를 발행하였다. 보통주식의 액면금액은 ₩5,000, 발행가액은 ₩2,500이다.

(3) (주)민준은 20×1년 8월 1일에 유상증자를 실시하여 보통주 100주를 발행하였다. 보통주식의 액면금액은 ₩5,000, 발행가액은 ₩6,000이며, 주식발행비용 ₩10,000이 발생하였다.

(4) (주)민준은 20×1년 9월 1일에 유상증자를 실시하여 보통주 100주를 발행하였다. 보통주식의 액면금액은 ₩5,000, 발행가액은 ₩2,000이며, 주식발행비용 ₩20,000이 발생하였다.

다음 물음에 답하시오.

(물음1) 거래 일자별로 행할 회계처리를 하시오.
(물음2) 상기 거래가 자본총계에 미치는 영향은 얼마인가?

풀이

(물음1) 일자별 회계처리

20×1년 4월 1일(할증발행)

(차)	현 금	700,000	(대)	자 본 금	500,000
				주식발행초과금	200,000

20×1년 7월 1일(할인발행)

(차)	현 금	250,000	(대)	자 본 금	500,000
	주식발행초과금	200,000			
	주식할인발행차금	50,000			

20×1년 8월 1일(할증발행)

(차)	현 금	600,000	(대)	자 본 금	500,000
				주식할인발행차금	50,000
				주식발행초과금	50,000
(차)	주식발행초과금	10,000	(대)	현 금	10,000

20×1년 9월 1일(할인발행)

(차)	현 금	200,000	(대)	자 본 금	500,000
	주식발행초과금	40,000			
	주식할인발행차금	260,000			
(차)	주식할인발행차금	20,000	(대)	현 금	20,000

(물음2) 자본총계에 미치는 영향

20×1년 4월 1일 :	₩700,000	
20×1년 7월 1일 :	250,000	
20×1년 8월 1일 :	₩600,000−10,000	= 590,000
20×1년 9월 1일 :	₩200,000−20,000	= 180,000
합 계	₩1,720,000	

예제

무상증자

(주)민준은 주식발행초과금 ₩50,000,000, 법정적립금 ₩100,000,000을 재원으로 하는 무상증자를 실시하였다. 주식의 액면금액은 ₩5,000이며, 무상증자를 통해 신주 30,000주가 발행되었다.
다음 물음에 답하시오.

(물음1) 상기 거래의 회계처리를 하시오.
(물음2) 상기 거래가 자본총계에 미치는 영향은 얼마인가?

풀이

(물음1) 일자별 회계처리

(차)	주식발행초과금	50,000,000	(대) 자 본 금	150,000,000
	법 정 적 립 금	100,000,000		

(물음2) 자본총계에 미치는 영향
₩0

핵심요약 감자거래

☞ 감자 : 기업이 이미 발행한 주식을 취득하여 소각하는 것을 의미하는 것으로서 **자본금을 감소**시키는 거래

☞ 감자의 종류 : 유상감자와 무상감자

01 유상감자

■ **유상감자의 영향**

1. 자본금 : 감소
2. 자본 : 감소 ☞ 실질적 감자

• 감자시 지급한 현금 < 자본금

(차) 자 본 금	×××	(대) 현 금	×××
		감 자 차 익	×××

• 감자시 지급한 현금 > 자본금

(차) 자 본 금	×××	(대) 현 금	×××
감 자 차 손	×××		

☞ 감자차익 : 감자차익은 자본잉여금

☞ 감자차손 : 감자차손은 자본조정

02 무상감자

☞ 무상감자 : 누적된 **결손금을 보전할 목적**으로 실시됨

→ 무상감자를 하게 되면 감자차익이 발생하는데, 이 감자차익과 결손금을 상계하여 결손금을 보전하려는 차원에서 무상감자가 실시됨

■ 무상감자의 영향

1. 자본금 : 감소
2. 자본 : 불변 ☞ 형식적 감자

• 무상감자(형식적 감자)

(차)	자본금	×××	(대)	감자차익	×××
(차)	감자차익	×××	(대)	미처리결손금	×××

예제

유상감자

(1) (주)민준은 20×1년 1월 1일 현재 자본금과 주식발행초과금은 다음과 같으며, 보통주의 발행주식수는 1,000주로 주당 액면금액은 ₩5,000이며, 최초발행금액은 주당 ₩6,000이다.

자본금	주식발행초과금
₩5,000,000	₩1,000,000

(2) (주)민준은 20×1년 7월 1일에 유통중인 자사 보통주식 100주를 주당 ₩5,500에 취득하고 즉시 소각하였다.

(3) (주)민준은 20×1년 9월 1일에 유통중인 자사 보통주식 100주를 주당 ₩4,400에 취득하고 즉시 소각하였다.

다음 물음에 답하시오.

(물음1) 거래 일자별(7월 1일, 9월 1일)로 행할 회계처리를 하시오.
(물음2) 상기 거래(7월 1일, 9월 1일)가 자본총계에 미치는 영향은 얼마인가?

풀이

(물음1) 일자별 회계처리

20×1년 7월 1일

(차)	자본금	500,000	(대) 현금	550,000
	감자차손	50,000		

20×1년 9월 1일

(차)	자본금	500,000	(대) 현금	440,000
			감자차손	50,000
			감자차익	10,000

(물음2) 자본총계에 미치는 영향

20×1년 7월 1일 :	(₩550,000)
20×1년 9월 1일 :	(440,000)
합 계	(₩990,000)

예제

무상감자

(주)민준은 20×1년 1월 1일에 주식 100주(주당 액면금액 ₩5,000)를 주당 ₩7,000에 발행하였다. 20×2년 4월 1일에 기발행된 주식 40주를 무상으로 매입하여 즉시 소각하였다. 다음 물음에 답하시오. (단, 물음1,2와 물음3,4는 각각 독립적이다.)

(물음1) 20×2년 4월 1일의 회계처리를 하시오.
(물음2) 물음1의 거래가 자본총계에 미치는 영향은 얼마인가?
(물음3) 주식소각의 목적이 결손금 ₩150,000의 보전일 경우, 20×2년 4월 1일의 회계처리를 하시오.
(물음4) 물음3의 거래가 자본총계에 미치는 영향은 얼마인가?

풀이

(물음1) 감자시 회계처리

(차)	자본금	200,000	(대)	감자차익	200,000

(물음2) 자본총계에 미치는 영향
영향 없음

(물음3) 감자시 회계처리

(차)	자본금	200,000	(대)	감자차익	200,000
(차)	감자차익	150,000	(대)	미처리결손금	150,000

(물음4) 자본총계에 미치는 영향
영향 없음

핵심요약 자기주식

01 자기주식의 의의

☞ 자기주식 : 기업이 이미 발행한 주식을 **주식소각목적 혹은 매각목적으로 재취득한 주식**

☞ 자기주식의 취득 : 취득목적과 무관하게 **자본의 차감항목**(자본조정)

02 자기주식의 회계처리

☞ 원가법 : 자기주식 취득시 그 취득원가를 자기주식 계정에 계상하는 방법

① 취득시

(차) 자기주식	×××	(대) 현금	×××

② 처분시

• 취득원가<처분가액

(차) 현금	×××	(대) 자기주식	×××
		자기주식처분이익*	×××

• 취득원가>처분가액

(차) 현금	×××	(대) 자기주식	×××
자기주식처분손실*	×××		

* 자기주식처분손실은 자기주식처분이익과 우선적으로 상계함

■ 자기주식처분이익과 자기주식처분손실

1) 자기주식처분이익과 자기주식처분손실
- 자기주식처분이익 : 자본잉여금
- 자기주식처분손실 : 자본조정

2) 자기주식처분이익과 자기주식처분손실의 상계
자기주식처분이익과 자기주식처분손실은 상계하여 재무상태표에 표시함
→ 두 계정과목은 재무상태표에 동시에 표시 불가

③ 소각시(감자시)

- 취득가액 < 액면금액

(차) 자본금	×××	(대) 자기주식	×××
		감자차익*	×××

- 취득가액 > 액면금액

(차) 자본금	×××	(대) 자기주식	×××
감자차손*	×××		

* 감자차손을 감자차익과 우선적으로 상계함

☞ 감자차익(자본잉여금) : 액면금액 − 자기주식의 취득원가
☞ 감자차손(자본조정) : 자기주식의 취득원가 − 액면금액

④ 자기주식의 무상수증시

- 회계처리 없음

☞ 비망기록한 자기주식을 처분하는 시점에 처분가액을 전액 자기주식처분이익으로 인식함

예제

자기주식 거래

20×0년 초 (주)민준은 액면 ₩5,000의 보통주식 2,000주를 ₩15,000,000에 발행하여 설립되었다.
다음은 20×1년 중의 자기주식관련 거래 내용이다.

- 3월 1일 자기주식 20주를 주당 ₩7,000에 취득
- 4월 1일에 자기주식 6주를 ₩7,500에 매각
- 5월 1일에 자기주식 4주를 ₩5,200에 매각
- 6월 1일에 자기주식 10주를 소각
- 7월 1일에 대주주로부터 자기주식 10주를 무상으로 증여받음
- 8월 1일에 대주주로부터 증여받은 자기주식을 10주를 주당 6,000에 매각

다음 물음에 답하시오.

(물음1) 20×1년에 일자별로 행할 회계처리를 하시오.
(물음2) 20×1년의 거래가 자본총계에 미치는 영향은 얼마인가?

풀이

(물음1) 회계처리
(3월 1일)

(차)	자기주식	140,000*	(대) 현금	140,000

* ₩7,000×20주=₩140,000

(4월 1일)

(차)	현금	45,000	(대) 자기주식	42,000*
			자기주식처분이익	3,000

* ₩7,000×6주=₩42,000

(5월 1일)

(차)	현금	20,800	(대) 자기주식	28,000*1
	자기주식처분이익*2	3,000		
	자기주식처분손실	4,200		

*1 ₩7,000×4주=₩28,000
*2 자기주식처분손실은 자기주식처분이익과 우선적으로 상계한다.

(6월 1일)

(차)	자 본 금	50,000	(대) 자 기 주 식	70,000
	감 자 차 손	20,000		

(7월 1일)
회계처리 없음

(8월 1일)

(차)	현 금	60,000	(대) 자기주식처분손실	4,200
			자기주식처분이익	55,800

(물음2) 자본총계에 미치는 영향

20×1년 3월 1일 :	(₩140,000)
20×1년 4월 1일 :	45,000
20×1년 5월 1일 :	20,800
20×1년 6월 1일 :	–
20×1년 7월 1일 :	–
20×1년 8월 1일 :	60,000
합 계	(₩14,200)

핵심 요약 주식분할과 주식병합

01 주식분할

☞ 주식분할 : 주식의 **액면가액을 감소**시켜 하나의 주식을 여러 개의 주식으로 분할하는 자본거래

02 주식병합

☞ 주식병합 : 여러 개의 주식을 병합하여 **액면가액을 증가**시키는 자본거래

주식분할과 주식병합

구 분	주식수	액면금액	자본금	자본	회계처리
주식분할	증가	감소	불변	불변	없음
주식병합	감소	증가	불변	불변	없음

핵심요약 손익거래

01 기타포괄손익누계액

1) 포괄손익계산서의 미실현손익을 의미하는 기타포괄손익은 재무상태표의 기타포괄손익누계액에 집계됨

2) 기타포괄손익 : 손익거래에서 발생한 자본의 변동액 중 장기미실현손익으로 분류되어 포괄손익계산서의 당기순손익에 반영되지 못하는 항목임

기타포괄손익의 항목

① 재평가잉여금
② 확정급여제도의 재측정요소
③ 해외사업환산외환차손익
④ 기타포괄손익-공정가치 측정 금융자산평가손익(채무상품, 지분상품)
⑤ 당기손익-공정가치 측정 금융부채(지정)평가손익
⑥ 효과적인 현금흐름 위험회피수단 파생상품평가손익
⑦ 관계기업기타포괄손익

02 이익잉여금

(1) 이익잉여금의 분류

구 분	내 용
법정적립금	• 의미 : 상법의 규정에 의해 적립된 금액 • 종류 : 이익준비금(현금배당액과 현물배당액의 10분의 1 이상을 이익준비금으로 적립) • 배당가능 여부 : 배당 불능
임의적립금	• 의미 : 정관규정 또는 주주총회의 결의로 적립된 금액 • 종류 : 사업확장적립금, 감채적립금, 결손보전적립금 등 • 배당가능 여부 : 배당 불능 but 향후 이입시 배당 가능해짐
미처분이익잉여금	• 의미 : 아직 이익잉여금 처분이 이루어지지 아니한 이익잉여금 • 배당가능 여부 : 배당 가능 • (−)미처분이익잉여금 : 미처리결손금

(2) 이익잉여금의 처분

이익잉여금의 처분

구 분	내 용
배당	현금배당, 주식배당
적립금의 적립	법정적립금의 적립, 임의적립금의 적립
자본거래 손실의 상각	주식할인발행차금 상각, 자기주식처분손실 상각, 감자차손 상각

미처분이익잉여금의 처분

구 분	자 본	납입자본	기타자본구성요소	이익잉여금
현금배당	감소	불변	불변	감소
주식배당	불변	증가	불변	감소
적립	불변	불변	불변	불변
임의적립금 이입	불변	불변	불변	불변
상각(3가지)	불변	불변	증가	감소

* 단, 현금배당, 주식배당의 경우 결의일에 배당을 하였다고 가정하였음

예제

이익잉여금의 처분

12월말 결산법인인 (주)민준의 20×1년 말 부분재무상태표의 자본은 다음과 같다.

• 자본금(2,000주, 주당 ₩5,000)	₩10,000,000
• 이익준비금	3,000,000
• 미처분이익잉여금	2,000,000

한편, 20×2년 3월 10일에 개최된 주주총회에서 다음과 같은 결의를 하였다.

- 현금배당 : 10%
- 주식배당 : 5%
- 이익준비금 : 법정 최소액

현금배당과 주식배당은 3월 31일에 실시되었다.
다음 물음에 답하시오.

(물음1) 배당기준일, 배당결의일, 배당지급일에 행할 회계처리를 하시오.
(물음2) 배당기준일, 배당결의일, 배당지급일의 거래가 자본총계에 미치는 영향은 각각 얼마인가?

풀이

(물음1) 회계처리
① 배당기준일(20×1년 12월 31일)
회계처리 없음

② 배당결의일(20×2년 3월 10일)

(차)	미처분이익잉여금	1,600,000	(대)	미지급배당금	1,000,000[*1]
				미교부주식배당금	500,000[*2]
				이익준비금	100,000[*3]

*1 10,000,000×10%=₩1,000,000
*2 10,000,000×5%=₩500,000
*3 1,000,000(현금배당액)×10%=₩100,000

③ 배당지급일(20×2년 3월 31일)

(차)	미 지 급 배 당 금	1,000,000	(대) 현 금	1,000,000
	미교부주식배당금	500,000	자 본 금	500,000

(물음2) 자본 총계에 미치는 영향

① 배당기준일(20×1년 12월 31일)

영향 없음

② 배당결의일(20×2년 3월 10일)

(₩1,000,000)

③ 배당지급일(20×2년 3월 31일)

영향 없음

핵심요약 자본의 증감분석

01 자본변동 거래

자본총계의 변동

자본총계 증가 거래	자본총계 감소 거래	자본총계 불변 거래
자본거래	자본거래	자본거래
유상증자	유상감자	무상증자, 무상감자
자기주식 처분	자기주식 취득	자기주식 소각
	현금배당	주식배당
		법정, 임의적립금 적립
		주식분할, 주식병합
손익거래	손익거래	
당기순이익	당기순손실	
기타포괄이익	기타포괄손실	

02 자본의 증감분석

기말 자본 = 기초 자본 ± 손익거래 변동*1 ± 자본거래 변동*2

*1 (+)효과 : 당기순이익, 기타포괄이익

*1 (−)효과 : 당기순손실, 기타포괄손실

*2 (+)효과 : 예 유상증자액

*2 (−)효과 : 예 현금배당금

(주의) 주식배당금은 자본의 변동에 영향을 미치지 않음

제 16 장

복합금융상품

핵심 요약 전환사채

01 전환사채의 기본개념

1) 상환할증금 : 전환사채의 만기까지 전환권을 행사하지 않을 경우 만기에 액면금액에 추가하여 지급하기로 약정한 금액으로 **전환사채 장부금액에 가산하는 부채임**

2) 전환권대가(전환권의 가치)

① 전환사채의 발행금액 = 일반사채의 공정가치(현재가치) + 전환권대가(자본항목)
② **전환권대가 = 전환사채의 발행금액 − 일반사채의 공정가치**(일반사채일 경우 발행금액)
③ 일반사채의 공정가치 = 미래 현금흐름(액면금액 + 액면이자 + 상환할증금)을 일반사채의 시장이자율로 할인한 현재가치

02 전환사채의 회계처리(액면발행)

(1) 전환사채 발행시 회계처리

1) 상환할증금이 없는 경우(액면상환 조건)

(차)	현금	×××*1	(대) 전환사채	×××*2
	전환권조정	×××*2	전환권대가	×××*3

*1 전환사채 발행금액
*2 일반사채의 공정가치(일반사채를 가정한 현재가치)
*3 전환권가치(전환사채 발행금액 − 일반사채의 공정가치)

☞ 전환권가치 : **전환권대가**(자본조정으로서 자본항목)로 인식

☞ 전환권이 행사되어 주식을 발행하는 시점에 전환권대가를 주식의 발행금액으로 보아 주식발행초과금으로 대체하는 것은 기업의 자율에 따름

☞ 전환권조정 : **사채할인발행차금과 동일한 성격**으로서 액면금액으로 표시된 전환사채의 차감계정으로 표시됨

2) 상환할증금이 있는 경우(상환할증금 지급조건)

■ **전환사채 발행시**

- **전환권대가(가치) = 전환사채 발행금액 − 일반사채의 공정가치**
- 발행일의 전환권조정 = 전환권대가 + 사채상환할증금(단, 발행일에 한함)

(차)			(대)	
현금	×××*1		전환사채	×××*2
전환권조정	×××*2		사채상환할증금	×××*2
			전환권대가	×××*3

*1 전환사채 발행금액

*2 일반사채 공정가치(일반사채를 가정한 현재가치)

*3 전환권가치(전환사채 발행금액 − 일반사채의 공정가치)

(2) 결산시 회계처리

- 이자비용 = 전환사채 기초 장부금액 × 일반사채의 시장이자율
- 전환권조정 상각액 = 이자비용 − 전환사채 표시이자

(차)			(대)	
이자비용	×××		현금	×××
			전환권조정	×××

(3) 전환사채 전환시 회계처리

☞ 전환권이 행사되어 전환사채가 보통주로 전환되는 경우, 장부금액법을 따르고 있기 때문에 **전환에 따른 손익은 인식하지 아니함**

[상환할증금이 없는 경우]

(차) 전환사채	×××[*1]	(대) 전환권조정	×××[*1]
전환권대가	×××[*2]	자본금	×××[*3]
		주식발행초과금	×××[*4]

*1 전환사채 장부금액×전환비율

*2 발행일의 전환권대가×전환비율

*3 발행주식의 액면금액

*4 대차차액

[상환할증금이 있는 경우]

(차) 전환사채	×××[*1]	(대) 전환권조정	×××[*1]
사채상환할증금	×××[*1]	자본금	×××[*3]
전환권대가	×××[*2]	주식발행초과금	×××[*4]

*1 전환사채 장부금액×전환비율

*2 발행일의 전환권대가×전환비율

*3 발행주식의 액면금액

*4 대차차액

전환사채 전환시 주식의 발행금액=(전환사채 장부금액+전환권대가)×전환비율

예제

상환할증금이 없는 경우의 전환사채(액면상환 조건)

(주)민준은 20×1년 1월 1일 다음과 같은 전환사채를 액면발행하였다(단, 시장이자율 15%, 기간 3년, 1원의 현가계수는 0.6575이고 1원의 연금현가계수는 2.2832이다).

① 액면금액 : ₩1,000,000
② 표시이자율 : 연 7%
③ 일반사채 시장수익률 : 연 15%
④ 발행금액 : ₩1,000,000
⑤ 이자지급방법 : 매연도 말 후급
⑥ 상환기일(만기) : 20×3. 12. 31
⑦ 전환조건 : 전환으로 인하여 발행되는 주식 1주(액면금액 : 5,000원)에 대하여 요구되는 사채발행금액은 20,000원으로 한다.
⑧ 원금상환방법 : 상환기일에 액면금액을 일시상환

전환사채와 관련하여 다음 물음에 답하시오.

(물음1) 20×1년 초 전환권대가는 얼마인가?
(물음2) 20×1년 초(전환사채 발행시)의 회계처리를 하시오.
(물음3) 20×1년 초 전환사채와 관련하여 부분재무상태표를 표시하시오.
(물음4) 20×1년 말의 회계처리를 하시오.
(물음5) 20×1년 말 전환사채와 관련하여 부분재무상태표를 표시하시오.
(물음6) 20×3년 1월 1일 전환사채의 50%를 전환하였을 경우의 회계처리를 하시오.
(물음7) 20×3년 1월 1일 전환사채의 50% 전환시 자본의 증가액은 얼마인가?

풀이

* 전환사채의 현금흐름

	20×1년 1월 1일	20×1년 12월 31일	20×2년 12월 31일	20×3년 12월 31일
원금				₩1,000,000
액면이자		₩70,000	₩70,000	₩70,000

(참고) 유효이자율법에 의한 상각표

연 도	기초 장부금액	사채이자 비용	현금지급 이자	전환권조정		기말 장부금액
	①	①×15%=②	③	상각액 (②−③=④)	잔액	①+④
20×1	₩817,324	₩122,599	₩70,000	₩52,599	₩130,077	₩869,923
20×2	869,923	130,488	70,000	60,488	69,589	930,411
20×3	930,411	139,589	70,000	69,589	0	1,000,000
계		₩392,676	₩210,000	₩182,676		

(물음1) 전환권대가

1) 발행가 : ₩1,000,000

2) 일반사채의 가치 :

이자현가 70,000×2.2832(이자율 15%, 기간 3, 1원의 연금현가)	=	159,824
원금현가 1,000,000×0.6575(이자율 15%, 기간 3, 1원의 현가)	=	657,500
		₩817,324

∴ 전환권의 대가 : ₩1,000,000−₩817,324=₩182,676

(물음2) 20×1년 초 전환사채 발행시 회계처리

(차)	현 금	817,324	(대)	전 환 사 채	1,000,000
	전 환 권 조 정	182,676			
(차)	현 금	182,676	(대)	전 환 권 대 가	182,676

(물음3) 20×1년 초 전환사채 발행시 부분재무상태표

비유동부채	
전환사채	1,000,000
전환권조정	(182,676)
	817,324
자본	
전환권대가	**182,676**

(물음4) 20×1년 말 이자지급시 회계처리

(차)	이자비용	122,599	(대) 현금	70,000
			전환권조정	52,599

(물음5) 20×1년 말 전환사채 관련 부분재무상태표

비유동부채	
전환사채	1,000,000
전환권조정	(130,077)
	869,923
자본	
전환권대가	**182,676**

(물음6) 20×3년 초 전환사채 전환시 회계처리

(차)	전환사채	500,000	(대) 자본금	125,000[*2]
	전환권대가	91,338[*1]	주식발행초과금	431,543[*4]
			전환권조정	34,795[*3]

*1 182,676×500,000/1,000,000=91,338

*2 발행주식수 : 500,000÷20,000=25주
자본금 : 25주×5,000=125,000

*3 전환권조정 상각 : 69,589×500,000/1,000,000=34,795

*4 대차차액

(물음7) 20×3년 초 전환사채 전환시 자본증가액

자본증가액=전환일 현재 전환사채의 장부금액=930,411×50%=₩465,205

02 신주인수권부사채의 액면발행

(1) 신주인수권부사채 발행시 회계처리

1) 상환할증금이 없는 경우(액면상환 조건)

(차)			(대)	
현금	×××[*1]		신주인수권부사채	×××[*2]
신주인수권조정	×××[*2]		신주인수권대가	×××[*3]

*1 신주인수권부사채 발행금액

*2 일반사채의 공정가치(일반사채를 가정한 현재가치)

*3 신주인수권가치(신주인수권부사채 발행금액 – 일반사채의 공정가치)

☞ 신주인수권가치 : **신주인수권대가**(자본조정으로서 자본항목)로 인식

☞ 신주인수권이 행사되어 주식을 발행하는 시점에 신주인수권대가를 주식의 발행금액으로 보아 주식발행초과금으로 대체하는 것은 기업의 자율에 따름

☞ 신주인수권조정 : **사채할인발행차금과 동일한 성격**으로서 액면금액으로 표시된 신주인수권부사채의 차감계정으로 표시됨

2) 상환할증금이 있는 경우(상환할증금 지급조건)

■ **신주인수권부사채 발행시**

- **신주인수권대가(가치) = 신주인수권부사채 발행금액 – 일반사채의 공정가치**
- 발행일의 신주인수권조정 = 신주인수권대가 + 사채상환할증금(단, 발행일에 한함)

(차)			(대)	
현금	×××[*1]		신주인수권부사채	×××[*2]
신주인수권조정	×××[*2]		사채상환할증금	×××[*2]
			신주인수권대가	×××[*3]

*1 신주인수권부사채 발행금액

*2 일반사채 공정가치(일반사채를 가정한 현재가치)

*3 신주인수권가치(신주인수권부사채 발행금액 – 일반사채의 공정가치)

(2) 결산시 회계처리

- 이자비용 = 신주인수권부사채 기초 장부금액×일반사채의 시장이자율
- 신주인수권조정 상각액 = 이자비용 − 신주인수권부사채 표시이자

(차) 이 자 비 용	×××	(대) 현 금	×××
		신 주 인 수 권 조 정	×××

예제

상환할증금이 있는 경우의 신주인수권부사채(액면발행)

㈜민준은 20×1년 1월 1일 다음과 같은 상환할증금 지급조건의 비분리형 신주인수권부사채를 액면발행하였다. (단, 시장이자율 15%, 기간 3년, 1원의 현가계수는 0.6575이고 1원의 연금현가계수는 2.2832이다.)

① 액면금액 : ₩1,000,000
② 표시이자율 : 연 7%
③ 일반사채 시장수익률 : 연 15%
④ 발행금액 : ₩1,000,000
⑤ 이자지급방법 : 매연도 말 후급
⑥ 상환기일(만기) : 20×3. 12. 31
⑦ 신주인수조건 : 신주인수권 행사시에는 사채 액면금액 ₩20,000당 보통주 1주(액면금액 ₩5,000)를 행사가격인 ₩20,000에 인수할 수 있다.
⑧ 원금상환방법 : 신주인수권을 행사하지 않는 경우 상환기일에 액면금액의 116.86%를 일시상환
⑨ 회계정책 : 신주인수권대가로 인식한 금액을 신주인수권 행사시 주식발행초과금으로 대체하는 정책을 채택하고 있다.

다음 물음에 답하시오.

(물음1) 20×1년 초 신주인수권대가는 얼마인가?
(물음2) 20×1년 초 신주인수권부사채 발행시의 회계처리를 하시오.
(물음3) 20×1년 초 신주인수권부사채와 관련하여 부분재무상태표를 표시하시오.

풀이

* 신주인수권부사채의 현금흐름

	20×1년 1월 1일	20×1년 12월 31일	20×2년 12월 31일	20×3년 12월 31일
원금				₩1,000,000
액면이자		₩70,000	₩70,000	₩70,000
상환할증금				168,600

* 만기상환시의 유효이자율법에 의한 상각표

연 도	기 초 장부금액	유효이자 (15%)	액면이자 (7%)	신주인수권조정		기말 장부금액
	①	①×15%=②	③	상각액 (②-③=④)	잔액	①+④
20×1	₩928,179	₩139,227	₩70,000	₩69,227	₩171,194	₩997,406
20×2	997,406	149,611	70,000	79,611	91,583	1,077,017
20×3	1,077,017	161,583*1	70,000	91,583	0	1,168,600
계		₩450,421	₩210,000	₩240,421		

*1 단수차이 조정

(물음1) 신주인수권대가

1) 발행가 : ₩1,000,000

2) 일반사채의 가치 :

이자현가 70,000×2.2832(이자율 15%, 기간 3, 1원의 연금현가)	=	159,824
원금현가 1,168,600*×0.6575(이자율 15%, 기간 3, 1원의 현가)	=	768,355
		₩928,179

* 원금=액면금액+상환할증금=₩1,000,000×116.86%=₩1,168,600

∴ 신주인수권의 대가 : ₩1,000,000−₩928,179=₩71,821

(물음2) 20×1년 초 신주인수권부사채 발행시 회계처리

[총액법 분개]

(차) 현금	928,179	(대) 신주인수권부사채	1,000,000
신주인수권조정	240,421	사채상환할증금	168,600
(차) 현금	71,821	(대) 신주인수권대가	71,821

[순액법 분개]

(차) 현금	928,179	(대) 신주인수권부사채	928,179
(차) 현금	71,821	(대) 신주인수권대가	71,821

(물음3) 20×1년 초 신주인수권부사채 발행시 부분재무상태표

비유동부채	
신주인수권부사채	1,000,000
사채상환할증금	168,600
신주인수권조정	(240,421)
	928,179
자본	
신주인수권대가	**71,821**

제 17 장

주당이익

핵심 요약 주당이익의 기초

01 주당이익의 개념

☞ 주당이익 : 회계기간 동안 발생한 이익 중 보통주 1주에 귀속되는 이익

02 주당이익의 종류

- 기본주당순이익 $= \dfrac{\text{보통주 당기순이익(세후)}}{\text{가중평균유통보통주식수}}$
- 기본주당계속영업이익 $= \dfrac{\text{보통주 계속영업이익(세후)}}{\text{가중평균유통보통주식수}}$
- 희석주당순이익 $= \dfrac{\text{보통주 당기순이익(세후)} + \text{잠재적보통주이익(세후)}}{\text{가중평균유통보통주식수} + \text{잠재적보통주식수}}$
- 희석주당계속영업이익 $= \dfrac{\text{보통주 계속영업이익(세후)} + \text{잠재적보통주이익(세후)}}{\text{가중평균유통보통주식수} + \text{잠재적보통주식수}}$

※ 계속영업이익=당기순이익−중단영업이익

핵심요약 기본주당이익

01 기본주당이익의 산정방법

$$기본주당순이익=\frac{보통주\ 당기순이익(당기순이익-우선주배당금)}{가중평균유통보통주식수}$$

$$기본주당계속영업이익=\frac{보통주\ 계속영업이익(계속영업이익-우선주배당금)}{가중평균유통보통주식수}$$

02 가중평균유통보통주식수

(1) 기산일

① 현금납입의 경우 현금을 받을 권리가 발생하는 날

(ㄱ) 유상증자시 : **납입일 기준**

(ㄴ) 신주인수권이나 주식선택권의 행사 : **납입일 기준**

② 보통주나 우선주 배당금을 자발적으로 재투자하여 보통주가 발행되는 경우

: 배당금의 **재투자일**

③ 채무를 변제하기 위하여 보통주를 발행하는 경우 : **채무변제일**

④ 현금 이외의 자산을 취득하기 위하여 보통주를 발행하는 경우

: **그 자산의 취득을 인식한 날**

⑤ 용역의 대가로 보통주를 발행하는 경우 : **용역제공일**

(2) 누적적 우선주

☞ **배당결의여부와 관계없이 당해 회계기간과 관련한 세후 배당금을 당기순이익에서 차감**하여 보통주 당기순이익을 계산함

→ 전기 이전의 기간과 관련하여 당기에 지급되거나 결의된 누적적 우선주배당금은 보통주 당기순이익의 계산에서 차감하지 아니함

예제

보통주 당기순이익

(주)민준의 20×2 회계연도의 당기순이익과 자본금은 다음과 같다.

당기순이익	₩1,000,000
보통주(액면 ₩1,000, 발행주식수 600주)	₩600,000
우선주(액면 ₩1,000, 발행주식수 200주)	₩200,000

(1) 우선주는 누적적, 비참가적 우선주이며, 배당률은 5%이다.
(2) 20×1년에 대한 우선주 배당금은 지급되지 않았다.
(3) 20×3년 3월 주주총회일에 보통주와 우선주에 대해 배당금을 지급하기로 결의하였는데, 배당결의된 우선주 배당금에는 20×1년분에 대해 지급하지 못한 우선주 배당금이 포함되어 있다.

20×2년 보통주 귀속 당기순이익을 계산하시오.

풀이

누적적 우선주에 대한 미지급 배당금이 있는 경우, 미지급된 배당금은 당기순이익에서 차감하지 아니한다.
우선주 배당금=₩200,000×5%=₩10,000
∴ 보통주 귀속 당기순이익=1,000,000−10,000=₩990,000

예제

유상증자 및 자기주식의 주당순이익

다음은 (주)민준의 20×1 회계연도(20×1. 1. 1~20×1. 12. 31)의 당기순이익과 자본금 변동상황에 대한 자료이다.

a. 당기순이익 ₩500,000,000

b. 자본금 변동사항(액면 ₩5,000)

	보통주자본금	
기 초	50,000주	₩250,000,000
기 중		
−4. 1. 유상증자(20%)	10,000주	₩50,000,000
−10. 1. 자기주식 구입	(2,000)주	₩(10,000,000)

- 유통보통주식수 계산시 월할계산을 가정한다.
- 4. 1. 유상증자시 시가 이하로 유상증자하지 않았다.

c. 20×1 회계연도 이익에 대한 배당(현금배당)
 −우선주 배당금 : ₩20,000,000

다음 물음에 답하시오.

(물음1) (주)민준의 20×1년도 가중평균유통보통주식수는 몇 주인가?
(물음2) (주)민준의 20×1년도 기본주당순이익은 얼마인가?(단, 유통보통주식수는 60,000주로 가정한다.)

풀이

(물음1) 가중평균유통보통주식수
유통보통주식수=50,000+10,000×9/12−2,000×3/12=57,000주

(물음2) 기본주당순이익
기본주당순이익=(₩500,000,000−₩20,000,000)/60,000주=₩8,000

예제

유상증자, 무상증자 및 자기주식의 주당순이익

다음은 (주)민준의 20×1 회계연도(20×1. 1. 1~20×1. 12. 31)의 당기순이익과 자본금 변동상황에 대한 자료이다.

a. 당기순이익 ₩500,000,000

b. 자본금 변동사항(액면 ₩5,000)

	보통주자본금		우선주자본금	
• 기 초	100,000주	₩500,000,000	20,000주	₩100,000,000
• 기 중				
4.1 유상증자 20%	20,000	100,000,000		
7.1 무상증자 10%	12,000	60,000,000		
10.1 자기주식 구입	(4,000)	(20,000,000)		
• 기 말	128,000주	₩640,000,000	20,000주	₩100,000,000

• 4월 1일 유상증자분은 전액 공정가치로 발행되었다.

c. 20×1년 회계연도 이익에 대한 배당(현금배당)

−보통주 : 10%

−우선주 : 20%

다음 물음에 답하시오.

(물음1) (주)민준의 20×1년도 가중평균유통보통주식수는 몇 주인가?

(물음2) (주)민준의 20×1년도 기본주당순이익은 얼마인가?(단, 기본주당순이익은 소수점 첫째자리에서 반올림하는 것으로 가정한다.)

풀이

(물음1) 가중평균유통보통주식수

유통보통주식수=100,000×1.1+20,000×1.1×9/12−4,000×3/12=125,500주

(물음2) 기본주당순이익

보통주 당기순이익=₩500,000,000−100,000,000×20%=₩480,000,000

∴ 기본주당순이익=₩480,000,000/125,500주=₩3,825

예제

시가 이하의 유상증자

(주)민준의 기중 보통주식수 변동내역은 다음과 같다.

• 기 초	32,000주
• 기 중	
4. 1 유상증자	12,000주
• 기 말	44,000주

4월 1일에 실시한 유상증자는 공정가치 미만으로 실시되었으며, 유상증자 권리행사일 전의 공정가치는 주당 ₩300이고 유상증자시의 주당 발행가액은 ₩200이다.
가중평균유통보통주식수를 계산하시오.

풀이

(물음) 가중평균유통보통주식수

1. 무상증자비율

(1) 유상증자 주식수	12,000주
공정가치 유상신주 (12,000주×₩200)÷₩300	(8,000주)
무상증자 주식수	4,000주

(2) 무상증자비율 : 4,000÷(32,000+8,000)=10%

2. 가중평균유통보통주식수

유통보통주식수 : 32,000×1.1+8,000×1.1×9/12=41,800주

핵심요약 (심화) 희석주당이익

01 희석주당이익의 의의

☞ 희석주당이익 : 희석주당이익은 실제 발행된 **보통주뿐만 아니라 보통주로 전환될 수 있는 잠재적보통주까지 고려하여 산출한 주당이익**을 말함

02 희석주당이익의 산정방법

- 희석주당순이익 = $\dfrac{\text{보통주 당기순이익(세후)} + \text{잠재적보통주 이익증가분(세후)}}{\text{가중평균유통보통주식수} + \text{잠재적보통주식수}}$
- 희석주당계속영업이익 = $\dfrac{\text{보통주 계속영업이익(세후)} + \text{잠재적보통주 이익증가분(세후)}}{\text{가중평균유통보통주식수} + \text{잠재적보통주식수}}$

※ 계속영업이익 = 당기순이익 − 중단영업이익

03 잠재적보통주

☞ 잠재적보통주 : 보통주를 받을 수 있는 권리가 보유자에게 부여된 금융상품이나 계약

☞ 잠재적보통주의 예

① 보통주로 전환할 수 있는 금융부채나 지분상품(예 **전환사채, 전환우선주**)

② 옵션과 주식매입권(예 **주식선택권**, 신주인수권부사채의 **신주인수권**)

③ 사업인수나 자산취득과 같이 계약상 합의에 따라 조건이 충족되면 발행하는 보통주 (예 **조건부발행보통주**)

☞ 희석성 잠재적보통주 : **회계기간의 기초에 전환된 것으로 보되 당기에 발행된 것은 그 발행일에 전환된 것으로 봄**

☞ 당기에 보통주로 전환된 잠재적보통주 : **기초부터 전환일의 전일까지 희석주당이익의 계산에 포함함**

가중평균유통보통주식수와 잠재적보통주식수

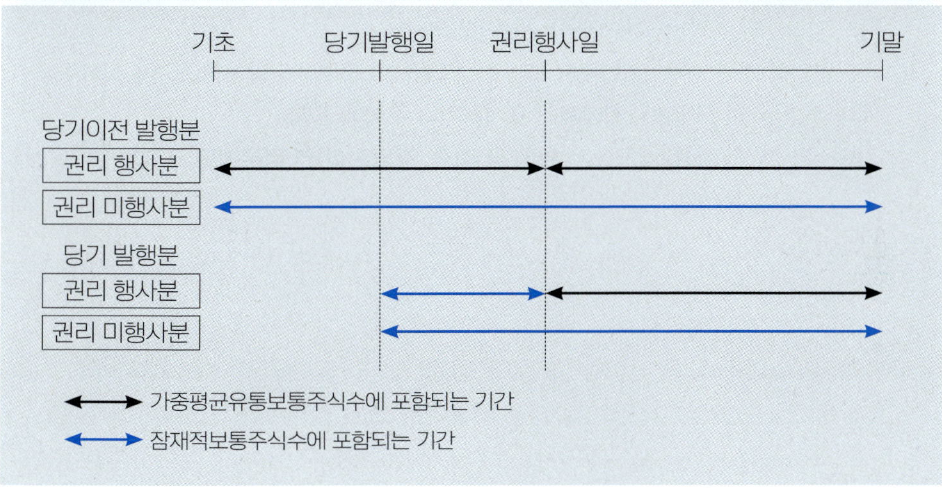

핵심요약 재무제표의 표시

① 중단영업이 **없는** 경우 : 기본주당이익, 희석주당이익을 **포괄손익계산서에 표시**
(중단영업손익 = 0 → 당기순이익 = 계속영업이익)
② 중단영업이 **있는** 경우 : 기본주당이익, 희석주당이익, 기본주당계속영업이익, 희석주당계속영업이익을 **포괄손익계산서에 표시하거나 주석에 공시**
③ 기본주당이익과 희석주당이익이 **부의 금액(즉, 주당손실)인 경우에도 표시함**

제 18 장

주식기준보상

핵심요약 주식기준보상의 기초개념

01 주식기준보상의 개념

주식기준보상거래

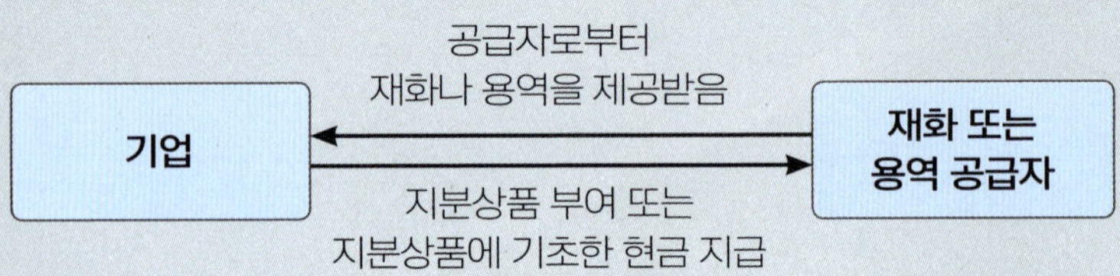

02 주식기준보상의 유형

(1) 주식결제형 주식기준보상거래

☞ 기업이 재화나 용역을 제공받는 대가로 기업의 지분상품(주식 또는 주식선택권 등)을 부여하는 주식기준보상거래

예 종업원이 기업의 주식을 ₩10,000(행사가격)에 매수할 수 있는 주식선택권을 보유함. 권리 행사시 기업의 주가는 ₩13,000임

→ 종업원이 주식결제형 주식선택권 행사시 현금 ₩10,000을 지급하고 ₩13,000의 주식을 수령하므로 ₩3,000만큼의 차익을 얻을 수 있음

(2) 현금결제형 주식기준보상거래

☞ 기업이 재화나 용역을 제공받는 대가로 회사의 주식이나 다른 지분상품의 가치에 기초하여 현금이나 기타자산으로 결제하는 주식기준보상거래

예 종업원이 기업의 주식을 ₩10,000(행사가격)에 매수할 수 있는 주식선택권을 보유함. 권리 행사시 기업의 주가는 ₩13,000임

→ 종업원이 현금결제형 주가차액보상권 행사시 주가(₩13,000)와 행사가격(₩10,000)의 차액인 ₩3,000을 수령하므로 ₩3,000만큼의 차익을 얻을 수 있음

(3) 선택형 주식기준보상거래

☞ 기업이 재화나 용역을 제공받는 대가로 기업 또는 재화나 용역의 공급자가 약정에 따라 지분상품의 발행이나 현금의 지급 중 하나를 선택할 수 있는 주식기준보상거래

핵심요약 주식결제형 주식기준보상거래

01 (심화) 보상원가의 측정

■ **보상원가의 측정**

① 원칙 : 제공받은 재화나 용역의 공정가치로 직접 측정

② 예외(제공받은 재화나 용역의 공정가치를 신뢰성 있게 측정할 수 없는 경우)

: 부여한 지분상품의 공정가치를 기초로 간접 측정

(심화) 보상원가의 측정

<table>
<tr><th colspan="3">재화나 용역의 제공자</th><th>재화 · 용역의 측정금액</th><th>측정일 기준</th></tr>
<tr><td rowspan="2">종업원인 경우</td><td colspan="2">(1순위)부여한 지분상품의 공정가치를 신뢰성 있게 추정할 수 있는 경우</td><td>부여한 지분상품의 공정가치</td><td>부여일</td></tr>
<tr><td colspan="2">(2순위)부여한 지분상품의 공정가치를 신뢰성 있게 추정할 수 없는 경우</td><td>부여한 지분상품의 내재가치</td><td>재화나 용역을 제공받은 날</td></tr>
<tr><td rowspan="3">종업원이 아닌 거래상대방</td><td colspan="2">(1순위)제공받은 재화나 용역을 신뢰성 있게 추정할 수 있는 경우</td><td>제공받은 재화나 용역의 공정가치</td><td>재화나 용역을 제공받은 날</td></tr>
<tr><td rowspan="2">제공받은 재화나 용역을 신뢰성 있게 추정할 수 없는 경우</td><td>(2순위)부여한 지분상품의 공정가치를 신뢰성 있게 추정할 수 있는 경우</td><td>부여한 지분상품의 공정가치</td><td>재화나 용역을 제공받은 날</td></tr>
<tr><td>(3순위)부여한 지분상품의 공정가치를 신뢰성 있게 추정할 수 없는 경우</td><td>부여한 지분상품의 내재가치</td><td>재화나 용역을 제공받은 날</td></tr>
</table>

02 회계처리

(1) 보고기간 말의 보상원가

보상원가=**부여일의 공정가치(변동하지 않음)**×가득될 주식선택권의 수량예측치(변동함)

(2) 보고기간 말의 주식보상비용

주식보상비용=당기 말 누적보상원가 인식액−전기 말 누적보상원가 인식액 =당기 말 보상원가×당기 말 용역제공비율*−전기 말 보상원가×전기 말 용역제공비율* * 용역제공비율 = 부여일부터 당기 말까지의 기간 가득기간

(3) 보고기간 말의 회계처리

(차)	주식보상비용	×××	(대)	주식선택권 (기타자본구성요소)	×××

(4) 행사시의 회계처리

(차)	현금	×××[1]	(대)	자본금	×××[2]
	주식선택권	×××[3]		주식발행초과금	×××[4]

1) 행사수량 × 주식선택권의 행사가격

2) 행사수량 × 주식의 액면가액

3) 행사수량 × 부여일 주식선택권의 공정가치

4) 대차차액

예제

주식결제형 주식기준보상거래(용역제공조건)

갑회사는 20×1. 1. 1에 종업원 500명에게 각각 주식결제형 주식선택권 100개를 부여하고 3년의 용역제공조건을 부과하였다. 부여일 현재 주식선택권의 단위당 공정가치는 150원으로 추정되었다.

> 1. 기본조건 : 20×3. 12. 31까지 의무적으로 근무할 것
> 2. 행사가격 : ₩600
> 3. 권리부여일 주식가격 : ₩500(액면가액 ₩500)
> 4. 매기 말 추정한 주식선택권의 단위당 공정가치는 다음과 같다.
>
> 20×1. 12. 31 ₩150　　20×2. 12. 31 ₩180
> 20×3. 12. 31 ₩175　　20×4. 1. 1 ₩170

20×1년 중에 35명이 퇴사하였으며, 회사는 20×2년과 20×3년에도 추가로 60명이 퇴사할 것으로 추정하였다. 20×2년 중에 실제로 40명이 퇴사하였으며, 20×3년에 추가로 25명이 퇴사할 것으로 추정하였다. 20×3년 중에 실제로 22명이 퇴사하였다.
20×4. 1. 1. 가득조건을 충족시킨 종업원 모두 행사가격을 납입하고 주식선택권을 전부 행사하였다. 다음 물음에 답하시오.

(물음1) 20×1년, 20×2년, 20×3년의 주식보상비용을 계산하시오.
(물음2) 20×1년 말, 20×2년 말, 20×3년 말의 주식선택권 잔액을 계산하시오.
(물음3) 20×1. 1. 1에서 20×4. 1. 1까지의 회계처리를 하시오.

풀이

(물음1) 주식보상비용

보상원가의 산정

구 분	행사가능수량	공정가치	보상원가
20×1년	100개×(500명−35명−60명) = 40,500개	₩150	₩6,075,000
20×2년	100개×(500명−35명−40명−25명) = 40,000개	₩150	₩6,000,000
20×3년	100개×(500명−35명−40명−22명) = 40,300개	₩150	₩6,045,000

주식보상비용

구 분	누적 주식보상비용	주식보상비용
20×1년	₩6,075,000 ×1/3 =₩2,025,000	₩2,025,000
20×2년	₩6,000,000 ×2/3 =₩4,000,000	₩4,000,000−₩2,025,000=₩1,975,000
20×3년	₩6,045,000 ×3/3 =₩6,045,000	₩6,045,000−₩4,000,000=₩2,045,000

(물음2) 주식선택권(=누적 주식보상비용)

20×1년 말 주식선택권=₩2,025,000

20×2년 말 주식선택권=₩4,000,000

20×3년 말 주식선택권=₩6,045,000

(물음3) 회계처리

(1) 20×1. 12. 31

(차)	주식보상비용	2,025,000	(대)	주식선택권	2,025,000

(2) 20×2. 12. 31

(차)	주식보상비용	1,975,000	(대)	주식선택권	1,975,000

(3) 20×3. 12. 31

(차)	주식보상비용	2,045,000	(대)	주식선택권	2,045,000

(4) 20×4. 1. 1

(차)	현금	24,180,000[1]	(대)	자본금	20,150,000[2]
	주식선택권	6,045,000[3]		주식발행초과금	10,075,000[4]

1) 40,300개×600=₩24,180,000
2) 40,300개×500=₩20,150,000
3) 40,300개×150=₩6,045,000
4) 대차차액

예제

주식결제형 주식기준보상거래(성과조건)

(주)민준은 20×1년 초 종업원 100명에게 각각 주식결제형 주식선택권을 부여하였다. 해당 주식선택권을 행사하기 위해서는 4년간(20×1년~20×4년) 근무를 해야 하며, 해당 4년간 평균 매출성장률에 따라 부여되는 1인당 주식선택권의 수는 다음과 같다.

4년간(20×1년~20×4년) 평균 매출성장률	주식선택권 수
10% 미만	100
10% 이상~15% 미만	150
15% 이상	200

부여일 현재의 주식선택권의 공정가치는 ₩150원으로 측정되었으며, 시기별 예상 가득인원과 주식선택권의 공정가치는 다음과 같다.

연 도	예상 가득인원	4년간 평균 매출성장률	주식선택권의 개당 공정가치
20×1년 말	80명	13% (예상)	₩200
20×2년 말	85명	8% (예상)	₩190
20×3년 말	80명	12% (예상)	₩180
20×4년 말	75명	18% (예상)	₩210

다음 물음에 답하시오.

(물음1) 매년 인식할 주식보상비용을 계산하시오.
(물음2) 각 연도 말의 주식선택권 잔액을 계산하시오.
(물음3) 20×1년 말부터 20×4년 말까지의 회계처리를 하시오.

풀이

(물음1) 주식보상비용

보상원가의 산정

구 분	행사가능수량	공정가치	보상원가
20×1년	150개×80명 = 12,000개	₩150	₩1,800,000
20×2년	100개×85명 = 8,500개	₩150	₩1,275,000
20×3년	150개×80명 = 12,000개	₩150	₩1,800,000
20×4년	200개×75명 = 15,000개	₩150	₩2,250,000

주식보상비용

구 분	누적 주식보상비용	주식보상비용
20×1년	₩1,800,000 ×1/4 = ₩450,000	₩450,000
20×2년	₩1,275,000 ×2/4 = ₩637,500	₩637,500 − ₩450,000 = ₩187,500
20×3년	₩1,800,000 ×3/4 = ₩1,350,000	₩1,350,000 − ₩637,500 = ₩712,500
20×4년	₩2,250,000 ×4/4 = ₩2,250,000	₩2,250,000 − ₩1,350,000 = ₩900,000

(물음2) 주식선택권(=누적 주식보상비용)

20×1년 말 주식선택권=₩450,000

20×2년 말 주식선택권=₩637,500

20×3년 말 주식선택권=₩1,350,000

20×4년 말 주식선택권=₩2,250,000

(물음3) 회계처리

(1) 20×1. 12. 31

(차) 주식보상비용	450,000	(대) 주식선택권	450,000

(2) 20×2. 12. 31

(차) 주식보상비용	187,500	(대) 주식선택권	187,500

(3) 20×3. 12. 31

(차) 주식보상비용	712,500	(대) 주식선택권	712,500

(4) 20×4. 12. 31

(차) 주식보상비용	900,000	(대) 주식선택권	900,000

핵심 요약 현금결제형 주식기준보상거래

01 회계처리

(1) 보고기간 말의 보상원가

보상원가=**보고기간 말의 공정가치(변동함)**×가득될 주가차액보상권의 수량예측치(변동함)

(2) 보고기간 말의 주식보상비용

주식보상비용
=당기 말 누적보상원가 인식액−전기 말 누적보상원가 인식액
=당기 말 보상원가×당기 말 용역제공비율*−전기 말 보상원가 × 전기 말 용역제공비율*
* 용역제공비율 = 부여일부터 당기 말까지의 기간 ÷ 가득기간

(3) 보고기간 말의 회계처리

(차) 주식보상비용	×××	(대) 장기미지급비용 (부채)	×××

(4) 행사시의 회계처리

(차) 장기미지급비용 ×××[1] (대) 현 금 ×××[2]
주식보상비용 ×××[3]

1) 행사수량 × 현금결제형 주가차액보상권의 전기 말 공정가치
2) 행사수량 × 행사일의 내재가치
3) 대차차액

예제

현금결제형 주식기준보상거래(용역제공조건)

갑회사는 20×1. 1. 1에 종업원 500명에게 각각 현금결제형 주가차액보상권 100개를 부여하고 3년의 용역제공조건을 부과하였다. 부여일 현재 주가차액보상권의 단위당 공정가치는 150원으로 추정되었다.

> 1. 기본조건 : 20×3. 12. 31까지 의무적으로 근무할 것
> 2. 행사가격 : ₩600
> 3. 권리부여일 주식가격 : ₩500(액면가액 ₩500)
> 4. 매기 말 추정한 주가차액보상권의 공정가치는 다음과 같다.
>   20×1. 12. 31 ₩150　　20×2. 12. 31 ₩180
>   20×3. 12. 31 ₩175　　20×4. 1. 1 ₩170
> 5. 20×4. 1. 1에 행사된 주가차액보상권의 현금지급액(내재가치) : ₩170

20×1년 중에 35명이 퇴사하였으며, 회사는 20×2년과 20×3년에도 추가로 60명이 퇴사할 것으로 추정하였다. 20×2년 중에 실제로 40명이 퇴사하였으며, 20×3년에 추가로 25명이 퇴사할 것으로 추정하였다. 20×3년 중에 실제로 22명이 퇴사하였다.
20×4. 1. 1. 가득조건을 충족시킨 종업원 모두 주가차액보상권을 전부 행사하였다.
다음 물음에 답하시오.

(물음1) 20×1년, 20×2년, 20×3년의 주식보상비용을 계산하시오.
(물음2) 20×1년 말, 20×2년 말, 20×3년 말의 장기미지급비용 잔액을 계산하시오.
(물음3) 20×1. 1. 1에서 20×4. 1. 1까지의 회계처리를 하시오.

풀이

(물음1) 주식보상비용

보상원가의 산정

구 분	행사가능수량	공정가치	보상원가
20×1년	100개×(500명－35명－60명)＝40,500개	₩150	₩6,075,000
20×2년	100개×(500명－35명－40명－25명)＝40,000개	₩180	₩7,200,000
20×3년	100개×(500명－35명－40명－22명)＝40,300개	₩175	₩7,052,500

주식보상비용

구 분	누적 주식보상비용	주식보상비용
20×1년	₩6,075,000 ×1/3 ＝₩2,025,000	₩2,025,000
20×2년	₩7,200,000 ×2/3 ＝₩4,800,000	₩4,800,000－₩2,025,000＝₩2,775,000
20×3년	₩7,052,500 ×3/3 ＝₩7,052,500	₩7,052,500－₩4,800,000＝₩2,252,500

(물음2) 장기미지급비용(＝누적 주식보상비용)

20×1년 말 장기미지급비용＝₩2,025,000

20×2년 말 장기미지급비용＝₩4,800,000

20×3년 말 장기미지급비용＝₩7,052,500

(물음3) 회계처리

(1) 20×1. 12. 31

(차) 주식보상비용	2,025,000	(대) 장기미지급비용	2,025,000

(2) 20×2. 12. 31

(차)	주 식 보 상 비 용	2,775,000	(대) 장기미지급비용	2,775,000

(3) 20×3. 12. 31

(차)	주 식 보 상 비 용	2,252,500	(대) 장기미지급비용	2,252,500

(4) 20×4. 1. 1

(차)	장기미지급비용	7,052,500	(대) 현 금	6,851,000[1]
			주 식 보 상 비 용	201,500[2]

1) 40,300개×170=₩6,851,000
2) 대차차액

예제

현금결제형 주식기준보상거래(성과조건)

(주)민준은 20×1년 초 종업원 100명에게 각각 현금결제형 주가차액보상권을 부여하였다. 해당 주가차액보상권을 행사하기 위해서는 4년간(20×1년~20×4년) 근무를 해야 하며, 해당 4년간 평균 매출성장률에 따라 부여되는 1인당 주가차액보상권의 수는 다음과 같다.

4년간(20×1년~20×4년) 평균 매출성장률	주가차액보상권 수
10% 미만	100
10% 이상~15% 미만	150
15% 이상	200

시기별 예상 가득 인원과 주가차액보상권의 공정가치는 다음과 같다.

연 도	예상 가득인원	4년간 평균 매출성장률	주가차액보상권의 개당 공정가치
20×1년 말	80명	13% (예상)	₩200
20×2년 말	85명	8% (예상)	₩190
20×3년 말	80명	12% (예상)	₩180
20×4년 말	75명	18% (예상)	₩210

다음 물음에 답하시오.

(물음1) 매년 인식할 주식보상비용을 계산하시오.
(물음2) 각 연도 말의 장기미지급비용 잔액을 계산하시오.
(물음3) 20×1년 말부터 20×4년 말까지의 회계처리를 하시오.

풀이

(물음1) 주식보상비용

보상원가의 산정			
구 분	행사가능수량	공정가치	보상원가
20×1년	150개×80명 = 12,000개	₩200	₩2,400,000
20×2년	100개×85명 = 8,500개	₩190	₩1,615,000
20×3년	150개×80명 = 12,000개	₩180	₩2,160,000
20×4년	200개×75명 = 15,000개	₩210	₩3,150,000

주식보상비용		
구 분	누적 주식보상비용	주식보상비용
20×1년	₩2,400,000 ×1/4 =₩600,000	₩600,000
20×2년	₩1,615,000 ×2/4 =₩807,500	₩807,500 − ₩600,000 =₩207,500
20×3년	₩2,160,000 ×3/4 =₩1,620,000	₩1,620,000 − ₩807,500 =₩812,500
20×4년	₩3,150,000 ×4/4 =₩3,150,000	₩3,150,000 − ₩1,620,000=₩1,530,000

(물음2) 장기미지급비용(=누적 주식보상비용)
20×1년 말 장기미지급비용=₩600,000
20×2년 말 장기미지급비용=₩807,500
20×3년 말 장기미지급비용=₩1,620,000
20×4년 말 장기미지급비용=₩3,150,000

(물음3) 회계처리

(1) 20×1. 12. 31

(차)	주식보상비용	600,000	(대) 장기미지급비용	600,000

(2) 20×2. 12. 31

(차)	주식보상비용	207,500	(대) 장기미지급비용	207,500

(3) 20×3. 12. 31

(차)	주식보상비용	812,500	(대) 장기미지급비용	812,500

(4) 20×4. 12. 31

(차)	주식보상비용	1,530,000	(대) 장기미지급비용	1,530,000

제 19 장

법인세회계

핵심요약 법인세회계의 기초

01 일시적차이 vs. 영구적차이

일시적차이와 영구적차이

회계이익≠과세소득 = 일시적차이 + 영구적차이

구분		발생연도	소멸연도
일시적차이	가산할 일시적차이	−	+
	차감할 일시적차이	+	−
영구적차이		+, −	해당 없음

☞ 일시적차이 : **재무상태표상 자산·부채의 장부금액과 세무회계상 자산·부채의 장부금액인 세무기준액과의 차이임**

☞ 영구적차이 : 회계이익과 과세소득 간에 차이가 발생한 후 **미래기간에 반대의 효과가 나타나지 않아 소멸되지 않는 차이(예 접대비한도초과액, 벌과금)**

02 세무조정 용어

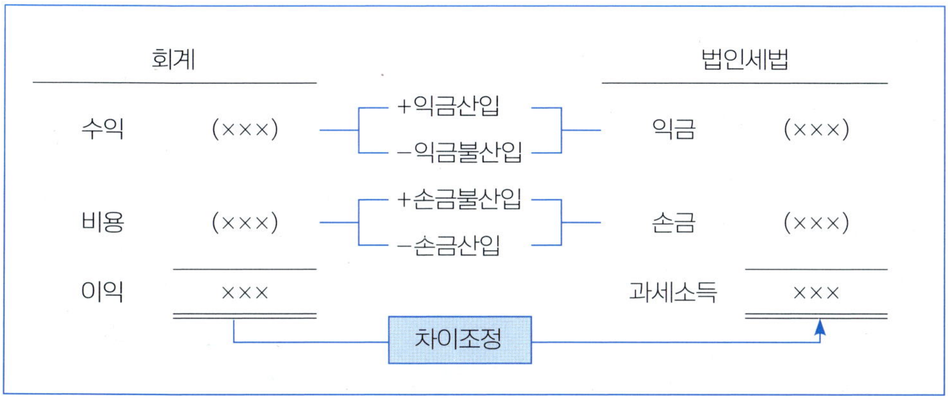

세무조정	내 용
익금산입	회계상 수익에 속하지 않는 항목이지만 세법상 수익에 속하는 항목은 회계상 이익에 가산하는 조정(익금산입)을 함 → **차감할 일시적차이**와 관련(일시적차이에 한함) → **이연법인세자산**과 관련(일시적차이에 한함)
익금불산입	회계상 수익에 속하는 항목이지만 세법상 수익에 속하지 않는 항목은 회계상 이익에서 차감하는 조정(익금불산입)을 함 → **가산할 일시적차이**와 관련(일시적차이에 한함) → **이연법인세부채**와 관련(일시적차이에 한함)
손금산입	회계상 비용에 속하지 않는 항목이지만 세법상 비용에 속하는 항목은 회계상 이익에서 차감하는 조정(손금산입)을 함 → **가산할 일시적차이**와 관련(일시적차이에 한함) → **이연법인세부채**와 관련(일시적차이에 한함)
손금불산입	회계상 비용에 속하는 항목이지만 세법상 비용에 속하지 않는 항목은 회계상 이익에 가산하는 조정(손금불산입)을 함 → **차감할 일시적차이**와 관련(일시적차이에 한함) → **이연법인세자산**과 관련(일시적차이에 한함)

핵심요약 이연법인세회계

01 법인세비용의 계산절차

[1단계] 과세소득에 당기 법인세율을 곱하여 당기법인세부채를 계산

> 당기법인세부채=법인세법상 당기에 납부할 법인세
> =과세소득(법인세비용차감전순이익±일시적차이±영구적차이)×**당기 법인세율**

[2단계] 당기 말 재무상태표에 계상될 이연법인세자산·부채를 계산

> ① 당기 말 현재의 이연법인세자산(부채) 계산
> =당기 말 현재의 일시적차이×일시적차이가 **소멸되는 기간의 미래세율**
> ② 이연법인세자산(부채)의 변동액 인식
> =**당기 말 이연법인세자산(부채)−전기 말 이연법인세자산(부채)**

[3단계] 포괄손익계산서에 계상될 법인세비용을 대차차액으로 도출

> 법인세비용=당기법인세부채±이연법인세자산(부채)

$$\textbf{평균유효세율}=\frac{\text{법인세비용}}{\text{법인세비용차감전순이익}}$$

02 미래 예상세율이 변동되는 경우

☞ 이연법인세자산과 부채 : 보고기간 말까지 제정되었거나 실질적으로 제정된 세율에 근거하여 당해 자산이 실현되거나 부채가 결제될 회계기간에 적용될 것으로 기대되는 세율을 사용하여 측정함

→ **일시적차이가 소멸하는 연도의 법인세율**을 적용하여 이연법인세자산과 부채를 인식함

03 적용세율

(1) 이연법인세자산

이연법인세자산=실현가능한 차감할 일시적차이×**소멸되는 회계연도의 평균세율**

(2) 이연법인세부채

이연법인세부채=가산할 일시적차이×**소멸되는 회계연도의 평균세율**

04 이연법인세자산·부채의 인식

(1) 이연법인세자산의 인식

☞ 이연법인세자산 : 차감할 일시적차이가 사용될 수 있는 **과세소득의 발생가능성이 높은 경우에만 이연법인세자산을 인식함**

■ 차감할 일시적차이가 사용될 수 있는 과세소득의 발생가능성이 높은 경우
① 차감할 일시적차이가 소멸될 회계기간에 **충분한 가산할 일시적차이**가 있는 경우
② 차감할 일시적차이가 소멸될 회계기간에 **충분한 과세소득**이 발생할 가능성이 높은 경우
③ **세무정책으로** 적절한 기간에 **과세소득을 창출**할 수 있는 경우

(2) 이연법인세부채의 인식

☞ 이연법인세부채 : **실현가능성을 검토하지 않고 전액 부채로 계상함**

이연법인세자산과 이연법인세부채의 인식

구 분	관련 계정과목	비 고
차감할 일시적차이	이연법인세자산 인식	• 과세소득의 발생가능성이 높은 경우에만 인식 • 매 보고기간 말마다 재검토
가산할 일시적차이	이연법인세부채 인식	• 실현가능성 검토 ×(전액 부채 인식)

05 이월결손금과 이월세액공제

(1) 이월결손금

■ 결손금 이월공제액
미래 과세소득 감소효과 有(납부할 법인세 감소)
→ 이연법인세자산 인식(단, 미래 과세소득이 충분한 경우에 인식 가능)

(2) 이월세액공제

■ **이월세액공제액**

미래 납부세액 감소효과 有(납부할 법인세 감소)

→ 이연법인세자산 인식(단, 미래 과세소득이 충분한 경우에 인식 가능)

법인세 관련 자산·부채 요약

구 분	내 용
차감할 일시적차이	차감할 일시적차이×소멸되는 회계연도의 평균세율 = 이연법인세자산
가산할 일시적차이	가산할 일시적차이×소멸되는 회계연도의 평균세율 = 이연법인세부채
이월결손금	이월결손금×소멸되는 회계연도의 평균세율 = 이연법인세자산
이월세액공제	이월세액공제액 = 이연법인세자산

예제

일시적차이만 있는 경우

(주)민준은 20×1년에 영업을 시작하였다. 다음은 (주)민준의 법인세와 관련된 자료이다.

법인세비용차감전순이익		₩2,000,000
일시적차이		
감가상각비한도초과액	900,000	
당기손익금융자산평가손실	200,000	
미수이자	(1,600,000)	(500,000)
과세표준		₩1,500,000
세 율		30%

위의 자료에서 감가상각비한도초과액은 20×2년부터 20×4년까지 매년 ₩300,000씩 소멸될 것이고, 당기손익금융자산평가손실은 20×2년과 20×3년에 걸쳐 ₩100,000씩 소멸할 것으로 추정된다. 그리고 미수이자는 20×2년에 전액 소멸될 것으로 추정된다.

다음 물음에 답하시오. (단, 세율은 매년 동일하다고 가정한다.)

(물음1) 20×1년의 법인세비용과 관련한 회계처리를 하시오.
(물음2) 20×1년 말 재무상태표에 계상될 이연법인세자산(부채)은 얼마인가?
(물음3) 20×1년 포괄손익계산서에 계상될 법인세비용은 얼마인가?

풀이

(물음1) 회계처리
① 미지급법인세=₩1,500,000×30%=₩450,000
② 당기 말 이연법인세자산(부채) 계산

구 분	20×1(당기)	20×2	20×3	20×4
감가상각비한도초과액	₩900,000	₩(300,000)	₩(300,000)	₩(300,000)
당기손익금융자산평가손실	200,000	(100,000)	(100,000)	
미수이자	(1,600,000)	1,600,000		
합 계	₩(500,000)	₩1,200,000	₩(400,000)	₩(300,000)
세 율	30%	30%	30%	30%
이연법인세자산(부채)	₩(150,000)	₩360,000	₩(120,000)	₩(90,000)

당기 말 이연법인세부채=₩150,000

③회계처리

(차)	법인세비용	600,000	(대) 미지급법인세	450,000
			이연법인세부채	150,000

(물음2) 이연법인세자산(부채)
이연법인세부채=₩150,000

(물음3) 법인세비용
법인세비용=₩600,000

예제

일시적차이와 영구적차이가 모두 있는 경우

(주)민준은 20×1년에 영업을 시작하였다. 다음은 (주)민준의 법인세와 관련된 자료이다.

법인세비용차감전순이익		₩2,000,000
영구적차이		
접대비한도초과액		600,000
일시적차이		
감가상각비한도초과액	900,000	
당기손익금융자산평가손실	200,000	
미수이자	(1,600,000)	(500,000)
과세표준		₩2,100,000
세 율		30%

위의 자료에서 감가상각비한도초과액은 20×2년부터 20×4년까지 매년 ₩300,000씩 소멸될 것이고, 당기손익금융자산평가손실은 20×2년과 20×3년에 걸쳐 ₩100,000씩 소멸할 것으로 추정된다. 그리고 미수이자는 20×2년에 전액 소멸될 것으로 추정된다.
다음 물음에 답하시오. (단, 세율은 매년 동일하다고 가정한다.)

(물음1) 20×1년의 법인세비용과 관련한 회계처리를 하시오.
(물음2) 20×1년 말 재무상태표에 계상될 이연법인세자산(부채)은 얼마인가?
(물음3) 20×1년 포괄손익계산서에 계상될 법인세비용은 얼마인가?

풀이

(물음1) 회계처리
① 미지급법인세=₩2,100,000×30%=₩630,000
② 당기 말 이연법인세자산(부채) 계산

구 분	20×1(당기)	20×2	20×3	20×4
감가상각비한도초과액 당기손익금융자산평가손실 미수이자	₩900,000 200,000 (1,600,000)	₩(300,000) (100,000) 1,600,000	₩(300,000) (100,000)	₩(300,000)
합 계	₩(500,000)	₩1,200,000	₩(400,000)	₩(300,000)
세 율	30%	30%	30%	30%
이연법인세자산(부채)	₩(150,000)	₩360,000	₩(120,000)	₩(90,000)

당기 말 이연법인세부채=₩150,000

③ 회계처리

(차) 법 인 세 비 용	780,000	(대) 미 지 급 법 인 세	630,000
		이 연 법 인 세 부 채	150,000

(물음2) 이연법인세자산(부채)

이연법인세부채=₩150,000

(물음3) 법인세비용

법인세비용=₩780,000

예제

미래 예상세율이 변동되는 경우

(주)민준은 20×1년에 영업을 시작하였다. 다음은 (주)민준의 법인세와 관련된 자료이다.

법인세비용차감전순이익		₩2,000,000
영구적차이		
벌과금		600,000
일시적차이		
감가상각비한도초과액	900,000	
당기손익금융자산평가손실	200,000	
미수이자	(1,600,000)	(500,000)
과세표준		₩2,100,000
세　율		30%

위의 자료에서 감가상각비한도초과액은 20×2년부터 20×4년까지 매년 ₩300,000씩 소멸될 것이고, 당기손익금융자산평가손실은 20×2년과 20×3년에 걸쳐 ₩100,000씩 소멸할 것으로 추정된다. 그리고 미수이자는 20×2년에 전액 소멸될 것으로 추정된다.
다음 물음에 답하시오. (단, 20×1년의 세율은 30%이며, 20×2년의 법인세율은 25%, 20×3년부터는 법인세율이 20%로 예상된다.)

(물음1) 20×1년의 법인세비용과 관련한 회계처리를 하시오.
(물음2) 20×1년 말 재무상태표에 계상될 이연법인세자산(부채)은 얼마인가?
(물음3) 20×1년 포괄손익계산서에 계상될 법인세비용은 얼마인가?

풀이

(물음1) 회계처리
① 미지급법인세=₩2,100,000×30%=₩630,000
② 당기 말 이연법인세자산(부채) 계산

구 분	20×1(당기)	20×2	20×3	20×4
감가상각비한도초과액 당기손익금융자산평가손실 미수이자	₩900,000 200,000 (1,600,000)	₩(300,000) (100,000) 1,600,000	₩(300,000) (100,000)	₩(300,000)
합 계	₩(500,000)	₩1,200,000	₩(400,000)	₩(300,000)
세 율	30%	25%	20%	20%
이연법인세자산(부채)	₩(160,000)	₩300,000	₩(80,000)	₩(60,000)

당기 말 이연법인세부채=₩160,000

③ 회계처리

(차)	법 인 세 비 용	790,000	(대) 미 지 급 법 인 세	630,000
			이 연 법 인 세 부 채	160,000

(물음2) 이연법인세자산(부채)

이연법인세부채=₩160,000

(물음3) 법인세비용

법인세비용=₩790,000

핵심 요약 (심화) 자본항목에 대한 법인세효과

구 분	회 계	법인세법
자기주식처분이익	자본잉여금	익금
자기주식처분손실	자본조정	손금

CASE 자기주식처분손익에 대한 법인세효과

• 법인세비용차감전순이익	₩1,000,000
• 세무조정 사항	자기주식처분이익 ₩200,000
• 법인세율	20%

구 분	20×1년
법인세비용차감전순이익 자기주식처분이익	₩1,000,000 200,000
과세소득	₩1,200,000
세 율	20%
법인세부담액	₩240,000

(차)	자기주식처분이익	40,000*1	(대) 당기법인세부채	240,000*3
	법 인 세 비 용	200,000*2		

*1 200,000×20% = 40,000
*2 1,000,000×20% = 200,000
*3 (1,000,000+200,000)×20% = 240,000

포괄손익계산서		재무상태표	
법인세비용차감전순이익	1,000,000	유동부채	
법인세비용	(200,000)	당기법인세부채	240,000
당기순이익	800,000		
기타포괄이익	0	자본	
총포괄이익	800,000	자기주식처분이익	160,000

예제

자본항목 관련 법인세회계

(주)민준의 20×1년 법인세비용차감전계속영업이익은 ₩1,000이고 자기주식처분이익이 ₩500이며, 법인세율은 20%이다. 세법상 준비금의 손금산입액(일시적차이) ₩300을 제외하고 (주)민준의 당기법인세를 계산하기 위한 기타 세무조정사항은 없다.
법인세비용과 관련된 회계처리를 하시오.

풀이

(차) 법인세비용	300	(대) 미지급법인세	240*1
		이연법인세부채	60*2
(차) 자기주식처분이익	100	(대) 법인세비용	100*3

*1 당기 납부할 법인세 : (1,000+500−300)×20%=₩240
*2 가산할 일시적차이에 대한 이연법인세 : ₩300×20%=₩60
*3 자기주식처분이익의 법인세효과 : ₩500×20%=₩100

핵심요약 재무제표 표시

01 법인세 관련 자산·부채의 상계와 유동·비유동의 구분

법인세 관련 자산(부채)의 재무제표 표시

구 분	재무상태표 표시
당기법인세자산(부채)	상계한 금액을 유동자산(부채)으로 보고 (단, 상계요건 충족시에 한함)
이연법인세자산(부채)	상계한 금액을 비유동자산(부채)으로 보고 (단, 상계요건 충족시에 한함)

02 이연법인세자산·부채의 현재가치평가 배제

☞ 이연법인세자산·부채는 보고기간종료일로부터 1년 초과시점에 실현되는 경우에도 **현재가치로 평가하지 아니함**

제 20 장

리 스

핵심 요약 리스거래의 기본개념

01 리스 관련 용어

(1) 금융리스 vs. 운용리스

☞ 금융리스 : 기초자산의 **소유에 따른 대부분의 위험과 보상이 리스이용자에게 이전되는 리스**

☞ 운용리스 : 기초자산의 **소유에 따른 대부분의 위험과 보상이 리스이용자에게 이전되지 않는 리스**

(2) 리스약정일 vs. 리스개시일

구 분	내 용
리스약정일	• **리스계약일**과 리스의 주요 조건에 대하여 계약당사자들이 **합의한 날 중 이른 날** • 리스약정일을 기준으로 **운용리스와 금융리스 분류**
리스개시일	• 리스제공자가 리스이용자에게 **기초자산을 사용할 수 있게 한 날** • 리스에 따른 자산, 부채, 수익, 비용을 **최초로 인식하는 날**

(3) 리스기간

☞ 리스기간 : 리스이용자가 기초자산을 리스하기로 약정을 맺은 **해지 불가능한 리스기간**

→ 리스기간은 리스이용자가 기초자산 사용권을 갖는 **해지불능기간과 다음의 기간을 포함**하는 기간임

① 리스이용자가 리스 **연장선택권을 행사**할 것이 상당히 **확실한 경우**에 그 선택권의 대상 기간
② 리스이용자가 리스 **종료선택권을 행사하지 않을 것**이 상당히 **확실한 경우**에 그 선택권의 대상 기간

(4) 잔존가치보증(주로 리스이용자 입장)

☞ **리스제공자와 특수 관계에 있지 않은 당사자가** 리스제공자에게 제공한 **리스종료일의 기초자산 가치가 적어도 특정 금액이 될 것이라는 보증**

(5) 무보증잔존가치(리스제공자 입장)

☞ **리스제공자가 실현할 수 있을지 확실하지 않거나 리스제공자의 특수관계자만이 보증**하는 기초자산의 잔존가치 부분

무보증잔존가치=추정잔존가치-보증잔존가치

(6) 리스료(리스제공자 입장)

① **고정리스료**(실질적인 고정리스료를 포함하고, 리스제공자가 지급하는 리스 인센티브는 차감함)
② 지수나 요율(이율)에 따라 달라지는 **변동리스료**
③ 리스이용자가 **매수선택권을 행사할 것이 상당히 확실한 경우**에 그 매수선택권의 **행사가격**
④ 리스기간이 **리스이용자의 종료선택권 행사**를 반영하는 경우에 그 리스를 종료하기 위하여 **부담하는 금액**

① 리스이용자의 리스료
= 고정리스료+변동리스료+매수선택권의 행사가격+종료선택권의 부담금액+**잔존가치 보증에 따라 지급이 예상되는 금액**
② 리스제공자의 리스료
= 고정리스료+변동리스료+매수선택권의 행사가격+종료선택권의 부담금액+**잔존가치 보증금액**

(7) 공정가치(리스제공자 입장)

☞ 합리적인 판단력과 거래의사가 있는 독립된 당사자 사이의 거래에서 자산이 교환되거나 부채가 결제될 수 있는 금액

☞ **기초자산의 취득금액은** 일반적으로 **공정가치와 동일함**

(8) 리스개설직접원가(리스제공자, 리스이용자 입장)

☞ 리스를 체결하지 않았더라면 부담하지 않았을 **리스체결의 증분원가**

(9) 내재이자율(리스제공자 입장)

☞ **리스료 및 무보증잔존가치의 현재가치 합계액**을 기초자산의 **공정가치와 리스제공자의 리스개설직접원가의 합계액과 일치시키는 할인율**

기초자산의 공정가치+리스개설직접원가=(리스료+무보증잔존가치)의 현재가치*
* 리스제공자의 내재이자율로 할인함

(10) 증분차입이자율(리스이용자 입장)

☞ 리스이용자의 증분차입이자율은 **리스이용자가** 비슷한 경제적 환경에서 비슷한 기간에 걸쳐 비슷한 담보로 **사용권자산과 가치가 비슷한 자산 획득에 필요한 자금을 차입한다면 지급해야 하는 이자율**을 말함

(11) 리스총투자, 리스순투자(리스제공자 입장)

☞ 리스총투자 : 금융리스에서 리스제공자가 받게 될 **리스료와 무보증잔존가치의 합계액**

☞ 리스순투자 : **리스총투자를 내재이자율로 할인한 금액**을 말하며, **기초자산의 공정가치와 리스제공자의 리스개설직접원가의 합계액과 같음**

리스총투자 = 리스료+무보증잔존가치
리스순투자 = 리스총투자를 내재이자율로 할인한 현재가치
= 리스료의 현재가치+무보증잔존가치의 현재가치
= 기초자산의 공정가치+리스제공자의 리스개설직접원가

리스의 핵심 용어

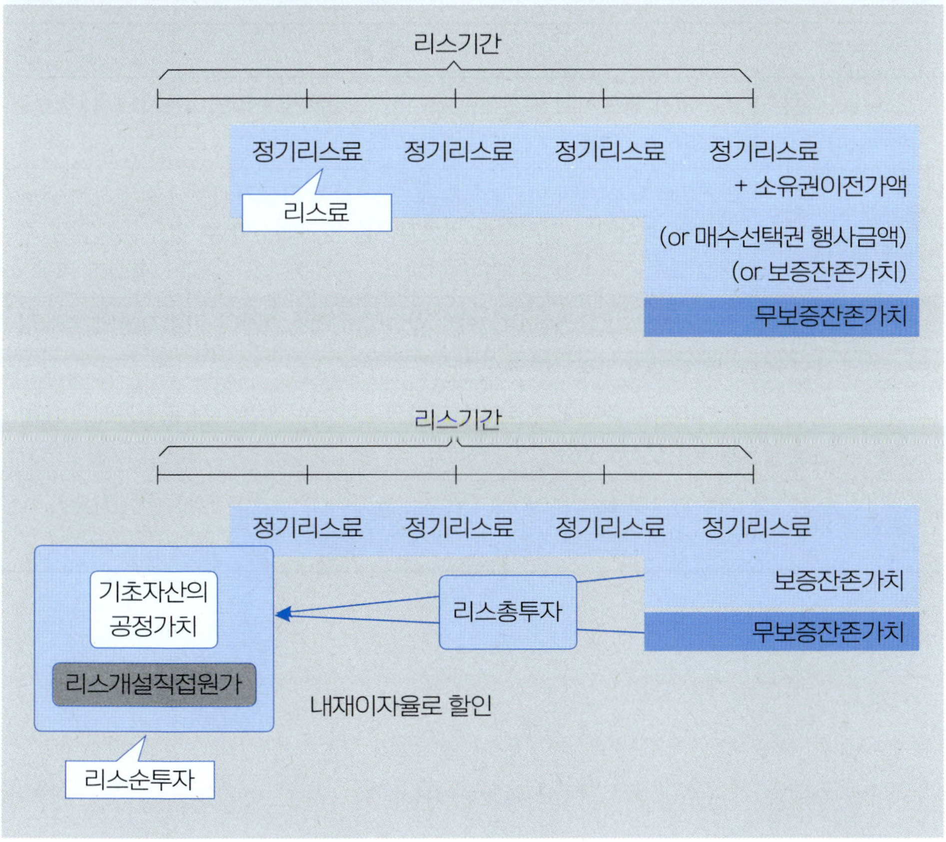

리스제공자와 리스이용자의 현금흐름

구분	리스제공자	리스이용자
소유권 이전 CASE	1. 정기리스료+소유권이전약정가액 2. 정기리스료+매수선택권행사가액	1. 정기리스료+소유권이전약정가액 2. 정기리스료+매수선택권행사가액
반환 CASE	정기리스료+보증잔존가치 +무보증잔존가치	정기리스료 +보증에 따른 지급예상액

02 리스의 분류기준

리스의 분류기준(금융리스 분류의 예시)

구 분	내 용
소유권이전 약정기준	리스기간 종료시점 이전에 기초자산의 **소유권이 리스이용자에게 이전**되는 경우
염가매수선택권 약정기준	리스이용자가 선택권을 행사할 수 있는 날의 **공정가치보다 충분하게 낮을 것으로 예상되는 가격으로 기초자산을 염가매수할 수 있는 선택권**을 가지고 있고, 그 선택권을 행사할 것이 리스약정일 현재 상당히 **확실한 경우**
리스기간 기준	기초자산의 소유권이 이전되지 않더라도 **리스기간이 기초자산의 경제적 내용연수의 상당부분**을 차지하는 경우
공정가치 기준	리스약정일 현재 **리스료의 현재가치**가 적어도 **기초자산 공정가치의 대부분**에 해당하는 경우
범용성 기준	**기초자산이 특수하여 해당 리스이용자만이** 주요한 변경 없이 **사용**할 수 있는 경우

▪ **다음 중 하나 또는 그 이상에 해당하면 금융리스로 분류될 가능성** 有

① **리스이용자가** 리스를 해지할 수 있는 경우에 리스이용자가 **해지에 관련되는 리스제공자의 손실을 부담**하는 경우

② 잔존자산의 **공정가치 변동에서 생기는 손익이 리스이용자에게 귀속**되는 경우(예 리스 종료시점에 매각대가의 대부분에 해당하는 금액이 리스료 환급의 형태로 리스이용자에게 귀속되는 경우)

③ **리스이용자가** 시장리스료보다 **현저하게 낮은 리스료로** 다음 리스기간에 **리스를 계속할 능력**이 있는 경우

☞ 위에서 열거한 경우에 해당하더라도 기초자산의 **소유에 따른 위험과 보상의 대부분을 이전하지 않는다는 점이 분명하다면 그 리스는 운용리스로 분류함**

핵심요약 금융리스

01 리스료의 산정

■ **리스관련 현금흐름의 확정**

1단계 : 리스제공자의 리스순투자액(현재 현금유출액) 결정

2단계 : 리스제공자의 내재이자율(목표수익률) 설정

3단계 : 내재이자율(목표수익률)을 달성하기 위한 리스총투자액(미래 현금유입액) 설정

리스총투자=리스료+무보증잔존가치

리스순투자=리스총투자를 내재이자율로 할인한 현재가치

=리스료의 현재가치+무보증잔존가치의 현재가치

=기초자산의 공정가치+리스제공자의 리스개설직접원가

반환되는 경우의 리스의 구조

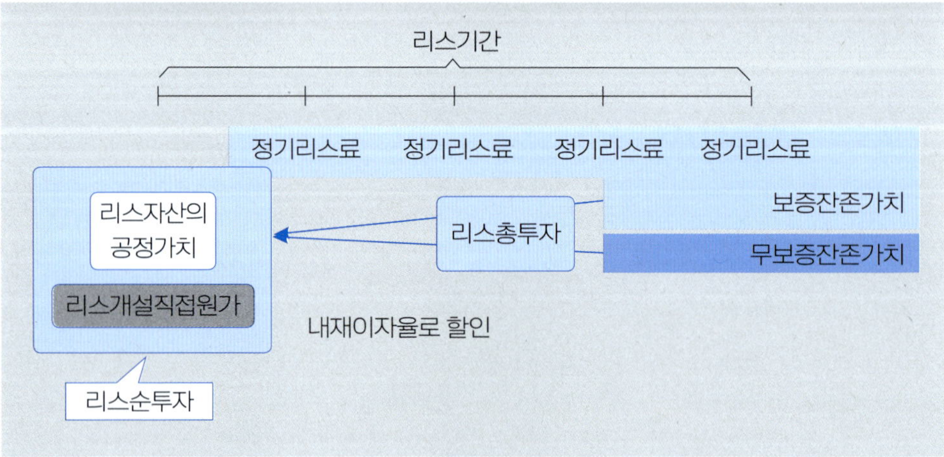

예제

리스료의 산정

리스제공자인 ㈜서준리스는 리스개시일인 20×1년 초 금융리스계약을 (주)서울과 체결하였다.

(1) 리스자산은 ₩1,000,000에 취득하였으며, 취득원가와 공정가치는 일치한다. 리스자산의 경제적 내용연수는 4년, 잔존가치는 없으며, 정액법으로 감가상각한다.

(2) (주)서준리스는 리스기간 종료시에 리스자산을 반환받으며, 리스기간 종료시의 추정잔존가치는 ₩200,000이며, 이 중 리스이용자가 보증한 잔존가치는 ₩150,000이다.

(3) 리스기간은 3년으로 매년 말에 고정리스료를 회수한다.

(4) 리스계약과 관련하여 ㈜서준리스가 지출한 리스개설직접원가는 ₩30,000이다.

(5) 내재이자율 10%, 기간 3년, 1원의 현가계수는 0.7513이고 1원의 연금현가계수는 2.4868이다.

다음 물음에 답하시오.

(물음1) (주)서준리스가 매년 말 수령할 고정리스료를 계산하시오.
(물음2) (주)서준리스가 리스기간 동안 인식할 총 이자수익을 계산하시오.

풀이

(물음1) 고정리스료

1. 미래현금흐름

구 분	20×1년 말	20×2년 말	20×3년 말
고정리스료	A	A	A
보증잔존가치			₩150,000
무보증잔존가치			₩50,000

2. 고정리스료

A(고정리스료)×2.4868+(150,000+50,000)×0.7513=1,000,000+30,000

∴ 고정리스료=₩353,764

(물음2) 총이자수익

총이자수익=353,764×3+150,000+50,000−(1,000,000+30,000)=₩231,292

(3) 리스료 수취시

(차) 현 금	×××	(대) 이 자 수 익	×××
		리 스 채 권	×××

- 이자수익 =**기초 리스채권 장부금액×내재이자율**
- 원금회수액=리스료 수령액－이자수익

(4) 결산일(감가상각)

☞ 사용권자산이 리스이용자의 재무상태표에 계상되어 있으므로 리스이용자가 감가상각비를 인식하고 리스제공자는 감가상각비를 인식하지 아니함

04 리스이용자의 회계처리

☞ **리스제공자** : 리스계약을 **운용리스나 금융리스로 분류**하고, 두 유형의 리스를 다르게 회계처리함

☞ **리스이용자** : 리스계약을 운용리스나 금융리스로 분류하지 않고 **모든 리스를 같은 방법으로 회계처리**함

→ **리스이용자는 모든 리스에 대하여** 기초자산의 사용권을 나타내는 **사용권자산**과 리스료 지급의무를 나타내는 **리스부채**를 **인식**해야 함

(1) 리스개시일

(차) 사 용 권 자 산	×××	(대) 리 스 부 채	×××

리스부채=지급할 리스료를 내재이자율로 할인한 현재가치
* 리스제공자의 내재이자율을 알 수 없다면 리스이용자의 증분차입이자율로 할인함

사용권자산=리스부채 최초 측정금액(=리스료의 현재가치)
+리스개시일 전에 지급한 리스료
+리스이용자의 리스개설직접원가
+복구원가 추정치

☞ 사용권자산을 **투자부동산으로 분류하여 공정가치모형**을 적용하는 경우와 **유형자산의 재평가모형** 중 어느 하나를 **적용하지 않는 경우**에, 리스이용자는 리스개시일 후에 **원가모형을 적용**하여 사용권자산을 측정함

(2) 리스료 지급시

(차) 이자비용	×××	(대) 현금	×××
리스부채	×××		

- 이자비용 =**기초 리스부채 장부금액 × 내재이자율**
- 원금상환액=리스료 지급액 − 이자비용

(3) 결산일(감가상각)

(차) 감가상각비	×××	(대) 감가상각누계액	×××

1) 리스자산의 소유권이 이전되는 경우

사용권자산 감가상각비
=(사용권자산 취득원가−**내용연수 종료시점의 추정잔존가치**)÷**내용연수**

2) 리스자산의 반환조건의 경우

사용권자산 감가상각비=사용권자산 취득원가÷상각기간*
* 자산의 내용연수와 **리스기간** 중 짧은 기간

05 금융리스의 기타사항

(1) 리스개설직접원가

1) 리스제공자

(차) 리 스 채 권	×××	(대) 현 금	×××

2) 리스이용자

(차) 사 용 권 자 산	×××	(대) 현 금	×××

(2) 리스채권의 손상차손

☞ **추정 무보증잔존가치가 감소하여 손실이 예상**되는 경우 : 리스제공자는 리스기간에 걸쳐 **수익 배분액을 조정**하고, 내재이자율로 할인한 감소금액의 현재가치를 **리스채권 손상차손**의 계정으로 즉시 **당기비용으로 인식함**

(차) 리스채권손상차손	×××	(대) 리 스 채 권	×××

리스채권손상차손 = 추정 무보증잔존가치 감소분의 현재가치*
* 내재이자율로 할인

(3) 사용권자산과 리스부채의 인식면제

☞ 리스이용자가 금융리스로 회계처리하지 않을 수 있는 경우

▪ **리스이용자가 금융리스로 회계처리하지 않을 수 있는 경우**
① **단기리스**
② **소액 기초자산 리스**(예 태블릿, 개인 컴퓨터, 소형 사무용 가구, 전화기 등)
→ **리스이용자**는 해당 리스에 관련되는 **리스료를 리스기간에 걸쳐 정액 기준**이나 다른 체계적인 기준에 따라 **비용으로 인식**

예제

금융리스(소유권이 이전되는 경우)

(주)민준리스는 리스자산인 기계장치를 20×1년 초에 ₩1,121,710에 취득하였으며, 취득원가와 공정가치는 일치한다. (주)민준리스는 20×1년 초 (주)혜승과 금융리스계약을 체결하였으며, 리스계약과 관련된 주요 내용은 다음과 같다.

- 리스개시일 : 20×1. 1. 1
- 리스기간 : 20×1. 1. 1~20×3. 12. 31
- 리스료 : 매년 말 ₩300,000 후급
- 리스자산 : 경제적 내용연수는 5년, 잔존가치는 없으며, 정액법 상각
- 소유권이전 약정가액 : ₩500,000
- 동 리스계약에 적용되는 내재이자율 : 연 10%
- 내재이자율 10%, 기간 3년, 1원의 현가계수는 0.751310이고 1원의 연금 현가계수는 2.486850이다.

다음 물음에 답하시오.

(물음1) 리스제공자 입장에서의 회계처리를 하시오.
(물음2) 리스이용자 입장에서의 회계처리를 하시오.
(물음3) 리스제공자 입장에서의 각 연도 당기손익에 미치는 영향은 얼마인가?
(물음4) 리스이용자 입장에서의 각 연도 당기손익에 미치는 영향은 얼마인가?

풀이

※ 리스상각표(리스제공자=리스이용자)

1) 미래현금흐름

구 분	20×1년 말	20×2년 말	20×3년 말
정기리스료	₩300,000	₩300,000	₩300,000
소유권이전 약정금액	–	–	₩500,000

2) 리스상각표

구 분	리스료	이자수익 (이자비용)	원금회수액 (상환액)	리스채권 (리스부채)
20×1. 1. 1				₩1,121,710
20×1.12.31	300,000	112,171	187,829	933,881
20×2.12.31	300,000	93,388	206,612	727,269
20×3.12.31	300,000	72,731	227,269	500,000

(물음1) 리스제공자의 회계처리

20×1년 초

(차) 선급리스자산	1,121,710	(대) 현 금	1,121,710
(차) 리 스 채 권	1,121,710	(대) 선급리스자산	1,121,710

20×1년 말

(차) 현 금	300,000	(대) **이 자 수 익**	**112,171**
		리 스 채 권	187,829

20×2년 말

(차) 현 금	300,000	(대) **이 자 수 익**	**93,388**
		리 스 채 권	206,612

20×3년 말

(차) 현 금	300,000	(대) **이 자 수 익**	**72,731**
		리 스 채 권	227,269

(물음2) 리스이용자의 회계처리

20×1년 초

(차) 사 용 권 자 산	1,121,710	(대) 리 스 부 채	1,121,710

20×1년 말

(차)	**감 가 상 각 비**	**224,342***	(대) 감가상각누계액	224,342
(차)	**이 자 비 용**	**112,171**	(대) 현 금	300,000
	리 스 부 채	187,829		

* 감가상각비=(1,121,710−0)÷**5년**=224,342

20×2년 말

(차)	**감 가 상 각 비**	**224,342**	(대) 감가상각누계액	224,342
(차)	**이 자 비 용**	**93,388**	(대) 현 금	300,000
	리 스 부 채	206,612		

20×3년 말

(차)	**감 가 상 각 비**	**224,342**	(대) 감가상각누계액	224,342
(차)	**이 자 비 용**	**72,731**	(대) 현 금	300,000
	리 스 부 채	227,269		

(물음3) 리스제공자의 당기손익에 미치는 영향

구 분	20×1년	20×2년	20×3년
이자수익	₩112,171	₩93,388	₩72,731
당기손익	**₩112,171**	**₩93,388**	**₩72,731**

(물음4) 리스이용자의 당기손익에 미치는 영향

구 분	20×1년	20×2년	20×3년
감가상각비	(₩224,342)	(₩224,342)	(₩224,342)
이자비용	(112,171)	(93,388)	(72,731)
당기손익	**(₩336,513)**	**(₩317,730)**	**(₩297,073)**

예제

금융리스(반환조건의 경우)

(주)민준리스는 리스자산인 기계장치를 20×1년 초에 ₩1,121,710에 취득하였으며, 취득원가와 공정가치는 일치한다. (주)민준리스는 20×1년 초 (주)혜승과 금융리스계약을 체결하였으며, 리스계약과 관련된 주요 내용은 다음과 같다.

- 리스개시일 : 20×1. 1. 1
- 리스기간 : 20×1. 1. 1~20×3. 12. 31
- 고정리스료 : 매년 말 ₩300,000 후급
- 리스자산 : 경제적 내용연수는 5년, 잔존가치는 없으며, 정액법 상각
- 리스기간 종료일 : 추정 잔존가치는 ₩500,000이며, 이 중 리스이용자가 보증한 금액은 ₩400,000이다. 또한, 잔존가치 보증에 따라 리스이용자가 지급할 것으로 예상되는 금액은 없다.
- 동 리스계약에 적용되는 내재이자율 : 연 10%
- 내재이자율 10%, 기간 3년, 1원의 현가계수는 0.75131이고 1원의 연금 현가계수는 2.48685이다.

다음 물음에 답하시오.

(물음1) 리스제공자 입장에서의 회계처리를 하시오.
(물음2) 리스이용자 입장에서의 회계처리를 하시오.
(물음3) 리스제공자 입장에서의 각 연도 당기손익에 미치는 영향은 얼마인가?
(물음4) 리스이용자 입장에서의 각 연도 당기손익에 미치는 영향은 얼마인가?

풀이

- 리스상각표(리스제공자)

1) 미래현금흐름

구 분	20×1년 말	20×2년 말	20×3년 말
고정리스료	₩300,000	₩300,000	₩300,000
추정 잔존가치	–	–	₩500,000

2) 리스상각표

구 분	리스료	이자수익	원금회수액	리스채권
20×1. 1. 1				₩1,121,710
20×1.12.31	300,000	112,171	187,829	933,881
20×2.12.31	300,000	93,388	206,612	727,269
20×3.12.31	300,000	72,731	227,269	500,000

(물음1) 리스제공자의 회계처리

20×1년 초

(차)	선급리스자산	1,121,710	(대)	현 금	1,121,710
(차)	리 스 채 권	1,121,710	(대)	선급리스자산	1,121,710

20×1년 말

(차)	현 금	300,000	(대)	**이 자 수 익**	**112,171**
				리 스 채 권	187,829

20×2년 말

(차)	현 금	300,000	(대)	**이 자 수 익**	**93,388**
				리 스 채 권	206,612

20×3년 말

(차)	현 금	300,000	(대)	**이 자 수 익**	**72,731**
				리 스 채 권	227,269

• 리스상각표(리스이용자)

1) 미래현금흐름

구 분	20×1년 말	20×2년 말	20×3년 말
고정리스료	₩300,000	₩300,000	₩300,000
잔존가치 보증에 따른 지급액	–	–	₩0

∴ 20×1년 초 리스부채=300,000×2.48685=₩746,055

2) 리스상각표

구 분	리스료	이자비용	원금상환액	리스부채
20×1. 1. 1				₩746,055
20×1.12.31	300,000	74,606	225,394	520,661
20×2.12.31	300,000	52,066	247,934	272,727
20×3.12.31	300,000	27,273	272,727	0

(물음2) 리스이용자의 회계처리

20×1년 초

(차) 사 용 권 자 산	746,055	(대) 리 스 부 채	746,055

20×1년 말

(차) **감 가 상 각 비**	**248,685***	(대) 감가상각누계액	248,685
(차) **이 자 비 용**	**74,606**	(대) 현 금	300,000
리 스 부 채	225,394		

* 감가상각비=(746,055−0)÷**3년**=248,685

20×2년 말

(차) **감 가 상 각 비**	**248,685**	(대) 감가상각누계액	248,685
(차) **이 자 비 용**	**52,066**	(대) 현 금	300,000
리 스 부 채	247,934		

20×3년 말

(차) **감 가 상 각 비**	**248,685**	(대) 감가상각누계액	248,685
(차) **이 자 비 용**	**27,273**	(대) 현 금	300,000
리 스 부 채	272,727		

(물음3) 리스제공자의 당기손익에 미치는 영향

구 분	20×1년	20×2년	20×3년
이자수익	₩112,171	₩93,388	₩72,731
당기손익	**₩112,171**	**₩93,388**	**₩72,731**

(물음4) 리스이용자의 당기손익에 미치는 영향

구 분	20×1년	20×2년	20×3년
감가상각비	(₩248,685)	(₩248,685)	(₩248,685)
이자비용	(74,606)	(52,066)	(27,273)
당기손익	**(₩323,291)**	**(₩300,751)**	**(₩275,958)**

핵심요약 운용리스

01 운용리스의 회계처리

운용리스 회계처리 요약

구 분	리스제공자	리스이용자
리스자산 취득시	(차) 선급리스자산 ××× (대) 현금 ×××	–
리스개시일	(차) 운용리스자산 ××× (대) 선급리스자산 ×××	(차) 사용권자산 ××× (대) 리스부채 ×××
리스개설직접원가 발생시	(차) 운용리스자산 ××× (대) 현금 ×××	(차) 사용권자산 ××× (대) 현금 ×××
리스료 수수시	(차) 현금 ××× (대) 운용리스료수익 ×××	(차) 이자비용 ××× 리스부채 ××× (대) 현금 ×××
결산일 (감가상각비 인식)	(차) 감가상각비 ××× (대) 감가상각누계액 ×××	(차) 감가상각비 ××× (대) 감가상각누계액 ×××

02 리스제공자의 회계처리

(1) 리스자산 취득시

(차) 선 급 리 스 자 산	×××	(대) 현 금	×××

(2) 리스개시일

(차) 운 용 리 스 자 산	×××	(대) 선 급 리 스 자 산	×××

☞ **운용리스자산** : 리스자산의 성격에 따라 **투자부동산이나 유형자산 및 무형자산**으로 리스제공자의 재무상태표에 표시함

(3) 리스료 수취시

(차) 현 금	×××	(대) 운 용 리 스 료 수 익	×××

☞ 리스제공자는 해당 리스에 관련되는 리스료를 리스기간에 걸쳐 **정액 기준이나 다른 체계적인 기준에 따라 수익으로 인식**함

(4) 결산일(감가상각)

(차) 감 가 상 각 비	×××	(대) 감 가 상 각 누 계 액	×××

■ **운용리스의 경우 당기손익의 영향 : 리스제공자**

- 매기 인식할 **운용리스료수익** = 수령할 총리스료÷운용리스기간
- 기초자산 취득원가에 대한 **감가상각비**
  = (취득원가－내용연수 종료시의 잔존가치)÷내용연수
- 리스개설직접원가에 대한 **감가상각비** = 리스개설직접원가÷운용리스기간

03 리스이용자의 회계처리

☞ **리스제공자** : 리스계약을 **운용리스나 금융리스로 분류**하고, 두 유형의 리스를 다르게 회계처리함

☞ **리스이용자** : 리스계약을 운용리스나 금융리스로 분류하지 않고 **모든 리스를 같은 방법으로 회계처리**함

→ **리스이용자는 모든 리스에 대하여** 기초자산의 사용권을 나타내는 **사용권자산**과 리스료 지급의무를 나타내는 **리스부채**를 **인식**해야 함

(1) 리스개시일

(차) 사용권자산	×××	(대) 리스부채	×××

리스부채 = 지급할 리스료를 내재이자율로 할인한 현재가치
* 리스제공자의 내재이자율을 알 수 없다면 리스이용자의 증분차입이자율로 할인함

사용권자산=리스부채 최초 측정금액(=리스료의 현재가치)
+리스개시일 전에 지급한 리스료
+리스이용자의 리스개설직접원가
+복구원가 추정치

☞ 사용권자산을 **투자부동산으로 분류하여 공정가치모형**을 적용하는 경우와 **유형자산의 재평가모형** 중 어느 하나를 **적용하지 않는 경우**에, 리스이용자는 리스개시일 후에 **원가모형을 적용**하여 사용권자산을 측정함

(2) 리스료 지급시

(차) 이자비용	×××	(대) 현금	×××
리스부채	×××		

- 이자수익 =**기초 리스부채 장부금액×내재이자율**
- 원금상환액 =리스료 지급액−이자비용

(3) 결산일(감가상각)

(차) 감 가 상 각 비 ××× (대) 감 가 상 각 누 계 액 ×××

사용권자산 감가상각비 = 사용권자산 취득원가÷상각기간*
* 자산의 내용연수와 **리스기간** 중 짧은 기간

04. 운용리스의 기타사항

(1) 리스개설직접원가 발생시(리스제공자, 리스이용자)

1) 리스제공자

☞ 리스개설직접원가 : 운용리스자산의 장부금액에 추가하고 리스료수익에 대응하여 **리스기간 동안 비용(감가상각비)**으로 인식함

(차) 운 용 리 스 자 산 ××× (대) 현 금 ×××

2) 리스이용자

☞ 리스개설직접원가 : **사용권자산의 취득원가에 가산**하고 **리스기간 동안 비용(감가상각비)**으로 인식함

(차) 사 용 권 자 산 ××× (대) 현 금 ×××

(2) 사용권자산과 리스부채의 인식면제

☞ 리스이용자가 금융리스로 회계처리하지 않을 수 있는 경우

■ **리스이용자가 금융리스로 회계처리하지 않을 수 있는 경우**
① **단기리스**
② **소액 기초자산 리스**(예 태블릿, 개인 컴퓨터, 소형 사무용 가구, 전화기 등)
→ **리스이용자**는 해당 리스에 관련되는 **리스료를 리스기간에 걸쳐 정액 기준**이나 다른 체계적인 기준에 따라 **비용으로 인식**

예제

운용리스

(주)민준리스는 20×1년 초 (주)혜승과 운용리스계약을 체결하였다. 리스계약과 관련된 주요 내용은 다음과 같다. (단, 리스료수익은 정액기준으로 인식한다.)

- (주)민준리스는 리스자산인 기계장치를 20×1년 초에 ₩2,000,000에 취득함과 동시에 (주)혜승에 제공하였다.
- 동 리스자산의 내용연수와 잔존가치는 각각 10년과 ₩200,000으로 추정되며, 정액법으로 감가상각한다.
- 리스기간은 20×1년 초부터 3년간이며, 리스료는 20×1년 말에 ₩450,000, 20×2년 말에 ₩400,000, 20×3년 말에 ₩320,000을 수령하였다.
- (주)민준리스와 (주)혜승은 리스계약을 체결하기 위해 각각 ₩60,000과 ₩100,000을 20×1년 초에 지출하였다.
- 내재이자율은 10%이며, 사용권자산에 대한 감가상각은 정액법을 적용한다.
- 내재이자율 10%, 1원의 현가계수는 다음과 같다.

구분	1년	2년	3년
현가계수	0.90909	0.82645	0.75131

다음 물음에 답하시오.

(물음1) 리스제공자 입장에서의 회계처리를 하시오.
(물음2) 리스제공자 입장에서의 각 연도 당기손익에 미치는 영향은 얼마인가?
(물음3) 리스이용자 입장에서의 회계처리를 하시오.
(물음4) 리스이용자 입장에서의 각 연도 당기손익에 미치는 영향은 얼마인가?

풀이

- 매기 리스료(리스제공자) $= \dfrac{\text{총리스료}}{\text{리스기간}}$

$$= \frac{₩450,000+400,000+320,000}{3년} = ₩\ ₩390,000$$

- 감가상각비(리스제공자) $= \dfrac{₩2,000,000-200,000}{10년(리스자산\ 내용연수)} = ₩180,000$

• 리스개설직접원가의 감가상각비(리스제공자) = $\frac{₩60,000}{3년(리스기간)}$ = ₩20,000

(물음1) 리스제공자의 회계처리

20×1년 초

(차) 선급리스자산	2,000,000	(대) 현금	2,000,000
(차) 운용리스자산	2,000,000	(대) 선급리스자산	2,000,000
(차) **운용리스자산**	**60,000**	(대) 현금	60,000

20×1년 말

(차) **감가상각비**	**180,000**	(대) 감가상각누계액	180,000
(차) **감가상각비**	**20,000**	(대) 감가상각누계액	20,000
(차) 현금	450,000	(대) **운용리스료수익**	**390,000**
		선수리스료	60,000

20×2년 말

(차) **감가상각비**	**180,000**	(대) 감가상각누계액	180,000
(차) **감가상각비**	**20,000**	(대) 감가상각누계액	20,000
(차) 현금	400,000	(대) **운용리스료수익**	**390,000**
		선수리스료	10,000

20×3년 말

(차) **감가상각비**	**180,000**	(대) 감가상각누계액	180,000
(차) **감가상각비**	**20,000**	(대) 감가상각누계액	20,000
(차) 현금	320,000	(대) **운용리스료수익**	**390,000**
선수리스료	70,000		

(물음2) 리스제공자의 당기손익에 미치는 영향

구분	20×1년	20×2년	20×3년
감가상각비	(₩180,000)	(₩180,000)	(₩180,000)
리스개설직접원가의 감가상각비	(20,000)	(20,000)	(20,000)
운용리스료수익	390,000	390,000	390,000
당기손익	**₩190,000**	**₩190,000**	**₩190,000**

• 리스상각표(리스이용자)

1) 미래현금흐름

구 분	20×1년 말	20×2년 말	20×3년 말
리스료	₩450,000	₩400,000	₩320,000

① 리스부채=450,000×0.90909+400,000×0.82645+320,000×0.75131=₩980,090
② 사용권자산=리스부채+리스개설직접원가=980,090+100,000=₩1,080,090
③ 감가상각비=1,080,090÷3년=₩360,030

2) 리스상각표

구 분	리스료	이자비용	원금상환액	리스부채
20×1. 1. 1				₩980,090
20×1.12.31	450,000	98,009	351,991	628,099
20×2.12.31	400,000	62,810	337,190	290,909
20×3.12.31	320,000	29,091	290,909	0

(물음3) 리스이용자의 회계처리

20×1년 초

(차)	사용권자산	980,090	(대)	리스부채	980,090
(차)	사용권자산	100,000	(대)	현금	100,000

20×1년 말

(차)	**이자비용**	**98,009**	(대)	현금	450,000
	리스부채	351,991			
(차)	**감가상각비**	**360,030**	(대)	감가상각누계액	360,030

20×2년 말

(차)	**이자비용**	**62,810**	(대)	현금	400,000
	리스부채	337,190			
(차)	**감가상각비**	**360,030**	(대)	감가상각누계액	360,030

20×3년 말

(차)	**이 자 비 용**	**29,091**	(대)	현 금	320,000
	리 스 부 채	290,909			
(차)	**감 가 상 각 비**	**360,030**	(대)	감가상각누계액	360,030

(물음4) 리스이용자의 당기손익에 미치는 영향

구 분	20×1년	20×2년	20×3년
이자비용	(₩98,009)	(₩62,810)	(₩29,091)
감가상각비	(360,030)	(360,030)	(360,030)
당기손익	**(₩458,039)**	**(₩422,840)**	**(₩389,121)**

핵심요약 판매형리스

01 판매형리스의 의의

☞ 판매형리스 : 제조자 또는 판매자가 자신이 제조하거나 구매한 자산을 금융리스계약의 형태로 판매하는 리스계약으로서 판매형리스는 경제적실질이 장기할부판매의 성격이므로 이와 유사하게 회계처리함

02 매출과 매출원가

매출총이익=매출액−매출원가
- 매출액=Min[기초자산의 공정가치, **리스료의 현재가치***]
- 매출원가=기초자산의 장부금액−**무보증잔존가치의 현재가치***

* 시장이자율로 할인

03 리스채권과 매출

☞ 리스채권 : 리스총투자(리스료와 무보증잔존가치)의 현재가치

☞ 매출 : 리스채권−무보증잔존가치의 현재가치

04 리스 협상 및 계약원가

☞ 제조자 또는 판매자인 리스제공자의 **금융리스 체결과 관련하여 부담하는 원가**
: 리스개설직접원가의 정의에서 제외하고 리스개시일에 **비용(판매수수료)**으로 인식

05 판매형리스의 회계처리

판매형리스 회계처리 – 리스제공자

1. 매출액 인식

(차) 리 스 채 권*1	×××	(대) 매 출*1	×××

*1 PV(리스료+무보증잔존가치) by 시장이자율

2. 매출원가 인식

(차) 매 출 원 가*2	×××	(대) 재 고 자 산*2	×××
매 출*3	×××	매 출 원 가*3	×××

*2 기초자산 장부금액

*3 PV(무보증잔존가치) by 시장이자율

3. 계약체결 원가 인식

(차) 판 매 수 수 료*4	×××	(대) 현 금	×××

*4 판매 부대비용

06 리스개설직접원가 비교

리스개설직접원가의 비교

구 분	리스제공자	리스이용자
운용리스	**운용리스자산**의 장부금액에 추가하고 **리스기간 동안 감가상각비** 인식	**사용권자산의 취득원가**에 가산하고 **리스기간 동안 감가상각비** 인식
금융리스	**리스채권**에 가산	**사용권자산**에 가산
판매형리스	리스개시일에 **비용**으로 인식	**사용권자산**에 가산

리스개설직접원가 – 운용리스

1. 리스제공자 : 운용리스자산 처리 후 감가상각비 인식

(차)	운 용 리 스 자 산	×××	(대) 현 금	×××

2. 리스이용자 : 사용권자산 처리 후 감가상각비 인식

(차)	사 용 권 자 산	×××	(대) 현 금	×××

리스개설직접원가 – 금융리스

1. 리스제공자 : 리스채권 인식

(차)	운 용 리 스 자 산	×××	(대) 현 금	×××

2. 리스이용자 : 취득부대비용 성격으로 사용권자산 인식

(차)	사 용 권 자 산	×××	(대) 현 금	×××

리스개설직접원가 – 판매형리스

1. 리스제공자 : 리스개설직접원가의 정의에서 제외

(차)	판 매 수 수 료	×××	(대) 현 금	×××

2. 리스이용자 : 일반적인 금융리스와 동일 회계처리(취득부대비용 성격으로 사용권자산 인식)

(차)	사 용 권 자 산	×××	(대) 현 금	×××

예제

판매형리스

(주)민준은 20×1년 초 자동차를 직접 제조하여 (주)혜승에게 금융리스 방식으로 판매하는 계약을 체결하였다. 리스계약과 관련된 주요 내용은 다음과 같다.

- 리스개시일 : 20×1. 1. 1
- 리스기간 : 20×1. 1. 1~20×3. 12. 31
- 리스료 : 매년 말 ₩281,244 후급
- 리스자산의 제조원가 : ₩900,000
- 리스자산의 공정가치 : ₩1,359,858
- 리스자산 : 경제적 내용연수는 5년, 잔존가치는 없으며, 정액법 상각
- 리스기간 종료일 : 추정 잔존가치는 ₩800,000이며, 이 중 리스이용자가 보증한 금액은 ₩500,000이다.
- 20×1년 초 리스제공자는 리스계약의 체결을 위한 수수료 ₩50,000을 지출하였다.
- 리스제공자의 내재이자율 : 연 8%
- 리스개시일의 시장이자율 : 연 10%
- 3기간, 1원의 현가계수와 연금현가계수는 다음과 같다.

구분	8%	10%	12%
현가계수	0.79383	0.75131	0.71178
연금현가계수	2.57710	2.48685	2.40183

다음 물음에 답하시오.

(물음1) 리스제공자 입장에서의 20×1년도 회계처리를 하시오.
(물음2) 리스제공자 입장에서의 20×1년도 당기손익에 미치는 영향은 얼마인가?

풀이

1) 리스채권=281,244×2.48685+800,000×0.75131=₩1,300,460
2) 매출=Min(1,359,858, 281,244×2.48685+500,000×0.75131)=₩1,075,067
3) 매출원가=제조원가−무보증잔존가치의 현재가치
=900,000−(300,000×0.75131=225,393)=₩674,607

4) 리스상각표(리스제공자)

구 분	리스료	이자수익	원금회수액	리스채권
20×1. 1. 1				₩1,300,460
20×1.12.31	281,244	130,046	151,198	1,149,262
20×2.12.31	281,244	114,926	166,318	982,944
20×3.12.31	281,244	98,300*1	182,944	800,000

*1 단수차이 조정

(물음1) 리스제공자의 회계처리

20×1년 초

(차)	리스채권	1,300,460	(대) 매출	1,300,460
(차)	매출원가	900,000	(차) 재고자산	900,000
(차)	매출	225,393	(차) 매출원가	225,393
(차)	판매수수료	50,000	(대) 현금	50,000

20×1년 말

(차)	현금	281,244	(대) 이자수익	130,046
			리스채권	151,198

(물음2) 리스제공자의 당기손익에 미치는 영향

구 분	20×1년
매출	₩1,075,067
매출원가	(674,607)
판매수수료	(50,000)
이자수익	130,046
당기손익	**₩480,506**

제 21 장

투자부동산

핵심요약 투자부동산의 분류

01 투자부동산의 정의

☞ 투자부동산 : **임대수익이나 시세차익** 또는 둘 다를 얻기 위하여 소유자가 보유하거나 리스이용자가 사용권자산으로 보유하고 있는 부동산

02 투자부동산의 분류

(1) 투자부동산에 해당되는 경우

① 장기 **시세차익**을 얻기 위하여 보유하고 있는 토지
② 장래 **사용목적을 결정하지 못한** 채로 보유하고 있는 토지
③ 직접 소유(또는 금융리스를 통해 보유)하고 **운용리스로 제공**하고 있는 건물
④ 리스제공자가 **운용리스로 제공**하기 위하여 보유하고 있는 미사용 건물
⑤ 미래에 **투자부동산으로 사용**하기 위하여 건설 또는 개발 중인 부동산

(2) 투자부동산에 해당되지 않는 경우

① 정상적인 영업과정에서 **판매**하기 위한 부동산이나 이를 위하여 건설 또는 개발 중인 부동산(재고자산)
② **제3자를 위하여 건설 또는 개발 중**인 부동산(재고자산)
③ **자가사용** 부동산(유형자산)
④ **금융리스로 제공**한 부동산(처분으로 인식)
⑤ **처분예정** 부동산(매각예정비유동자산)

03 특수한 경우의 투자부동산의 분류

(1) 부동산의 일부는 투자목적, 일부는 자가사용목적인 경우

① 부문별로 **분리하여 매각**할 수 있는 경우 : 각 부분을 **분리하여 회계처리**
② 부문별로 분리하여 매각할 수 없는 경우 : 재화나 용역의 생산이나 제공 또는 관리목적에 **사용하기 위하여 보유하는 부분이 경미한 경우에만 투자부동산**으로 분류

(2) 운용리스의 이용자가 보유하는 부동산

☞ 운용리스에서 리스이용자가 보유하는 부동산에 대한 권리 : 해당 부동산이 **투자부동산의 정의를 충족**하고 **리스이용자가 공정가치모형으로 평가하는 경우**에만 **투자부동산으로 분류**하고 회계처리가능함

(3) (심화) 부동산 소유자가 부수적인 용역을 제공하는 경우

■ **부동산 소유자가 부수적인 용역을 제공하는 경우**
① 부수적인 용역이 **경미**한 경우 : **투자부동산**
② 부수적인 용역이 **유의적**인 경우 : **자가사용부동산**

핵심 요약 사용목적 변경에 따른 계정대체

01 사용목적 변경에 따른 계정대체

투자부동산의 계정대체

① 자가사용의 개시 : 투자부동산을 자가사용부동산으로 대체한다.
② 정상적인 영업과정에서 판매하기 위한 개발의 시작 : 투자부동산을 재고자산으로 대체한다.
③ 자가사용이 종료 : 자가사용부동산을 투자부동산으로 대체한다.
④ 제3자에게 운용리스 제공 : 재고자산을 투자부동산으로 대체한다.

02 대체시 회계처리

(1) 투자부동산을 원가모형으로 측정하는 경우

☞ 투자부동산을 원가모형으로 평가하는 경우 : 투자부동산, 자가사용부동산, 재고자산 사이에 대체가 발생할 때에 **대체 전 자산의 장부금액을 승계함**

→ **사용목적 변경시점에 손익이 발생하지 아니함**

투자부동산을 원가모형으로 측정하는 경우의 대체

대체 전	대체 후	대체 후 장부금액
원가모형 투자부동산	자가사용부동산, 재고자산	대체 전 장부금액
자가사용부동산, 재고자산	원가모형 투자부동산	대체 전 장부금액

(2) 투자부동산을 공정가치모형으로 측정하는 경우

① 투자부동산 → 자가사용부동산이나 재고자산

☞ 사용목적 변경시의 **공정가치가 대체 후 장부금액**이 됨

☞ 사용목적 변경시점의 공정가치와 장부금액의 차액 : **당기손익(투자부동산평가손익)**으로 인식함

② 재고자산 → 투자부동산

☞ 사용목적 변경시점의 **공정가치가 대체 후 장부금액**이 됨

☞ 사용목적 변경시점의 공정가치와 장부금액의 차액 : **당기손익(투자부동산평가손익)**으로 처리함

③ 자가사용부동산 → 투자부동산

☞ 사용목적 변경시점의 **공정가치가 대체 후 장부금액**이 됨

☞ 사용목적 변경시점의 공정가치와 장부금액의 차액 : **유형자산 재평가모형의 재평가손익 처리방법**과 동일하게 처리함

투자부동산을 공정가치모형으로 측정하는 경우의 대체

대체 전	대체 후	대체 후 장부금액
공정가치모형 투자부동산	자가사용부동산, 재고자산	대체시점의 공정가치 (평가손익 : 당기손익)
재고자산	공정가치모형 투자부동산	대체시점의 공정가치 (평가손익 : 당기손익)
자가사용부동산	공정가치모형 투자부동산	대체시점의 공정가치 (평가손익 : 재평가손익)

핵심요약 투자부동산의 측정

01 투자부동산의 최초 인식

☞ 최초 인식시 : **원가로 측정**하고, 원가에는 거래원가를 포함함

02 투자부동산의 최초 인식 후의 측정

☞ 보고기간 말 : **공정가치모형과 원가모형 중 하나를 선택하여 모든 투자부동산에 적용함**

투자부동산의 후속측정

구 분	회계처리
원가모형	• 유형자산의 원가모형과 동일하게 회계처리 • 상각자산의 경우 감가상각을 수행함
공정가치모형	• 공정가치로 평가하며, 평가손익을 당기손익으로 인식함 • 상각자산의 경우에도 감가상각을 수행하지 아니함

원가모형 vs. 공정가치모형 vs. 재평가모형

구 분	공정가치 평가여부	평가손익 반영	감가상각 여부
원가모형	×	N/A	○
공정가치모형	○	당기손익 (투자부동산평가손익)	×
재평가모형	○	재평가손익 (재평가잉여금, 재평가손실)	○

03 (심화) 투자부동산의 처분

☞ 투자부동산의 폐기나 처분으로 발생하는 손익 : **순처분금액과 장부금액의 차액이며 폐기나 처분이 발생한 기간에 당기손익으로 인식**

☞ 투자부동산의 손상, 멸실 또는 포기로 제3자에게서 받는 보상 : 받을 수 있게 되는 시점에 **당기손익으로 인식**

예제

투자부동산의 최초 인식 후의 측정

(주)민준은 20×1년 초에 임대수익 및 시세차익 등을 목적으로 본사 건물을 ₩10,000,000에 취득하였다. 건물의 취득 당시 내용연수는 10년, 잔존가치는 없으며, 회사의 감가상각방법은 정액법이다. 각 시점별 건물의 공정가치는 다음과 같다.

20×1년 말 ₩6,000,000　　　　20×2년 말 ₩8,000,000

다음 물음에 답하시오.

(물음1) 원가모형을 적용할 경우 각 일자별 회계처리를 하시오.
(물음2) 원가모형을 적용할 경우 각 시기별 당기손익에 미치는 영향은 얼마인가?
(물음3) 공정가치모형을 적용할 경우 각 일자별 회계처리를 하시오.
(물음4) 공정가치모형을 적용할 경우 각 시기별 당기손익에 미치는 영향은 얼마인가?

풀이

(물음1) 원가모형 적용시 회계처리

20×1년 초

(차)	투자부동산	10,000,000	(대)	현금	10,000,000

20×1년 말

(차)	감가상각비	1,000,000	(대)	감가상각누계액	1,000,000

20×2년 말

(차) 감 가 상 각 비 1,000,000 (대) 감가상각누계액 1,000,000

* 원가모형을 적용할 경우에는 유형자산 규정을 적용하여 내용연수에 걸쳐 감가상각을 한다.

(물음2) 원가모형 적용시 당기손익에 미치는 영향

20×1년 : 감가상각비 10,000,000÷10년=(₩1,000,000)

20×2년 : 감가상각비 10,000,000÷10년=(₩1,000,000)

(물음3) 공정가치모형 적용시 회계처리

20×1년 초

(차) 투 자 부 동 산 10,000,000 (대) 현 금 10,000,000

20×1년 말

(차) 투자부동산평가손실* 4,000,000 (대) 투 자 부 동 산 4,000,000

* ₩6,000,000 − ₩10,000,000 = ₩(4,000,000)

20×2년 말

(차) 투 자 부 동 산 2,000,000 (대) 투자부동산평가이익* 2,000,000

* ₩8,000,000 − ₩6,000,000 = ₩2,000,000
* 공정가치모형을 적용할 경우에는 감가상각은 하지 않고 매기 말 공정가치로 평가하고 평가손익은 당기손익에 반영한다.

(물음4) 공정가치모형 적용시 당기손익에 미치는 영향

20×1년 : 투자부동산평가손익 6,000,000−10,000,000=(₩4,000,000)

20×2년 : 투자부동산평가손익 8,000,000−6,000,000= ₩2,000,000

제 22 장

회계변경과 오류수정

핵심 요약 회계정책의 변경

01 회계변경의 의의

☞ 회계변경 : 기존에 적용해 오던 회계처리방법이 기업의 재무상태나 경영성과를 적정하게 표시하지 못할 경우 **새로운 회계처리방법으로 변경하는 것**

☞ 회계변경의 유형 : **회계정책의 변경, 회계추정의 변경**

02 회계정책의 변경

(1) 회계정책변경의 의의

☞ 회계정책의 변경 : 재무제표의 작성과 보고에 적용하던 **회계정책을 다른 회계정책으로 바꾸는 것**

→ 한국채택국제회계기준에서 허용하는 정책에서 한국채택국제회계기준에서 인정하는 또 다른 회계정책으로 변경하는 것임

1) 회계정책변경의 예

① 재고자산 원가흐름의 가정변경(예 : 선입선출법에서 총평균법으로 변경)
② 유형자산과 무형자산의 **측정기준 변경**(예 : 원가모형에서 재평가모형으로 변경)

2) 회계정책변경의 정당한 사유

① **한국채택국제회계기준**에서 회계정책의 **변경을 요구**하는 경우
② 회계정책의 변경을 반영한 재무제표가 거래, 기타 사건 또는 상황이 재무상태, 재무성과 또는 현금흐름에 미치는 영향에 대하여 **신뢰성 있고 더 목적적합한 정보를 제공**하는 경우

3) 회계정책변경이 아닌 경우

① **과거에 발생한 거래와 실질이 다른 거래**, 기타 사건 또는 상황에 대하여 다른 회계정책을 적용하는 경우
② 과거에 발생하지 않았거나 발생하였어도 **중요하지 않았던 거래**, 기타 사건 또는 상황에 대하여 새로운 회계정책을 적용하는 경우

(2) 회계정책변경의 회계처리

1) 회계처리(소급법)

■ **회계정책변경의 회계처리**

① **경과규정이 있는** 한국채택국제회계기준을 최초 적용하는 경우에 발생하는 회계정책의 변경 : **해당 경과규정에 따라** 회계처리함(예 유·무형자산의 재평가모형 최초 적용시 전진법 적용)
② **경과규정이 없는** 한국채택국제회계기준을 최초 적용하는 경우에 발생하는 회계정책의 변경이나 자발적인 회계정책의 변경 : **소급적용함**

2) 소급법 적용의 실무상 한계

회계정책변경의 회계처리

구 분		내 용
원 칙		소급법 : 새로운 회계정책이 처음부터 적용된 것으로 조정
회계변경의 영향을 실무적으로 결정할 수 없는 경우	특정기간에만 결정 못 함	실무적으로 소급적용할 수 있는 가장 이른 회계기간에 새로운 회계정책을 적용하고, 이익잉여금의 기초금액을 조정
	과거기간 전체에 대해 결정 못 함	실무적으로 적용할 수 있는 가장 이른 날부터 새로운 회계정책을 전진적용하여 비교정보를 재작성

3) 소급법 적용의 장 · 단점

① 장점 : 소급법을 적용하게 되면 전기의 재무제표를 수정하기 때문에 **기간별 비교가능성이 제고됨**

② 단점 : 소급법을 적용하게 되면 과거에 이미 공표된 재무제표를 수정하게 되므로 **재무제표의 신뢰성이 저하**되며 재작성하는 데 많은 비용과 시간이 소요됨

예제

회계정책의 변경

(주)민준은 20×1년 초에 설립되었으며, 20×2년도에 재고자산 평가방법을 선입선출법에서 평균법으로 변경하였다. 선입선출법 적용시 기말재고자산 금액은 다음과 같다.

	20×1년도	20×2년도
기초상품재고액	₩0	₩2,000,000
당기매입	5,000,000	8,000,000
판매가능상품재고액	5,000,000	10,000,000
기말상품재고액		
매출원가	(2,000,000)	(1,000,000)
	₩3,000,000	₩9,000,000

회사가 평균법을 적용하는 경우 20×1년 말 재고자산은 ₩2,200,000이며, 20×2년 말 재고자산은 ₩1,150,000이다. 회계변경 전 20×1년 말의 이익잉여금은 ₩1,000,000이고 20×2년 말의 이익잉여금은 ₩2,000,000이다.

다음 물음에 답하시오.

(물음1) 회계변경 후 20×1년 말과 20×2년 말의 재고자산 금액은 얼마인가?
(물음2) 회계변경 후 20×1년과 20×2년의 매출원가는 얼마인가?
(물음3) 회계변경 후 20×1 말의 이익잉여금과 20×2년 말의 이익잉여금을 계산하시오.

풀이

(방법1) 회계변경 전 → 회계변경 후

20×1년 재고자산

구분	변경 전	변경 후	구분	변경 전	변경 후
기초재고	0	0	매출원가	3,000,000	2,800,000
당기매입	5,000,000	5,000,000	기말재고	2,000,000	2,200,000
합계	5,000,000	5,000,000	합계	5,000,000	5,000,000

20×2년 재고자산

구분	변경 전	변경 후	구분	변경 전	변경 후
기초재고	2,000,000	2,200,000	매출원가	9,000,000	9,050,000
당기매입	8,000,000	8,000,000	기말재고	1,000,000	1,150,000
합계	10,000,000	10,200,000	합계	10,000,000	10,200,000

(방법2) 회계정책의 변경표

구 분	20×1년 말	20×2년 말
20×1년 말 재고자산	₩200,000	(₩200,000)
20×2년 말 재고자산		₩150,000
당기손익에 미치는 영향	₩200,000	(₩50,000)
이익잉여금에 미치는 영향	₩200,000	₩150,000

(물음1) 회계변경 후 재고자산

20×1년 말 : ₩2,200,000, 20×2년 말 : ₩1,150,000

(물음2) 회계변경 후 매출원가

20×1년 : ₩2,800,000, 20×2년 : ₩9,050,000

(물음3) 회계변경 후 이익잉여금

20×1년 말 : 1,000,000+200,000=₩1,200,000

20×2년 말 : 2,000,000+200,000−50,000=₩2,150,000

핵심 요약 회계추정의 변경

01 회계추정의 변경

(1) 회계추정변경의 의의

☞ 회계추정의 변경 : 기업환경의 변화, 새로운 정보의 획득 또는 경험의 축적에 따라 지금까지 사용해오던 **회계적 추정치의 근거와 방법 등을 바꾸는 것**

☞ **합리적 추정**을 사용하는 것은 재무제표 작성의 필수적인 과정이며 **재무제표의 신뢰성을 손상시키지 아니함**

> **회계추정의 변경의 예**
>
> ① 대손추정률의 변경
> ② 감가상각자산의 내용연수, **감가상각자산에 내재된 미래경제적효익의 기대소비형태(감가상각방법)**, 잔존가치의 추정치 변경
> ③ 판매보증충당부채의 판매보증비율 추정치의 변경
> ④ 건설계약에서 총공사예정원가 추정치의 변경

(2) 회계추정변경의 회계처리

1) 회계처리(전진법)

☞ 회계추정의 변경 : 다음의 회계기간의 **당기손익에 포함하여 전진적으로 인식**

> ① 변경이 발생한 기간에만 영향을 미치는 경우에는 **변경이 발생한 기간**
> ② 변경이 발생한 기간과 미래기간에 모두 영향을 미치는 경우에는 **변경이 발생한 기간과 미래기간**

☞ 회계추정의 변경 효과 : **당기에 미치는 변경의 효과는 당기손익으로 인식**하며, **미래기간에 영향을 미치는 변경의 효과는 해당 미래기간의 손익으로 인식함**

▪ 누적효과의 인식 여부

① 회계정책의 변경 : 소급법 적용 → 누적효과 인식함

② 회계추정의 변경 : 전진법 적용 → 누적효과 인식하지 아니함

2) 전진법 적용의 장 · 단점

① 장점 : 전진법을 적용하게 되면 전기의 재무제표를 수정하지 않으므로 **재무제표의 신뢰성이 제고됨**

② 단점 : 전진법을 적용하게 되면 과거에 이미 공표된 재무제표를 수정하지 않으므로 **기간 간 비교가능성이 떨어짐**

02 회계정책의 변경 vs. 회계추정의 변경

회계정책의 변경 vs. 회계추정의 변경

구 분	회계정책의 변경	회계추정의 변경
정의	과거에 적용하던 회계정책을 다른 회계정책으로 바꾸는 것	새로운 정보의 획득 등에 따라 과거에 사용해오던 회계추정치를 바꾸는 것
예시	• 재고자산 평가방법의 변경 예 선입선출법 → 평균법 • 유형자산 측정기준의 변경 예 원가모형 → 재평가모형 ☞ 선택적 적용 가능 O	• 감가상각비 내용연수, 잔존가치, 상각방법의 변경 • 매출채권의 대손예상률 변경 • 제품보증충당부채의 추정치 변경 ☞ 선택적 적용 가능 ×
회계처리	• 원칙 : 소급법 • 예외 : 전진법(회계변경의 누적효과를 실무적으로 결정할 수 없을 때)	전진법
구분 불능시	회계변경의 효과를 회계정책의 변경과 회계추정의 변경으로 구분하기가 어려운 경우 : 회계추정의 변경으로 보아 전진법으로 회계처리함	
오류수정과의 비교	• 오류수정 : K-IFRS 인정 × → K-IFRS 인정 O • 회계변경 : K-IFRS 인정 O → K-IFRS 인정 O	

예제

회계추정의 변경-감가상각비

(주)민준은 20×1년 초 ₩100,000에 취득한 내용연수 5년, 잔존가치가 없는 기계장치를 정률법으로 상각하여 오던 중 20×3년 초에 정률법에서 연수합계법으로, 잔존내용연수를 3년에서 2년으로, 잔존가치는 없는 것에서 ₩12,000으로 변경하였다. (주)민준이 취득한 기계장치를 정률법으로 상각하는 경우 상각률은 40%로 가정한다. 다음 물음에 답하시오.

(물음1) 20×3년에 인식할 감가상각비를 계산하시오.
(물음2) 회계변경으로 인해 20×3년에 해야 할 회계처리를 하시오.
(물음3) 20×3년 말 기계장치의 감가상각누계액을 계산하시오.
(물음4) 20×3년 말 기계장치의 장부금액을 계산하시오.
(물음5) 만일 20×3년 초에 내용연수를 5년에서 6년으로 변경하는 경우 20×3년에 인식할 감가상각비를 계산하시오. (단, 다른 회계변경 사항은 상기 자료와 동일하다.)

풀이

(물음1) 20×3년도 감가상각비

(1) 변경 전 방법에 의한 기초 장부금액

구 분	20×1년	20×2년	합계
감가상각비	₩40,000*1	₩24,000*2	₩64,000

*1 ₩100,000×40%=₩40,000
*2 (100,000−40,000)×40%=₩24,000

(2) 20×3년도 감가상각비의 계산

㉠ 20×3년 초 장부금액

취득원가	₩100,000
감가상각누계액	(64,000)
20×3년 초 장부금액	₩36,000

㉡ 20×3년도 감가상각비 : (36,000−12,000)×2/(2+1)=₩16,000

(물음2) 회계처리

구 분	회 계 처 리
20×3. 1. 1	회계처리 없음
20×3. 12. 31	(차) 감 가 상 각 비 16,000 (대) 감가상각누계액 16,000

(물음3) 20×3년 말 감가상각누계액=64,000+16,000=₩80,000

(물음4) 20×3년 말 장부금액=100,000−80,000=₩20,000

(물음5) 20×3년도 감가상각비

(1) 변경 전 방법에 의한 기초 장부금액

구 분	20×1년	20×2년	합계
감가상각비	₩40,000[*1]	₩24,000[*2]	₩64,000

*1 ₩100,000×40%=₩40,000
*2 (100,000−40,000)×40%=₩24,000

(2) 20×3년도 감가상각비의 계산

㉠ 20×3년 초 장부금액

취득원가	₩100,000
감가상각누계액	(64,000)
20×3년 초 장부금액	₩36,000

㉡ 20×3년도 감가상각비 : (36,000−12,000)×4/(4+3+2+1)=₩9,600

※ 감가상각비는 언제나 장부금액을 기준으로 잔존내용연수동안 인식을 하는 것이다.
(20×3년 초 내용연수 6년=20×3년 초 잔존내용연수 4년)

핵심요약 오류수정

01 오류의 유형

오류의 유형

구 분	오류의 성격	당기손익에 미치는 영향	예시
재무상태표에만 영향을 미치는 오류	계정분류상의 오류	無	매출채권을 미수금으로 분류
포괄손익계산서에만 영향을 미치는 오류	계정분류상의 오류	無	무형자산상각비를 감가상각비로 분류
재무상태표와 포괄손익계산서 모두에 영향을 미치는 오류	**자동조정 오류**	有	**재고자산 과대계상**
	비자동조정 오류	有	**감가상각비 과대계상**

☞ 재무상태표와 손익계산서 모두에 영향을 미치는 오류

1) 자동조정 오류

① 자동적으로 조정되는 오류 : 2 회계기간을 통하여 오류의 영향이 자동적으로 조정되는 오류

② 자동조정 오류의 예 : **재고자산 오류, 선급비용, 미지급비용, 미수수익, 선수수익 관련 오류**

자동조정오류의 원리

구 분	내 용				
재고자산	×1 말 재고자산 **과대** ×2 초 재고자산 과대	→ →	×1년 매출원가 과소 ×2년 매출원가 과대	→ →	×1년 이익 **과대** ×2년 이익 과소
미수수익	×1 말 미수수익 **과소** ×2 초 미수수익 과소	→ →	×1년 수익 과소 ×2년 수익 과대	→ →	×1년 이익 **과소** ×2년 이익 과대
미지급비용	×1 말 미지급비용 **과소** ×2 초 미지급비용 과소	→ →	×1년 비용 과소 ×2년 비용 과대	→ →	×1년 이익 **과대** ×2년 이익 과소
선수수익	×1 말 선수수익 **과소** ×2 초 선수수익 과소	→ →	×1년 수익 과대 ×2년 수익 과소	→ →	×1년 이익 **과대** ×2년 이익 과소
선급비용	×1 말 선급비용 **과소** ×2 초 선급비용 과소	→ →	×1년 비용 과대 ×2년 비용 과소	→ →	×1년 이익 **과소** ×2년 이익 과대
결론 : **자산과 이익은 같은 방향, 부채와 이익은 반대 방향!!**					

2) 비자동조정 오류

① 자동적으로 조정되지 않는 오류 : 2 회계기간의 경과만으로 오류가 조정되지 않는 오류

② 비자동조정 오류의 예 : 감가상각비 관련 오류

(**자동조정 오류 이외의 모든 오류**가 비자동조정 오류임)

02 오류수정의 회계처리

1) 회계처리(소급법)

① 소급법 : 중요한 오류가 후속기간에 발견되는 경우, **해당 후속기간의 재무제표에 비교 표시된 재무정보를 재작성**하여 수정하는 회계처리 방법

②전기오류는 오류가 처음부터 발생하지 않은 것처럼 **재무제표를 수정하는 소급재작성에 의해 수정함**

☞ 전기오류의 수정은 **오류가 발견된 기간의 당기손익으로 보고하지 않음**

2) 오류수정 적용의 실무상 한계

오류수정의 회계처리

구 분		내 용
원 칙		소급법 : 올바른 회계처리가 처음부터 적용된 것으로 조정
오류수정의 영향을 실무적으로 결정할 수 없는 경우	특정기간에만 결정 못 함	실무적으로 소급적용할 수 있는 가장 이른 회계기간의 자산, 부채, 자본의 기초금액을 조정
	과거기간 전체에 대해 결정 못 함	실무적으로 적용할 수 있는 가장 이른 날부터 전진적용하여 비교정보를 재작성

예제

오류수정-자동조정오류(재고자산)

(주)민준의 20×3년 말 회계감사과정에서 발견된 기말재고자산 관련 오류사항은 다음과 같다.

구 분	20×1년 말	20×2년 말	20×3년 말
수정 전 재고자산	₩12,000	₩15,000	₩18,000
수정 후 재고자산	10,000	16,000	13,000

(주)민준은 20×1년, 20×2년 및 20×3년의 당기순이익을 각각 ₩10,000, ₩30,000, ₩50,000으로, 20×3년 말의 이익잉여금은 ₩90,000으로 보고하였다.
다음 물음에 답하시오.

(물음1) 오류수정 후 각 연도의 당기순이익은 얼마인가?
(물음2) 오류수정 후 20×3년 말 이익잉여금은 얼마인가?
(물음3) 오류수정 효과가 각 연도 당기순이익에 미치는 영향은 얼마인가?
(물음4) 오류수정 효과가 20×3년 말 이익잉여금에 미치는 영향은 얼마인가?

풀이

• 오류수정표

구 분	20×1년 말	20×2년 말	20×3년 말
수정 전 당기순이익	₩10,000	₩30,000	₩50,000
수정사항			
20×1년 말 재고자산	(₩2,000)	₩2,000	
20×2년 말 재고자산		₩1,000	(₩1,000)
20×3년 말 재고자산			(₩5,000)
수정 후 당기순이익	₩8,000	₩33,000	₩44,000
당기손익에 미치는 영향	(₩2,000)	₩3,000	(₩6,000)
이익잉여금에 미치는 영향	(₩2,000)	₩1,000	(₩5,000)

(물음1) 오류수정 후 20×1년, 20×2년, 20×3년의 당기순이익
20×1년 : ₩8,000, 20×2년 : ₩33,000, 20×3년 : ₩44,000

(물음2) 오류수정 후 20×3년 말의 이익잉여금
20×3년 말 : ₩90,000−₩5,000=₩85,000

(물음3) 20×1년, 20×2년, 20×3년의 당기순이익에 미치는 영향
20×1년 : (₩2,000), 20×2년 : ₩3,000, 20×3년 : (₩6,000)

(물음4) 20×3년 말 이익잉여금에 미치는 영향
20×3년 말 : (₩5,000)

예제

오류수정-자동조정오류(선급비용)

(주)민준의 회계감사인은 20×2년 회계감사시에 회사가 20×1. 7. 1부터 20×2. 6. 30까지의 1년분 자동차보험료 ₩1,200,000을 전액 20×1년의 비용으로 회계처리했음을 발견했다. (주)민준은 20×1년과 20×2년의 당기순이익을 각각 ₩20,000,000과 ₩30,000,000으로, 20×2년 말의 이익잉여금은 ₩70,000,000으로 보고하였다.
다음 물음에 답하시오.

(물음1) 오류수정 후 각 연도의 당기순이익은 얼마인가?
(물음2) 오류수정 후 20×2년 말의 이익잉여금은 얼마인가?
(물음3) 오류수정 효과가 각 연도 당기순이익에 미치는 영향은 얼마인가?
(물음4) 오류수정 효과가 20×2년 말 이익잉여금에 미치는 영향은 얼마인가?

풀이

- 오류수정표

구 분	20×1년 말	20×2년 말
수정 전 당기순이익	₩20,000,000	₩30,000,000
수정사항		
선급비용	₩600,000	(₩600,000)
수정 후 당기순이익	₩20,600,000	₩29,400,000
당기손익에 미치는 영향	₩600,000	(₩600,000)
이익잉여금에 미치는 영향	₩600,000	₩0

(주)민준은 20×1년에 선급비용으로 ₩600,000을 과소계상했으므로 20×1년분 보험료 비용을 ₩600,000만큼 과대계상한 것이 되며 20×2년의 보험료가 ₩600,000만큼 과소계상된다.

20×1년 : 선급비용의 과소계상⇒당기비용의 과대계상⇒당기순이익의 과소계상
20×2년 : 당기비용의 과소계상⇒당기순이익의 과대계상

(물음1) 오류수정 후 20×1년과 20×2년의 당기순이익
20×1년 : ₩20,600,000, 20×2년 : ₩29,400,000

(물음2) 오류수정 후 20×2년 말의 이익잉여금
20×2년 말 : ₩70,000,000+₩0=₩70,000,000

(물음3) 20×1년과 20×2년 당기순이익에 미치는 영향
20×1년 : ₩600,000, 20×2년 : (₩600,000)

(물음4) 20×2년 말 이익잉여금에 미치는 영향
20×2년 말 : ₩0

예제

오류수정 – 자동조정오류(미지급비용)

(주)민준의 회계감사인은 20×2년 회계감사시에 회사가 20×1. 7. 1부터 20×2. 6. 30까지의 1년분 이자비용 ₩1,000,000을 전액 20×2년 이자지급시 비용으로 처리했음을 발견했다. (주)민준은 20×1년과 20×2년의 당기순이익을 각각 ₩9,000,000과 ₩10,000,000으로, 20×2년 말의 이익잉여금은 ₩30,000,000으로 보고하였다.
다음 물음에 답하시오.

(물음1) 오류수정 후 각 연도의 당기순이익은 얼마인가?
(물음2) 오류수정 후 20×2년 말의 이익잉여금은 얼마인가?
(물음3) 오류수정 효과가 각 연도 당기순이익에 미치는 영향은 얼마인가?
(물음4) 오류수정 효과가 20×2년 말 이익잉여금에 미치는 영향은 얼마인가?

풀이

• 오류수정표

구 분	20×1년 말	20×2년 말
수정 전 당기순이익	₩9,000,000	₩10,000,000
수정사항		
미지급비용	(₩500,000)	₩500,000
수정 후 당기순이익	₩8,500,000	₩10,500,000
당기손익에 미치는 영향	(₩500,000)	₩500,000
이익잉여금에 미치는 영향	(₩500,000)	₩0

(주)민준은 20×1년에 미지급비용을 ₩500,000을 과소계상했으므로 20×1년분 이자비용을 ₩500,000만큼 과소계상한 것이 되며 20×2년의 이자비용이 ₩500,000만큼 과대계상된다.
20×1년 : 미지급비용의 과소계상 ⇒ 당기비용의 과소계상 ⇒ 당기순이익의 과대계상
20×2년 : 당기비용의 과대계상 ⇒ 당기순이익의 과소계상

(물음1) 오류수정 후 20×1년과 20×2년의 당기순이익
20×1년 : ₩8,500,000, 20×2년 : ₩10,500,000

(물음2) 오류수정 후 20×2년 말의 이익잉여금
20×2년 말 : ₩30,000,000+₩0=₩30,000,000

(물음3) 20×1년과 20×2년 당기순이익에 미치는 영향
20×1년 : (₩500,000), 20×2년 : ₩500,000

(물음4) 20×2년 말 이익잉여금에 미치는 영향
20×2년 말 : ₩0

예제

오류수정 – 비자동조정오류

(주)민준은 20×1년 초에 건물을 구입하였다. 건물의 취득원가는 ₩95,000,000이며, 내용연수는 10년, 잔존가치는 없고 정액법으로 감가상각을 하였다. (주)민준은 이 건물에 대한 취득세 및 등록세 ₩5,000,000을 취득원가에 가산하지 않고 세금과공과로 하여 당기비용으로 처리하였다. (주)민준의 감사인이 20×2년 감사시에 이 오류사실을 적발하였다. (주)민준은 위의 오류사항을 반영하기 전 20×1년과 20×2년에 당기순이익은 각각 ₩10,000,000과 ₩20,000,000이었으며, 20×2년 말의 이익잉여금은 ₩50,000,000이었다.
다음 물음에 답하시오.

(물음1) 오류수정 후 각 연도의 당기순이익은 얼마인가?
(물음2) 오류수정 후 20×2년 말의 이익잉여금은 얼마인가?
(물음3) 오류수정 효과가 각 연도 당기순이익에 미치는 영향은 얼마인가?
(물음4) 오류수정 효과가 20×2년 말 이익잉여금에 미치는 영향은 얼마인가?

풀이

• 오류수정표

구 분	20×1년 말	20×2년 말
수정 전 당기순이익	₩10,000,000	₩20,000,000
수정사항		
세금과공과	₩5,000,000	
감가상각비	(₩500,000)	(₩500,000)
수정 후 당기순이익	₩14,500,000	₩19,500,000
당기손익에 미치는 영향	₩4,500,000	(₩500,000)
이익잉여금에 미치는 영향	₩4,500,000	₩4,000,000

(물음1) 오류수정 후 20×1년과 20×2년의 당기순이익
20×1년 : ₩14,500,000, 20×2년 : ₩19,500,000

(물음2) 오류수정 후 20×2년 말의 이익잉여금
20×2년 말 : ₩50,000,000+₩4,000,000=₩54,000,000

(물음3) 20×1년과 20×2년 당기순이익에 미치는 영향
20×1년 : ₩4,500,000, 20×2년 : (₩500,000)

(물음4) 20×2년 말 이익잉여금에 미치는 영향
20×2년 말 : ₩4,000,000

핵심요약 투자활동, 재무활동 현금흐름

01 투자활동, 재무활동 현금흐름의 의의

☞ 투자활동과 재무활동 현금흐름은 영업활동 현금흐름과는 달리 회사가 **간접법이나 직접법 중 어떤 방법으로 작성하더라도 항상 직접법으로 작성함**

☞ 투자활동과 재무활동 현금흐름은 영업활동 현금흐름과 달리 현금유입과 현금유출을 각각 **별도로 현금흐름표에 표시함**

02 투자활동 현금흐름

투자활동의 주요 항목 및 관련 계정과목

투자활동 주요 항목	관련 계정과목	
	I/S 계정과목	B/S 계정과목
[유형자산 관련] • 현금유입 : 유형자산 처분 • 현금유출 : 유형자산 취득	감가상각비, 유형자산처분손익	유형자산, 감가상각누계액
[무형자산 관련] • 현금유입 : 무형자산 처분 • 현금유출 : 무형자산 취득	무형자산상각비, 무형자산처분손익	무형자산

예제

투자활동 현금흐름(유형자산)

(1) 건물

다음은 (주)민준의 20×1년 건물과 관련된 자료이다.

구 분	20×1년 초	20×1년 말
건물	₩250,000	₩280,000
감가상각누계액	(130,000)	(150,000)

(포괄손익계산서 및 기타자료)

1) 유형자산처분이익 ₩22,000
2) 감가상각비 ₩50,000
3) 건물의 현금 취득가액 ₩88,000

(2) 토지

다음은 (주)민준의 20×1년 토지와 관련된 자료이다.

구 분	20×1년 초	20×1년 말
토지	₩600,000	₩750,000

(추가자료)

1) 당기에 장부금액 ₩60,000의 토지를 처분하면서 유형자산처분손실 ₩5,000을 인식하였다.
2) 당기에 외상으로 취득한 토지는 ₩75,000이다.

다음 물음에 답하시오.

(물음1) 건물 처분으로 인한 현금유입액을 계산하시오.
(물음2) 건물과 관련한 순현금흐름을 계산하시오.
(물음3) 토지와 관련한 현금유입액, 현금유출액을 계산하고 순현금흐름을 계산하시오.

풀이

[건물 관련 분개]

1) 건물 취득시

(차)	건물	88,000	(대)	현금	88,000

2) 감가상각비 인식시

(차)	감가상각비	50,000	(대)	감가상각누계액	50,000

3) 건물 처분시

(차)	현금	50,000	(대)	건물	58,000
	감가상각누계액	30,000		유형자산처분이익	22,000

(물음1) 건물 처분으로 인한 현금유입액

건물 처분으로 인한 현금유입액=₩50,000

(물음2) 건물 관련 순현금흐름

① 건물 관련 현금유입액=₩50,000

② 건물 관련 현금유출액=₩88,000

∴ 건물 관련 순현금흐름=₩38,000 유출

별해 순액법 분개

→ 관련된 모든 계정과목이 주어지고 관련된 재무상태표 계정과목(건물) 중에서 현금유입액과 현금유출액 중 한 가지를 알아야 풀 수 있는 제한적인 방법임

(차)	건물	30,000	(대)	감가상각누계액	20,000
	감가상각비	50,000		유형자산처분이익	22,000
	현금	50,000*2		현금	88,000*1

*1 건물의 취득 : 자료 제시됨

*2 건물의 처분 : 대차차액

① 건물 관련 현금유입액=₩50,000

② 건물 관련 현금유출액=₩88,000

∴ 건물 관련 순현금흐름=₩38,000 유출

(물음3) 토지 관련 현금흐름

[토지 관련 분개]

1) 토지 취득시

(차)	토 지	75,000	(대)	미 지 급 금	75,000
(차)	토 지	135,000	(대)	현 금	135,000*1

*1 토지의 취득 : 추정

2) 토지 처분시

(차)	현 금	55,000*2	(대)	토 지	60,000
	유형자산처분손실	5,000			

*2 토지의 처분 : 대차차액

① 토지 관련 현금유입액=₩55,000

② 토지 관련 현금유출액=₩135,000

∴ 토지 관련 순현금흐름=₩80,000 유출

별해 순액법 분개

→ 관련된 모든 계정과목이 주어지고 관련된 재무상태표 계정과목 중에서 현금유입액과 현금유출액 중 한 가지를 알아야 풀 수 있는 제한적인 방법임. 위 사례의 경우 재무상태표 계정과목(토지)의 현금유입액과 현금유출액 모두를 알 수 없기 때문에 이 방법으로는 토지로 인한 현금유입액과 현금유출액을 계산할 수 없다.

핵심 요약 재무비율

01 유동성비율

☞ 유동성비율 : 기업의 단기채무에 대한 지급능력을 측정하는 비율

(1) 유동비율

☞ 유동비율 : 기업의 단기채무에 대한 지급능력을 측정하는 비율

$$\text{유동비율} = \frac{\text{유동자산}}{\text{유동부채}}$$

(2) 당좌비율

☞ 당좌비율 : 단기채무에 대한 지급능력을 측정하는 비율이며, 유동비율보다 보수적인 기업의 유동성 평가비율

$$\text{당좌비율} = \frac{\text{당좌자산}}{\text{유동부채}}$$

02 안정성비율

☞ 안정성비율 : 기업의 장기적인 지급능력과 재무구조의 안정성 여부를 판단하는 비율

(1) 부채비율

☞ 부채비율 : 기업의 파산가능성을 나타내는 비율

$$\text{부채비율} = \frac{\text{부채}}{\text{자기자본(자본)}}$$

(2) 자기자본비율

☞ 자기자본비율 : 총자본(부채+자본)에서 자기자본이 차지하는 비율

$$\text{자기자본비율} = \frac{\text{자기자본}}{\text{총자본(부채+자본)}}$$

(3) 이자보상비율

☞ 이자보상비율 : 영업이익으로 이자를 갚는 능력을 나타내는 비율

$$\text{이자보상비율} = \frac{\text{영업이익}}{\text{이자비용}}$$

03 수익성비율

☞ 수익성비율 : 기업의 경영성과에 대한 지표

(1) 매출액순이익률

☞ 매출액순이익률 : 매출액 대비 당기순이익이 차지하는 비율

$$매출액순이익률=\frac{당기순이익}{매출액}$$

(2) 총자본순이익률

☞ 총자본순이익률 : 총자본(부채+자본)에 대한 수익성을 의미

$$총자본순이익률=\frac{당기순이익}{평균\ 총자본(부채+자본)^{*}}$$

* (기초 총자본+기말 총자본)/2

(3) 자기자본순이익률

☞ 자기자본순이익률 : 자기자본(자본)에 대한 수익성을 의미

$$자기자본순이익률=\frac{당기순이익}{평균\ 자기자본(자본)^{*}}$$

* (기초 자본+기말 자본)/2

(4) 주가수익률(PER)

☞ 주가수익률 : 주당순이익에 대한 주식가격의 비율

$$주가수익률=\frac{주당\ 시장가격(주가)}{주당순이익}$$

(5) 배당성향

☞ 배당성향 : 주당순이익 중에서 주당 배당금으로 지급되는 비율

$$배당성향=\frac{주당\ 배당금}{주당순이익}$$

(6) 배당수익률

☞ 배당수익률 : 주당 시장가격에 대하여 주당 배당금으로 얻는 수익률

$$배당수익률=\frac{주당\ 배당금}{주당\ 시장가격(주가)}$$

04 활동성비율

☞ 활동성비율 : 기업이 소유하고 있는 각종 자산을 얼마나 효율적으로 활용하였는지를 나타내는 비율

(1) 총자산회전율

☞ 총자산회전율 : 총자산의 효율적인 활용 정도를 의미

$$총자산회전율 = \frac{매출}{평균\ 총자산^{*}}$$

* (기초 자산+기말 자산)/2

(2) 매출채권회전율

☞ 매출채권회전율 : 매출채권이 현금화되는 속도

$$매출채권회전율 = \frac{매출}{평균\ 매출채권^{*}}$$

* (기초 매출채권+기말 매출채권)/2

(3) 매출채권회수기간

☞ 매출채권회수기간 : 매출채권을 현금으로 회수하는 데 걸리는 평균기간

$$매출채권회수기간 = \frac{365}{매출채권회전율}$$

(4) 재고자산회전율

☞ 재고자산회전율 : 재고자산의 판매 속도

$$\text{재고자산회전율} = \frac{\text{매출원가}}{\text{평균 재고자산}^{*}}$$

* (기초 재고자산+기말 재고자산)/2

(5) 재고자산회전기간

☞ 재고자산회전기간 : 재고자산이 팔리는 데 걸리는 평균기간

$$\text{재고자산회전기간} = \frac{365}{\text{재고자산회전율}}$$

핵심 요약 생물자산

01 생물자산 VS. 생산용식물 VS. 수확물

☞ 생물자산 vs. 생산용식물 vs. 수확물 예시

생물자산		수확물
생산용식물	생산용식물 이외의 생물자산	
–	양	양모
–	젖소	우유
–	담배 식물	수확한 잎
포도나무	–	수확한 포도
과수	–	수확한 과일
유형자산 기준서 적용	농림어업 기준서 적용	농림어업 기준서 적용

☞ (심화) 생산용식물

: **유형자산**으로 처리하고 **원가모형이나 재평가모형**을 적용하여 회계처리

02 최초인식

☞ 생물자산이나 수확물은 다음의 조건이 **모두 충족되는 경우에 한하여 자산**으로 인식하며, 다음 중 **하나라도 충족하지 못한 경우에는 비용으로 인식함**

① 과거 사건의 결과로 자산을 통제한다.

② 자산과 관련된 미래경제적효익의 유입가능성이 높다.

③ 자산의 공정가치나 원가를 신뢰성 있게 측정할 수 있다.

생물자산, 수확물 및 생산용식물의 인식과 측정

구 분	사 례	인식 및 측정
생물자산 (생산용식물 제외)	양, 돼지, 젖소	• 원칙 : **순공정가치*** (최초 인식시점과 보고기간 말) * 순공정가치 : 공정가치−추정 매각부대비용 • 예외 : **원가**−감가상각누계액−손상차손누계액 (공정가치를 신뢰성 있게 측정할 수 없을 때)
수확물	양모, 돈육, 우유, 과일	수확시점의 **순공정가치**
생산용식물	포도나무, 사과나무	**유형자산**으로 분류 : 원가모형 또는 재평가모형 적용

03 평가손익의 인식

1) 생물자산

① 최초 인식시점에 발생하는 평가손익 : **당기손익**에 반영

② 순공정가치 변동으로 발생하는 평가손익 : **당기손익**에 반영

2) 수확물

① 최초 인식시점에 발생하는 평가손익 : **당기손익**에 반영

② 수확물은 보고기간 말에 순공정가치로 재측정하지 아니함

3) (심화) 생산용식물

① 원가모형 : 평가손익 없음

② 재평가모형 : 재평가잉여금 or 재평가손실에 반영

핵심요약 중간재무보고

01 중간재무보고의 의의

☞ 중간재무보고서 : **한 회계기간보다 짧은 기간(분기 또는 반기)인 중간기간을 대상으로 하는 재무제표**로서, 전체 재무제표 또는 요약재무제표를 포함한 보고서

☞ 중간재무보고의 의의 : 회계정보의 **적시성 확보**

02 중간재무보고서의 내용

(1) 중간재무보고서의 종류

① 요약재무상태표
② 다음 중 하나로 표시되는 요약포괄손익계산서
  ㉠ 단일 요약포괄손익계산서
  ㉡ 별개의 요약손익계산서와 요약포괄손익계산서
③ 요약자본변동표
④ 요약현금흐름표
⑤ 선별적 주석

(2) 중간재무제표의 형식과 내용

☞ 중간재무보고서는 **전체 재무제표 or 요약재무제표로 작성가능**

(3) 선별적 주석

☞ **정보가 중요하고 중간재무보고서의 다른 곳에 공시되지 않았다면** 최소한 이러한 정보는 중간재무제표에 대한 **주석에 포함**하여야 함

(4) 중간재무제표에 포함되어야 하는 기간

▪ **중간재무제표에 포함되어야 하는 기간**

① 당해 **중간보고기간 말**과 **직전 연차보고기간 말**을 비교하는 형식으로 작성한 **재무상태표**

② 당해 **중간기간**과 당해 회계연도 **누적기간**을 직전 회계연도의 **동일기간**과 비교하는 형식으로 작성한 **포괄손익계산서**

③ 당해 회계연도 **누적기간**을 직전 회계연도의 **동일기간**과 비교하는 형식으로 작성한 **자본변동표**

④ 당해 회계연도 **누적기간**을 직전 회계연도의 **동일기간**과 비교하는 형식으로 작성한 **현금흐름표**

예 연차보고기간 말이 12월 31일인 회사의 20×2년도 2분기 중간재무제표(회계기간이 4월 1일부터 6월 30일까지)를 20×1년도 재무제표와 비교하는 형식으로 작성하는 경우, 각 중간재무제표의 보고기간 말 또는 보고기간

재무제표 종류	당기(20×2년도)	전기(20×1년도)
재무상태표	20×2. 6. 30. (중간보고기간 말)	20×1. 12. 31. (직전 연차보고기간 말)
포괄손익계산서	20×2. 4. 1.~6. 30. (중간기간) 20×2. 1. 1.~6. 30. (누적기간)	20×1. 4. 1.~6. 30. (중간기간) 20×1. 1. 1.~6. 30. (누적기간)
자본변동표, 현금흐름표	20×2. 1. 1.~6. 30. (누적기간)	20×1. 1. 1.~6. 30. (누적기간)

03 중간재무보고의 인식과 측정

(1) 연차기준과 동일한 회계정책

☞ 중간재무제표는 **연차재무제표에 적용하는 회계정책과 동일한 회계정책을 적용**하여 작성

☞ 중간재무보고를 위한 측정은 당해 회계연도 **누적기간**을 기준으로 하여야 함

(2) 계절적, 주기적 또는 일시적인 수익

☞ 계절적, 주기적 또는 일시적으로 발생하는 수익 : 연차보고기간 말에 미리 예측하여 인식하거나 이연하는 것이 적절하지 않은 경우 중간보고기간 말에도 **미리 예측하여 인식하거나 이연하여서는 아니 됨**

(3) 연중 고르지 않게 발생하는 원가

☞ 연중 고르지 않게 발생하는 원가 : **연차보고기간 말에 미리 비용으로 예측하여 인식하거나 이연하는 것이 타당한 방법으로 인정되는 경우에 한하여** 중간재무보고서에서도 **동일하게 처리함**

(4) 추정치의 사용

☞ 연차기준과 중간기준의 측정 모두 합리적인 추정에 근거하지만, **일반적으로 중간기준의 측정은 연차기준의 측정보다 추정을 더 많이 사용함**

저자 약력

박종하 회계사

약력

서울대학교 졸업
대원외국어 고등학교 졸업
공인회계사·세무사
前 : 삼일회계법인 근무
삼일아카데미 전임교수
국가공인 재경관리사, 회계관리 1급
저자 및 출제위원

現 : 신우회계법인 이사
씨앤씨인터내셔널 사외이사
한국금융연수원 회계학 겸임교수
서울디지털대학교 회계학 교수
관세사 회계학 교수
감정평가사 회계학 교수
신용분석사 회계학 교수
재물손해사정사 회계학 교수
국세청 실무강의
조세일보 실무강의
CFO 아카데미 실무강의
생산성본부 실무강의
삼성전자, 현대자동차그룹, 두산그룹,
롯데그룹, 한화그룹 등 실무강의

저서

국가공인 재경관리사(회계, 세법)
국가공인 회계관리 1급(회계)
국가공인 회계관리 2급(회계)
K-IFRS 중급 재무회계
유형별 회계학(재무회계)
유형별 회계학(원가관리회계)
유형별 회계학(회계원리)
Final 유형별 회계학 500제
바이블 회계학(재무회계)
바이블 회계학(원가관리회계)
바이블 회계학(회계원리)
바이블 회계학(객관식 재무회계)
바이블 회계학(객관식 원가관리회계)
회계사 대비 CASE회계학(재무회계)
CASE회계학(원가관리회계)
객관식 CASE회계학(상권, 하권)
공무원 대비 CASE회계학(재무회계)
공무원 대비 CASE회계학(원가관리회계)
쌩기초 회계학
기업회계기초 1권, 2권, 3권
신용분석사 핵심정리문제집 1부, 2부
신용분석사 핵심이론요약집 1부, 2부

저자와의
협의하에
인지생략

바이블 회계학 재무회계 Sub-Note

2022년 09월 21일 초판 인쇄
2022년 09월 30일 초판 1 쇄 발행

저 자 : 박 종 하
발행인 : 정 광 식
발행처 : **비앤엠북스**
서울시 금천구 가산디지털1로 70 B1-103(호서대벤처타워)
등 록 2004. 12. 29. / 제313-2004-00298호
전 화 2627-5710~13, 팩스 2627-5720
홈페이지 www.대학교재.net
이 메 일 bnmbook@daum.net

정가 37,000원 ISBN 978-89-6821-166-9